北京旅游发展研究基地 标志性成果

大数据背景下北京旅游电商营销模式创新研究

郑红 / 著

DASHUJU BEIJINGXIA
BEIJING LÜYOU DIANSHANG
YINGXIAO MOSHI
CHUANGXIN YANJIU

旅游教育出版社
·北京·

责任编辑：刘彦会

图书在版编目（CIP）数据

大数据背景下北京旅游电商营销模式创新研究 / 郑红著. -- 北京：旅游教育出版社，2017.4（2018.7重印）
ISBN 978-7-5637-3546-4

Ⅰ.①大… Ⅱ.①郑… Ⅲ.①地方旅游业－网络营销－营销模式－研究－北京 Ⅳ.①F592.71

中国版本图书馆CIP数据核字（2017）第056457号

大数据背景下北京旅游电商营销模式创新研究
郑红 著

出版单位	旅游教育出版社
地　　址	北京市朝阳区定福庄南里1号
邮　　编	100024
发行电话	（010）65778403　65728372　65767462（传真）
本社网址	www.tepcb.com
E - mail	tepfx@163.com
排版单位	北京旅教文化传播有限公司
印刷单位	北京虎彩文化传播有限公司
经销单位	新华书店
开　　本	787毫米×960毫米　1/16
印　　张	15
字　　数	185千字
版　　次	2017年4月第1版
印　　次	2018年7月第2次印刷
定　　价	49.00元

（图书如有装订差错请与发行部联系）

前 言

众所周知,近年来,电子商务以其特有的跨越时空的便利、低廉的成本和广泛的传播性参与到旅游业中,旅游电子商务的异军突起标志着一种新兴商务模式的产生。旅游业是信息密集型和信息依托型产业,它与电子商务的天然适应性使得旅游电子商务走在电子商务应用产业的前沿。国外的旅游电子商务历经萌芽、发展,正处于繁荣阶段,我国旅游电子商务的发展落后于西方发达国家,正在积极探索的过程中成长。目前我国专业旅游电子商务网站大多专注于利用价格手段对酒店、票务预订业务等进行促销,在针对游客特定需求,特别是在大数据背景下有针对性的精准营销方面较为欠缺,基于4P为前提的营销体系创新还远远不够。那么,我国专业旅游电子商务网站应如何进一步在营销体系上进行创新?传统的营销方式已无法在数字时代的今天体现出其价值,大数据背景下我国专业旅游电子商务网站又应如何应对?这些都将成为我国专业旅游电子商务网站在新的时代背景下可否取得突破性进展的关键。

"大数据背景下北京旅游电商营销模式创新调查及发展研究"是北京旅游发展研究基地资助项目,《大数据背景下北京旅游电商营销模式创新研究》作为本课题项目的结项报告,或者称为市场调查报告,研究了大数据背景下北京旅游电商的创新营销模式。采用专家访谈、文献检索等方式对北京旅游电商进行市场调查,充分了解北京旅游电商营销体系现状和主要影响因素,分析北京旅游电商最需要关注的营销创新障碍和突破点。目前,国内关于该课题的研究比较少,基本分散在盈利模式、价值链、网络营销、电子商务技术、支付安全等单方面，对于大数据背景下北京旅游电商的营销模式分析基本没有。

  本书对国内旅游电商发展情况、北京旅游电商发展现状、北京旅游电商的传统营销模式和大数据背景下北京旅游电商的创新营销模式做了详细介绍，并针对大数据背景下北京旅游电商的创新营销模式中存在的问题提出了建设性建议。每章都会根据研究方向列出相关案例并进行分析，理论与实践相结合，使读者更易理解。借此书以推动北京旅游电商实现企业发展的大跨越，也希望借此为北京旅游业的发展做出一份贡献。

郑红
2017 年 2 月

目 录

第一章 旅游电商概述 ... 1
第一节 旅游电子商务企业 ... 1
一、旅游企业 ... 1
二、旅游电商的发展历程总体概况 ... 3
三、旅游电商的分类 ... 9
第二节 典型旅游电商的发展轨迹 ... 15
一、携程旅行网——携程在手，说走就走 ... 15
二、途牛旅游网——要旅游，找途牛 ... 16
三、去哪儿网——聪明你的旅行 ... 17
四、欣欣 ... 19
五、芒果网 ... 21
六、蚂蜂窝 ... 23
七、阿里旅行·去啊 ... 25

第二章 北京旅游电商的发展情况 ... 29
第一节 北京旅游电商的出现与发展现状 ... 29
一、北京旅游电商的出现 ... 30
二、北京旅游电商的发展现状 ... 31
第二节 北京旅游电商的特点 ... 34
一、北京旅游电商的经营特点 ... 35
二、北京旅游电商的发展特点 ... 36

第三节　北京旅游电商的分类 …………………………………… 37
　　一、OTA …………………………………………………………… 39
　　二、垂直搜索平台 ………………………………………………… 43
　　三、O2O …………………………………………………………… 45

第三章　北京旅游电商的传统营销模式 …………………………… 51
第一节　营销模式的定义及内容 …………………………………… 51
　　一、营销模式的定义 ……………………………………………… 51
　　二、营销模式的分类 ……………………………………………… 52
　　三、营销模式的研究发展 ………………………………………… 53
第二节　北京旅游电商的传统营销模式分析 ……………………… 57
　　一、媒体营销 ……………………………………………………… 57
　　二、关系营销 ……………………………………………………… 60
　　三、品牌营销 ……………………………………………………… 62
第三节　北京旅游电商传统营销效果分析 ………………………… 66
　　一、北京旅游电商传统营销模式取得的成效 …………………… 66
　　二、北京旅游电商传统营销模式存在的问题 …………………… 69

第四章　大数据背景下北京旅游电商的营销模式创新 …………… 79
第一节　大数据与旅游电商 ………………………………………… 79
　　一、大数据的定义与特点 ………………………………………… 79
　　二、大数据的发展应用 …………………………………………… 81
　　三、大数据处理与电子商务 ……………………………………… 83
　　四、大数据对旅游电商的影响 …………………………………… 85
第二节　北京旅游电商营销模式创新分析 ………………………… 88
　　一、环境分析 ……………………………………………………… 89
　　二、北京旅游电商营销模式创新SWOT分析 …………………… 92
　　三、北京旅游电商营销模式创新的必要性分析 ………………… 99

第三节　大数据背景下北京旅游电商营销模式创新 …………… 101
　　　　一、媒体营销的创新 ………………………………………… 101
　　　　二、兴奋点营销的创新 ……………………………………… 108
　　　　三、精准营销 ………………………………………………… 110
　　　　四、体验式营销 ……………………………………………… 112
　　　　五、病毒式营销 ……………………………………………… 117
　　　　六、一对一营销 ……………………………………………… 119

第五章　大数据背景下北京旅游电商的营销效果 …………… 121
　　第一节　大数据对北京旅游电商营销创新的影响 …………… 121
　　　　一、大数据的价值 …………………………………………… 121
　　　　二、大数据对北京旅游电商营销模式创新的影响 ………… 123
　　第二节　北京旅游电商创新营销效果分析 …………………… 125
　　　　一、媒体营销新创意 ………………………………………… 125
　　　　二、品牌营销新玩法 ………………………………………… 131
　　　　三、如火如荼的兴奋点营销 ………………………………… 135
　　　　四、精准营销 ………………………………………………… 141
　　　　五、有待借鉴发展的体验式营销 …………………………… 142
　　　　六、风靡的病毒式营销 ……………………………………… 147
　　　　七、屡试不爽的一对一营销 ………………………………… 148
　　第三节　典型创新营销案例 …………………………………… 149
　　　　一、去哪儿网 ………………………………………………… 149
　　　　二、乐途旅游网 ……………………………………………… 152

第六章　大数据背景下北京旅游电商营销模式创新总结 …… 156
　　第一节　国外旅游电商利用大数据营销模式创新 …………… 156
　　　　一、总体概况 ………………………………………………… 156
　　　　二、典型案例 ………………………………………………… 159

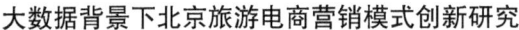

  第二节　国内旅游电商利用大数据营销模式创新…………………… 164
    一、总体规模……………………………………………………… 164
    二、营销模式创新总结…………………………………………… 166
  第三节　大数据背景下北京旅游电商营销模式创新总结…………… 170
    一、大数据背景下北京旅游电商营销模式的变化……………… 171
    二、典型案例分析………………………………………………… 172
    三、北京旅游电商营销模式创新的意义………………………… 181

第七章　大数据背景下北京旅游电商营销模式创新存在的问题…… 185
  第一节　营销模式存在的问题………………………………………… 186
    一、网络媒体营销模式中存在的问题…………………………… 186
    二、兴奋点营销模式中存在的问题……………………………… 188
    三、精准营销模式中存在的问题………………………………… 190
    四、体验式营销模式中存在的问题……………………………… 191
    五、病毒式营销模式中存在的问题……………………………… 193
    六、一对一营销模式中存在的问题……………………………… 194
  第二节　网站设置和信息……………………………………………… 195
    一、页面设置千篇一律…………………………………………… 195
    二、客户服务……………………………………………………… 197
    三、信息的时效性和准确性……………………………………… 197
  第三节　网络安全……………………………………………………… 199
    一、信息安全……………………………………………………… 200
    二、产品安全……………………………………………………… 202

第八章　北京旅游电商营销模式创新发展的建议…………………… 205
  第一节　企业营销模式方面…………………………………………… 206
    一、网络媒体营销的建议………………………………………… 207
    二、兴奋点营销模式的建议……………………………………… 210

三、精准营销模式的建议 ……………………………………… 212

四、体验式营销模式的建议 ……………………………………… 213

五、病毒式营销模式的建议 ……………………………………… 214

六、一对一营销模式的建议 ……………………………………… 215

第二节　政府方面 …………………………………………………… 217

一、政策支持引导 ………………………………………………… 217

二、法律监督约束 ………………………………………………… 219

第三节　NGO方面 …………………………………………………… 220

一、旅游企业协会 ………………………………………………… 221

二、大数据服务公司 ……………………………………………… 223

参考文献 ……………………………………………………………… 226

第一章　旅游电商概述

旅游电商是对旅游电子商务企业的简称，作为电子商务在旅游业的延伸和发展，近几年旅游电商成为最热词之一。互联网、移动互联网的出现让世界变得更小，旅游电商及移动端应用的出现让旅游消费者在旅游中更加便捷地使用旅游产品，对改变传统的旅游方式和习惯起到了非常大的推动作用。在"互联网+"的浪潮下，"互联网+旅游"带给旅游电商无限的想象空间、创新发展空间，以及更多新的可能性。依托"互联网+"的思维可以加速旅游业与其相关行业的进一步融合，促进多行业共同发展。本章是对旅游电商的概述，主要对全国现有旅游电商的分类、典型旅游电商代表及其发展轨迹进行介绍。

第一节　旅游电子商务企业

一、旅游企业

在对旅游电子商务企业进行介绍之前，先介绍一下旅游企业，因为不论是传统旅游企业还是旅游电子商务企业都属于旅游企业。旅游电商这个词的出现以及其迅速成为热词就说明了它与传统旅游企业是有所不同的。作为近十几年才出现的旅游电商来说,它与传统旅游企业的不同在于:旅游电子商务企业与传统旅游企业的经营方式不同,或在传统旅游企业的基础上对旅游的经营添加了新的含义和形式,这就是网络。本节主要对传统旅游企业和旅游电子商务企业进行简单介绍和区分。

(一)传统旅游企业

旅游业是以旅游资源为基础,以旅游设施为条件,向旅游者提供旅行游览服务的行业。旅游企业是能够以旅游资源为依托,以有形的空间设备、资源和无形的服务效用为手段,在旅游消费服务领域中进行独立经营核算的经济单位。在中国,旅游企业包括旅行社、旅游酒店、旅游车船公司等专门从事旅游相关活动的企业。

按照旅游活动的方式、范围以及旅游产业本身的属性,将传统旅游企业和旅游相关组织进行不同形式的划分。

1. 直接旅游企业

直接旅游企业主要指直接参与旅游活动的企业,如旅行社、酒店、餐馆、旅游商店、交通公司、旅游景点、娱乐场所等。其中,有一部分企业的经营活动全部是旅游活动相关的。这类企业当中占据重要分量的是旅行社,因为这是组织旅游活动的开始,也是传统旅游企业的重要代表之一。

2. 辅助旅游企业

辅助旅游企业指旅游活动中涉及的企业或可以为旅游活动提供支持的企业,如咨询管理、媒体或公关、出版单位、通信设施及食品、卫生等行业。辅助旅游企业的特点是其经营活动部分是与旅游相关的,但也是旅游活动顺利开展不可或缺的企业。

3. 开发性组织

与旅游企业相关的开发性组织包括可以为旅游业提供政策、管理、理论等相关支持的政府机构、旅游院校和旅游科研机构等。开发性组织通常不直接参与旅游活动或从事盈利性活动,但对于旅游行业的发展指导、预测等有很大的战略性意义,且对于旅游业制订营销计划有系统性的指导意义。

（二）旅游电子商务企业

尽管世界各国在旅游电子商务领域的研究较多，但有关"旅游电子商务"目前学术界还没有一个完整统一的定义。在国际上沿用较广的是世界旅游组织对旅游电子商务的定义："旅游电子商务就是通过先进的信息技术手段改进旅游机构内部和对外的连通性（Connectivity），即改进旅游企业之间、旅游企业与供应商之间、旅游企业与旅游者之间的交流与交易，改进企业内部流程，增进知识共享[①]。"本书中对旅游电商的界定，既包括起身于互联网的旅游电商，如携程旅行网、去哪儿网、面包旅行、360旗下的360旅游、阿里巴巴集团的阿里旅行·去啊等企业，又包括传统旅游企业或其他企业后发成立的互联网企业，如中青旅成立的遨游网、中国港中旅集团旗下的芒果网、众信旅游投资的悠哉旅游网等。

旅游电子商务企业在本书中简称旅游电商，又称在线旅游企业，是指企业依托互联网或移动互联网为旅游消费者提供旅游活动中的交通、住宿、餐饮、门票、导游等服务，满足旅游消费者信息查询、旅游产品预订及服务售后评价分享等服务需求，包括网络上进行的售前宣传营销、售中信息咨询和售后关系维护等经营活动。旅游电商也是旅游企业，与传统旅游企业不同的是：旅游电商是将旅游活动放到网络上经营，通常是把各类型的旅游资源进行包装和整合进行网上营销。旅游电商的优势主要表现在整合能力较强、价格实惠、方便快捷等方面。旅游电子商务的出现对传统旅游行业产生了很大的影响，尤其对旅行社造成了较大的冲击。同时，众多旅游电子商务企业在短时期内的大量出现，也使旅游电商之间产生了竞争。

二、旅游电商的发展历程总体概况

旅游电子商务是旅游业发展到一定阶段后的产物，更好地适应了社会发展的浪潮。旅游电子商务企业的出现让整个旅游行业产生了翻天覆地的变化，尤

---

① Roger Carter, Francoois Beadard, World Tourism Organization, E-business for Tourism: Practical Guidelines for Tourism Destinations and Businesses, Madrid: World Tourism Organization, 2001。

其是对传统旅游行业来讲，旅游电商产品的优势和便利性迅速吸引并抢占了很大一批旅游消费者，又基于互联网的大浪潮，一些传统旅游行业纷纷通过转型和收购的方式进行经营模式及产业的改革。我国国家旅游局于2002年启动的"金旅工程"，就有很重要的一部分是关于旅游电子商务的发展，旅游电商逐渐成为网络时代中国进行国内外宣传、促销和服务的重要方式。

本书将旅游电商的发展历程分为旅游电商的出现、旅游电商的发展及旅游电商的进一步发展三个阶段进行梳理介绍，其中将旅游电商的发展阶段分为两部分介绍，即快速发展阶段和变革阶段。

（一）旅游电商的出现——起步阶段

旅游电子商务的概念始于20世纪90年代，最初是瑞佛·卡兰克塔（Ravi Kalakota）提出的①。作为信息时代旅游交易的新模式，旅游电子商务对传统旅游业产生了很大的影响。国内旅游电子商务企业发展起步较晚，最早出现的旅游网站是国旅于1996年参与投资创办的华夏旅游网，之后出现了一系列的旅游预订网站，主要形式是进行旅游预订，主要功能是作为预订的参考。

1996—2000年是中国旅游电子商务的起步阶段。虽然电子商务运用于旅游业仅有数年的时间，但是其发展势头十分强劲。1999年，在全球互联网大发展的浪潮下，携程旅行网和中青旅在线等中国第一批旅游网站开始出现。进入2000年后，单纯线上的在线旅游企业意识到自身发展的瓶颈，开始通过一系列收购行为实现业务向线下的拓展。其中，携程旅行网完成对国内当时最大的订房中心现代运通订房网络的整体收购、艺龙收购酒店预订电子商务网站Lohoo.com等影响重大，在线旅游服务商通过资本收购与传统的分销商逐步融合。旅游电商的核心是信息的匹配与产品自由选择，而电子商务恰恰满足了这一点，旅游电商从一出现就有着很大的机会优势，但也有着很大的竞争对象，毕竟刚刚兴起的旅游业还没有从传统旅行社的惯性中全身而退。

---

① Ravi Kalakota, Frontiers of Electronic Commerce, Tokyo: TBS, 1995.

(二)旅游电商的发展——快速发展阶段

2001—2010年是国内旅游电商市场快速发展阶段,其旅游业务从单纯的机票、酒店预订服务逐渐转向多元化和差异化的服务,行业垂直产业链初步形成,各种旅游垂直媒介开始出现。起步阶段的旅游电子商务经历了炒作式的发展之后回归冷静,开始思考并尝试新的营销策略。2001年之后,我国旅游电子商务经过了整合调整之后,吸取国外发达国家较为成熟的旅游电子商务发展经验,改进经营策略,使得之后我国电子商务旅游企业进入了发展成熟阶段。雨后春笋般的旅游电子商务企业已初具规模,出现了几个代表性企业,通过企业间的并购收购,使得一些规模较小的旅游电子商务企业得以在竞争大浪潮中幸存。此外,2003年携程旅行网在纳斯达克上市,不仅开创了旅游企业海外上市的先河,而且带起了旅游电商海外上市的浪潮,如2004年艺龙旅游网赴美上市,2007年游易旅行网在伦敦证券交易所上市等。

(三)旅游电商的进一步发展——变革阶段

2010年至今是我国旅游电商的第三个阶段,消费升级带来旅游形态升级,原有的OTA[①]运营模式受到挑战,传统细分市场竞争日益激烈,企业相继探索新的发展路径,以期开拓新的增长空间。互联网旅游企业在延续传统的机票、酒店、咨询等业务的同时,应运而生的微博营销、团购业务、微信营销等热点越来越受到各企业的垂青与信赖。移动互联网催生行业变局,地图和攻略成为APP(Application,应用)入口抢夺的胜负手。互联网巨头BAT凭借资本优势频频跑马圈地,几大战略阵营初步成型,行业进入"战国时代"。而以众信旅游、中青旅和中国国旅为代表的传统旅行社则通过自建门户的方式积极触网,加速了线上线下的纵向融合。从产品类型来看,标准化产品的线上普及较快。在线旅游市场的核心是信息匹配效率的提升。

为适应渠道线上化的需求转变,线下企业开始触网,产业融合趋势明显。随着在线旅游市场规模日益庞大,线上成为不可忽视的渠道。但对于线上服务商而言,服务的线下落地及对于上游资源的掌控力始终是痛点所在。于是,线

---

① OTA(Online Travel Agent)指在线旅游代理商,在下文中有详细介绍。

下企业通过和线上运营商的合作获取流量,线上企业则通过线下企业获取上游资源,产业纵向融合趋势明显①。

(四)旅游电商的现状

近几年,我国一些主要的旅游电子商务企业在互联网、移动互联网及大数据日益得以重视的情况下,经历了快速的试探性营销模式和经营模式的发展,如2014年的价格战和2015年的并购浪潮,旅游电商的发展正应了互联网的特点,快速而又多变。2013年被称为"大数据元年",大数据的出现有助于帮助企业实现广告的精准投放和针对个性化需求的私人定制。2014年,中国旅游市场总交易额约为3万亿元。国家旅游局预测表示:2015年中国将成为全球最大的国内旅游市场。网络和大数据的出现打破了企业与消费者供需两端的信息不对称,电子商务企业的竞争重心转为对消费者需求的把握。

中国的旅游电子商务企业很多,拥有自己的官方网站的旅游电商就有几千个,并且旅游电商中包括不同的经营模式类型、不同的产品类型。例如,普通的旅游产品预订企业、搜索比价平台、O2O、地图导航等企业类型。经历市场的大浪淘沙后,中国旅游电子商务企业目前出现了携程旅行网、去哪儿网、艺龙旅行网、途牛旅游网四大巨头。各大旅游电商在经历了口水战、技术战、价格战几轮角逐后,正在以更加激烈的方式进入竞争市场。

1. 吸引消费者——价格战

旅游电商雨后春笋般出现,众多旅游电商为抢占市场份额、吸引消费者,纷纷打出价格战,如秒杀、团购、特价、限时促销等。旅游电商的繁多,再加上互联网用户可在短时间内成为某旅游电商的消费者的特性,以及抢占市场、争夺消费者的欲望,使得价格战越演越烈,对于产品的价格打压、佣金返还、低于市场价出售等,这些反而成了旅游电商的常态。打好价格战须有经济财政的支持,猛烈的价格战造成的结果就是旅游电商的"入不敷出"或负盈利。携程旅行网和去哪儿网从成立之初至2015年第一季度,都处于亏损状态;已经上市的途牛和艺龙也处于亏损状态;同程并未发布其具体的运营数据,据称其

---

① 薛蓓蓓,邓云程,程远. 在线旅游行业变局催生机遇[N]. 中国证券报,2014-9-3(A09)。

目前保持盈亏平衡。发展了十余年的旅游电子商务企业依旧处在烧钱和负盈利的困境中，其背后是持续不断的高额补贴和投入。2015年上半年，携程、去哪儿和途牛先后公布了巨额融资方案，规模相对较小的同程、驴妈妈等获得了来自国内外的投资。

2. 投资新渠道——资本整合

价格战吸引了大量的旅游消费者，但如果产品和服务做不好也是很难留住消费者或客户的。在经历了2014年的跑马圈地吸引消费者之后，同程、途牛这样的后来者必须通过服务和品牌增加用户黏性，同时，多数旅游电商产品同质化也激励着旅游电商在旅游产品上进一步创新和改善。因此，进入2015年的旅游电子商务企业不再只是进行单纯的价格战，而是在此基础上更加关注如何提升服务和品牌，其中资本的整合就是主要战略之一。如2013年去哪儿网、2014年途牛旅游网在纳斯达克上市等，上市能给旅游电商的融资带来一定的优势条件；携程继2014年连续投资和追投了同程、途牛后，2015年又将艺龙收入麾下，随后2015年10月26日携程与去哪儿合并，合并后携程将拥有45%的去哪儿股份；2015年京东入股途牛，京东成为其第一大股东。旅游电商之间的并购、收购不仅是企业规模的整合，而且在一定程度上对于旅游电商之间的价格战也有缓解作用，同时，对于众多旅游电商的现状改善有很大帮助，未来很可能在旅游电商巨头间再次出现并购。

3. 品牌和服务——产业升级

互联网+旅游能够存储庞大的数据，而通过数据的分析能够帮助旅游电子商务企业更好地抓住旅游消费者的需求，更加有针对性地服务于用户。另一方面，用户可以通过互联网+旅游的方式更好地满足自己的个性化需求。因此，"互联网+"的提出对于旅游电商来说，再一次扩大了其营销范围及产业的发展范围。不论是价格战还是资本整合，都是营销战略的一种，而"互联网+"则要求互联网大数据条件下的产业升级。

每年的暑期是旅游行业的旺季，同程的"快乐童年"也正式拉开了暑期促销大幕，但相比往年不断释放价格优势的策略，同程2015年开始谈服务和品牌。当天，同程将形象代言人佟大为请到现场，并与《爸爸去哪儿》第三季现场签约，通过代言人和电视节目塑造品牌；同时，同程面向全国招募"首席吐槽师"，旨在建立以用户口碑为核心的服务闭环的重要一节，让用户来告诉企业哪些做得不够好，哪些地方还需要改进，以用户体验为指针，检查同程的产品和服务。用户不仅可对产品的预订流程、界面、交互效果进行吐槽，还可以对线路编排、价格合理程度、客服服务热忱度进行评价，更能对同程旅游目前没有的产品或服务给出自己最具想象力的点子。这是一个由价格战向服务转变的案例。价格战的目的只是抢占市场，抢占用户，但在互联网时代，决胜的关键并不在于能够抢占市场，而在于用户黏性度和顾客忠诚度，要达到维系顾客的目的，对企业来说最重要的就是做好服务，打响品牌，将自己的品牌与高质量挂钩[①]。

4. 红海变蓝海——移动终端

当前旅游市场的消费主体正在向80后、90后甚至00后转移，由于从小受到互联网消费环境的影响，这部分群体倾向于利用互联网去搜寻相关旅游信息，因此，越来越多的旅游消费者从线下平台转移到线上交易，一些互联网巨头及众多门户网站已纷纷加入旅游电商这片红海，并试图从中寻得自身发展的蓝海，如百度投资携程网、万达投资同程旅游网、独立出来的阿里旅行·去啊等。另外，移动端的发展也是目前中国旅游电商竞争的重中之重。中国旅游电商在移动端的渗透率于2014年首次突破50%，易观智库（Analysys）发布的《中国在线旅游市场年度综合报告2015》研究报告中预测：2015年中国在线旅游移动端市场规模将达到2245.1亿元人民币，移动端市场渗透率将达到64%。移动端对中国旅游电商市场整体交易规模的贡献率逐渐提高，已逐渐超越PC（Personal Computer，个人计算机）端成为更重要的预订渠道。与PC端相比，移动端旅游APP以简洁实用和方便为主，更符合现代都市的快节奏生活，为旅游电商开拓了一片新蓝海。

传统的四大巨头也在加速向移动端转型。携程2013年初启动"拇指+水

---

① 中国报告大厅，http://www.chinabgao.com/info/82211.html。

泥"战略（意为互联网计算机与传统旅游业的结合），将资源向无线领域倾斜，开启由 OTA 向 MTA① 转变之路；去哪儿网 CEO 庄辰超亦曾表示："在未来五年内，机票、酒店预订会完全在线化，通过手机客户端完成的占比会高达 60%~70%。"在线旅游是线上线下结合最紧密的行业，移动互联网为其带来了巨大发展机会的同时，也隐藏着不可预知的风险。如何让用户在便捷顺畅地完成线上操作后，能够获得满意的线下服务，是在线旅游企业必须要做的考题，这也是通向"蓝海"的必经之路②。

三、旅游电商的分类

前文中已经讲过，国内现有的旅游电子商务企业数量和种类都很多，且一些旅游电商在成立之初的业务核心会随着企业的发展慢慢发生偏转，一些企业的业务在经营过程中不断增加丰富，另有一些企业在创立初期以某一项产品的提供为主营业务，但在后期的发展过程中转变为提供一站式旅游产品代理服务，这在旅游电商中是很常见的。关于旅游电商的分类目前没有一个统一的标准，本书在介绍旅游电商的时候，根据本书的研究特点，对电商的经营模式、营销特点及主要核心业务进行种类的划分，主要分为 OTA（在线旅游代理商）、垂直搜索平台和 O2O③（线上线下配合）三类进行介绍。首先简单介绍此类旅游电商的经营特点，如盈利模式、产品特征等，然后介绍此类旅游电商的一两个主要代表性企业，加以案例分析，让读者深入理解此类旅游电商的特点。关于这三类旅游电商的具体分类标准会在下文中详细介绍。

（一）OTA

OTA 是 Online Travel Agent 的缩写，指在线旅游代理商，通常目前国内的 OTA 都是直接在网上经营旅游业务、进行营销活动、销售旅游产品。国内比较大且发展完善的 OTA 以携程、艺龙、途牛为代表，号召一站式服务，包括酒

---

① MTA（Mobile Travel Agent）是指移动端在线旅行社。
② 中国旅游网，http://travel.china.com.cn/txt/2015-06/24/content_35895450.htm。
③ Online To Offline（线上到线下），或 Offline To Online（线下到线上）。

店、机票、自由行、度假产品等旅游相关产品。国内 OTA 类型的旅游电商很多，典型 OTA 有主要制作旅游独家产品的途牛旅游网，专门做酒店业务的住哪儿网；另外，OTA 中有部分拥有 UGC（User Generated Content）用户生成内容板块的旅游电商，其盈利模式是靠广告，经营特点及吸引消费者是靠旅游游记和攻略等，如蚂蜂窝、猫途鹰、驴妈妈、穷游网、在路上、面包旅行、我趣旅行等，携程也在这方面努力完善，增加了攻略和游记的内容，还有名为"携程攻略"的 APP。

1. 携程旅行网

携程旅行网（简称携程）创办于 1999 年，总部设立在中国上海，最初是以票务服务为主营业务的预订服务中心。携程旅行网提供的旅行服务有酒店预订、机票预订、度假预订、商旅管理、旅游资讯等。其中，携程旅行网的业务核心集中在标准化程度较高的酒店预订和机票预订两个方面，盈利主要来自酒店和航空公司的佣金返还。为了获取较为稳定的机票和客房产品供应，携程首先完成了对现代运通公司的收购，并逐渐与全国几千家酒店达成合作协议。携程通过发放会员卡的人海战术来发展自己的会员，这也是我国旅游电子商务企业发展客户的方式之一。现在，携程旅行网为消费者提供一站式旅游产品服务，作为旅游电商巨头之一，携程旅行网的发展动态也牵动着众多旅游电商的神经。

2. 驴妈妈

驴妈妈旅游网（www.lvmama.com）创立于 2008 年，企业理念是"诚信、激情、创新、多赢"，宣传口号是"自助游天下，就找驴妈妈"。其总部设在上海，并在宁波、苏州、无锡设立门店。成立之初，驴妈妈就以自助游服务商定位市场，经过数年发展，形成了以打折门票、自由行、度假酒店为主体，同时兼顾跟团游、长途游、出境游、旅游团购等业务，为游客出行提供一站式旅游服务，最终打造成为以"自助游"为核心特色的综合型旅游网站。同时，为旅游企业搭建在线电子商务平台、产品分销、网络营销策划、活动策划、网络媒体投放等整合营销服务，将传统旅游线下运营和网络营销有机结合，为旅游企业提供精准网络营销。

截至目前,有一万多家景区、一万多家度假酒店、千余家国内外旅游局和航空公司等同驴妈妈旅游网开展合作,覆盖全国各省及直辖市,覆盖五大洲、50多个国家和地区。知名的合作伙伴有荷兰旅游局、土耳其旅游局、山东省旅游局、吉林省旅游局、华侨城集团公司、宋城旅游、张家界股份、黄山旅游、广州长隆集团等[①]。

(二)垂直搜索平台

旅游电商中的垂直搜索平台,顾名思义,是指企业提供各种商品的搜索平台,供旅游消费者进行产品信息的比对和筛选,根据个人需要进行不同提供商的产品或服务的选择,又称搜索引擎类旅游电商。其盈利模式是靠流量和成交额收取佣金或返利,主要盈利靠流量。国内搜索比价类的电子商务企业有一淘网,搜索比价类的旅游电商有去哪儿网、酷讯、阿里旅行·去啊、乐途旅游网、欣欣旅游等。国外有卡雅(Kayak)等。

1. 去哪儿网

主张"自由、自主、自在"旅游方式,秉承"聪明你的旅行"品牌理念的去哪儿网(Qunar.com),是全球最大的中文旅行网站和中国首创的旅游搜索引擎,于2005年5月成立,总部设立于北京。去哪儿网通过网站及移动客户端为旅游消费者提供机票、签证、酒店、独家、团购等的深度搜索,在中立、智能、全面的比较平台上,消费者可根据自身需要找到个人认为性价比最好的产品或服务。去哪儿网的主要盈利方式是流量、广告和佣金,网站依靠吸引用户浏览量来获取点击率,从而获得广告收入。

2. 酷讯旅游网

酷讯旅游网(www.kuxun.cn)是中国领先的在线旅游媒体,是全球最大在线旅游媒体TripAdvisor旗下企业。公司创立于2006年初,总部位于北京,2009年酷讯旅游网成为最大的在线旅游服务公司Expedia及全球最大旅游社区TripAdvisor旗下企业,2011年TripAdvisor在纳斯达克成功上市。酷讯旅游网凭借国内领先的垂直搜索技术,为旅行消费者提供国内外机票、酒店、度假和

---

① 驴妈妈官网: http://www.lvmama.com/public/about_lvmama。

火车票的专业搜索服务,并利用先进的数据挖掘和智能推荐等技术手段,为用户提供最新、最准确的旅行产品价格和信息,从而帮助用户一站式高效地比较选择适合自己的旅行产品。Hitwise 中国 2012 年数据显示:酷讯旅游用户访问量超过传统 OTA,位居在线旅游网站第二位,在整个中国在线旅游市场中,酷讯旅游访问量占 17%。目前,酷讯旅游月度访问量已突破 5500 万①。此外,酷讯旅游网首家推出新兴职业——旅游体验师,体现构建意见领袖为核心的社会化价值,这在行业领域内也是开创了先河。

(三) O2O

与其他行业相比,旅游电商的线上线下结合更为紧密,是 O2O 最为典型的商业模式。受到新兴旅游电商的冲击,传统旅游行业也通过网络走发展改革之路,将自己的旅游业务通过网络达成线上线下的经营模式,也有的旅行社采取投资在线旅游企业,资源共享。例如,中青旅网、国旅网等,康辉开通了国内第一家出境旅游网站(介绍出境旅游报名参团、办理护照、签证、边防、海关等知识);遨游网是中青旅旗下的专业度假网站,以中青旅品牌为依托和保证;芒果旅行网(简称芒果网)是中国港中旅集团旗下的专业从事在线旅游服务的子品牌;2015 年 7 月 3 日,万达文化集团战略投资同程旅游,这是万达首次投资旅游网络公司,万达旅游产业形成线上平台、线下渠道和大型旅游目的地三位一体的格局,打造全球唯一的旅游产业 O2O 模式。

1. 遨游网

中青旅控股股份有限公司(简称中青旅)于 1997 年创立,同年在上海证券交易所上市,是我国旅行社行业首家 A 股上市公司。遨游网(www.aoyou.com)作为中青旅控股股份有限公司旗下专业度假网站,成立于 2005 年,总部设立于北京。遨游网向消费者提供全方位值得信赖和高品质的旅游度假预订、资讯及专业服务,推广口号是"度假就上遨游网"。依托上市公司中青旅 30 多年的行业领先优势,拥有享誉全国的中青旅联盟逾 10 年的全国网络和旅游服务资源,遨游网提供北京、上海、广州、南京等多个出发城市、遍及全球 100

---

① 酷讯旅游官网:http://home.kuxun.cn/about。

多个国家和地区的旅游产品预订及度假服务，包括出境旅游度假、国内旅游度假、海岛旅游度假、抢游惠等丰富线路及领先服务，目前已拥有百万遨游网会员。2015年3月20日，遨游网召开"遨游网+"战略分享会，宣布打造在线旅游从O2O平台到"遨游网+"的旅游新生态。"遨游网+"的内涵是利用互联网技术与平台，使互联网与传统旅游业融合创新，协同增效，最终创造旅游业新的价值与发展生态。

2. 同程旅游

同程网络科技股份有限公司（简称同程旅游）是中国领先的休闲旅游在线服务商，创立于2004年，总部设在中国苏州，并在北京、上海、无锡等地设有分公司。同程旅游旗下运营同程旅游网(www.ly.com)和同程旅游手机客户端。同程旅游从周边游到出境游都处于高速发展中，尤其在中国景点门票预订市场处于绝对领先位置。同程旅游的高速成长和创新的商业模式赢得了业界的广泛认可，先后获得了元禾控股、腾讯科技、博裕资本等机构的数亿元投资。同程旅游是国家高新技术企业、商务部首批电子商务示范企业，连续三年入选"中国旅游集团20强"，2014年服务人次约3000万，位列第九名，年均增长100%，是中国在线旅游行业三大企业集团之一。新的十年，公司以"休闲旅游第一名"为战略目标。目前公司在中国景点门票预订市场处于绝对领先位置，并积极布局周边游、长线游、邮轮旅游等业务板块。

3. 万达旅游

2015年7月，万达文化集团宣布出资35.8亿元战略投资同程旅游，公司的共同投资方还有腾讯产业共赢基金、中信资本等多家机构，投资总额超过60亿元，这是国内在线旅游企业迄今获得的单笔最大投资。万达文化集团投资后将与同程旅游进行全面战略合作，发挥协同效应，实现互利共赢。借助同程旅游，万达旅游产业将打通线上渠道，获取海量客源。同程旅游将获得大量旅游目的地资源，可迅速扩大交易量，提升同程旅游的行业地位和影响。万达集团董事长王健林表示："投资同程旅游是万达首次投资旅游网络公司，这是万达旅游产业实行'互联网+'战略、实现转型的需要。万达是中国拥有旅游资源最多的企业。万达旅行社已是国内规模最大的旅行社之一，年收入增幅高达50%以上，拥有线下渠道优势。通过投资同程旅游，万达旅游产业将形成线上平台、线下渠道和大型旅游目的地三位一体的格局，打造全球唯一的旅游产业O2O模式，加速实现万达旅游产业目标，为中国旅游产业转型升级做出贡献。"①

4. 阿里旅行·去啊

"去啊"的前身是"淘宝旅行"，淘宝旅行是阿里巴巴集团旗下淘宝网于2010年推出的在线旅游业务平台，2014年10月推出新独立品牌"阿里旅行·去啊"及独立域名alitrip.com，目前，在去啊旅行平台上已有数以万计的卖家，提供机票销售、酒店客栈预订、度假产品销售、签证等服务。"去啊"独立出来后，不仅拥有自主经营权，在市场推广上也有利于消费者的认知，这对其自身是非常有利的。除此之外，阿里巴巴作为一个集团，除了拥有"去啊"，同时投资了佰程、穷游和在路上等项目，阿里巴巴可以通过资源的调度来整合资源，以达到互补的效果。通过阿里生态体系以及蚂蚁小微的支撑，阿里旅行·去啊推出"酒店后付""一键退改签""旅游宝"等多个产品，直接杀入在线旅游的核心竞争领域。

阿里旅行·去啊的品牌含义是："只要决定出发，最困难的部分就已结束。那么，就去啊！"简单说就是"去哪里不重要，重要的是去啊"。而"去啊"和行业里另一主角"去哪儿"，无论在字还是发音上，都太过于相近，再加上去啊和去哪儿都是垂直搜索平台，彼此之间可能成为最大的竞争。因此，"去啊"一经推出就因"宣传口号"引起了旅游电商的一场"争斗"。作为"当事方"的去哪儿表示："人生的行动不只是鲁莽地'去啊'，沉着冷静地选择'去哪儿'，才是一种成熟态度！"；携程表示："旅行的意义不在于'去哪儿'，也不应该只是一句敷衍的'去啊'，旅行就是要与对的人携手同行，共享一段精彩旅程"；爱旅行表示："旅行不只是鲁莽地'去啊'，也不是沉默地选择'去哪儿'，'爱旅行'才是一种生活态度"；在路上也说："不管是随性地'去啊'，还是冷静地选择'去哪儿'，旅行终究是要'在路上'"；百程旅行

---

① 中国旅游网：http://travel.china.com.cn/txt/2015-07/03/content_35973825.htm。

网则清新地说:"'去哪儿'和'去啊'都很重要,更重要的是我们的签证!";等等。可见,阿里巴巴的集团优势及"去啊"的影响力在旅游电商中是很大的。

第二节 典型旅游电商的发展轨迹

上一节内容中,我们通过分类的方式对中国旅游电商进行了梳理,列举出每一类别的旅游电商的一些代表性的企业。本节内容是介绍我国现存的一些规模较大或发展较快的旅游电商的发展历程,让读者在时间和空间上对主要旅游电商的发展历程有个大致了解。联系上节的分类,我们列举出的旅游电商有携程旅行网、途牛旅游网、去哪儿网、欣欣、芒果网、蚂蜂窝和阿里旅行·去啊。

一、携程旅行网——携程在手,说走就走

携程旅行网在上文中已经进行了简单的介绍。作为中国旅游电商的巨头之一,携程的发展是应该受到关注的,且对于其他的旅游电商来说,也有值得借鉴的地方。携程旅行网于1999年10月成立,总部设于上海;2002年3月收购了北京海岸航空服务有限公司,顺利打开了机票供应方的大门,同年10月月交易额首次突破1亿元;2003年12月携程在美国纳斯达克(NASDAQ)上市,凭借"互联网+旅游业"的整合概念,携程成为第一家在海外成功上市的综合性旅游服务公司,同时也创了纳斯达克股市三年来开盘当日涨幅最高纪录;2004年成为纳市首家分红的中国网络股,同年9月与招商银行联合推出国内首张双币种旅行信用卡,2007年5月与中国银行联合推出国内首张商旅精英信用卡;2008年1月携程旅行网牵手旅游卫视,联手打造携程环球DIY;同年3月,携程旅行网全英文网站全新上线;12月,携程南通呼叫中心正式启动;2011年1月,战略投资餐饮预订服务提供商"订餐小秘书"。

互联网时代下，必须考虑网络的信息安全问题，近年来，用户普遍开始关注网络安全和隐私问题。在对旅游电商的研究中，我们将以携程为案例进行介绍。在2014年3月22日晚6时许，漏洞报告平台乌云网在其官网上指出携程网安全支付日志可被下载，导致大量用户银行卡信息泄露，并称该漏洞已经过携程确认。23日下午，携程网发布回应表示：共有93名用户的支付信息存在潜在风险，已经通知更换信用卡，并给予相应补偿；2015年5月28日上午11:09，携程官网及APP全线瘫痪，一直持续到23:29，携程官方网站及APP恢复正常。官方确认此次事件是由于员工错误操作，删除了生产服务器上的执行代码导致。网络信息安全和支付安全问题，将在本书的第七章"大数据背景下北京旅游电商营销存在的问题"中进行更为详细的介绍和讨论分析。

二、途牛旅游网——要旅游，找途牛

途牛旅游网（www.tuniu.com）于2006年10月创建，总部位于江苏南京。途牛尝试"互联网+呼叫中心+落地"的业务模式，开辟了创新的在线旅游预订模式，通过采购旅行社产品，消费者与途牛签合同，途牛提供上中下游服务。途牛的宣传口号是"让旅游更简单"，其官网首页如图1-1所示，提供涵盖跟团、自助、自驾、邮轮、酒店、签证、景区门票及公司旅游等旅游产品预订服务。2009年4月，途牛与DMG战略合作，开始在地铁、楼宇视频媒体、公交车车身投放视频广告，获Gobi Partners（戈壁合伙人有限公司）数百万美元的A轮融资。2010年获首届中国休闲创新奖两项大奖：2010年度中国最佳旅游供应商、最受欢迎自由行线路设计网站，获美国顶级风险投资机构DCM数千万美元的B轮投资。2011年，途牛与建设银行联合推出首张纯旅游类银行联名卡，并推出全新的手机客户端，获得5000万美元融资。2012年实现单月盈利，获"英国旅游专家旅行社"称号，通过美国质量认证（AQA）国际有限公司ISO 9001：2008质量管理体系认证。2013年获"金耳唛杯——中国最佳呼叫中心"荣誉，完成D轮由Temasek、DCM等联合投资的约6000万美元融资。2014年3月途牛学院正式挂牌成立，5月途牛旅游网正式在纳斯

第一章 旅游电商概述

达克挂牌上市,成为继携程、艺龙、去哪儿网之后,美股市场上的第四家中国在线旅游类上市公司,也是美股市场上第一支专注于在线休闲旅游的中国公司。

图1-1 途牛旅游网的官网首页

采用网络营销中的竞价排名是途牛网打开知名度、带来源源不断的销售线索和订单的重要营销手段。途牛网在网络竞价排名中投入的营销费用占总预算过半份额,实际的营销效果也很好。例如,2007年途牛网运营竞价排名营销的第一年取得了超过百万元的盈利,客源中有60%~70%是受竞价排名影响。途牛旅游网还通过广告投资进行宣传,如2013—2014年热播综艺节目《爸爸去哪儿》,途牛借此机会邀请林志颖父子担任途牛旅游网的宣传形象代言人,2015年又赞助了《中国好声音》,成为中国好声音官方指定旅游网站。另外,途牛是最早提出旅游特卖平台战略的企业,通过上线特卖平台提前抢占了一定份额的销售市场。

三、去哪儿网——聪明你的旅行

作为旅游电商中的垂直搜索品牌,去哪儿网从2005年成立到现在,已经获得了多个投资商的投资。表1-1中列出了从去哪儿网成立至今的一些主要大事件,在宏观上也反映了去哪儿网的发展历程。

表1-1 去哪儿网发展大事记

时间	发展历程
2005年2月	道格拉斯、戴福瑞和庄辰超共同创立去哪儿网,去哪儿网成为中国第一个旅游搜索引擎
2006年7月	硅谷风险投资商Mayfield和GSR Ventures完成对去哪儿网的第一轮投资
2007年9月	风险投资商Mayfield、GSR Ventures和Tenaya Capital对去哪儿网进行第二轮投资
2009年1月	美国互联网研究公司ComScore发布的亚太地区旅游媒体分析报告显示:截至2009年1月,去哪儿网被列为中国第一大旅游媒体,在亚太地区排名第三
2010年8月	去哪儿网成功打造了全球最大的中文酒店点评系统,用户酒店点评量突破100万条。去哪儿网由单纯的旅游搜索引擎转变成在线旅游媒体
2011年	5月,去哪儿网与中国旅游研究院行业发展趋势研究等方面建立战略合作关系 6月,去哪儿网与百度(NASDAQ: BIDU)共同宣布双方达成一项深度战略合作协议,百度3.06亿美元战略投资去哪儿网,成为去哪儿网第一大机构股东
2012年10月	中国互联网络信息中心(CNNIC)发布的《2012年中国网民在线旅行预订行为调查报告》显示:"去哪儿旅行"是手机旅行用户安装和使用最多的移动客户端
2013年11月	去哪儿网于2013年11月1日在美国纳斯达克上市
2014年	第三季度去哪儿网无线收入占总营收40.4%;无线业务连续五个季度以超过300%的增长速度继续快速成长,继续在行业保持无线第一的地位。 去哪儿网通过大数据为多家中小航空公司带来了航线营销方面的成功
2015年6月	去哪儿网与百度签署了业务合作协议,百度将独家提供去哪儿网在百度地图PC端和移动端展示酒店信息和产品的权利
2015年10月	携程公告称:与去哪儿合并,合并后携程将拥有45%的去哪儿股份。此次携程与去哪儿合并的形式为百度出售去哪儿股份,然后控股携程,百度将拥有携程25%的股份
2015年12月	韩亚航空宣布:其在中国首家网络旗舰店正式登录中文在线旅游网站去哪儿网

2013年10月上市之际,去哪儿网与百度签署了战略合作协议。外界称:百度给去哪儿网带来的不是资金的支持,而是流量的支持。实际上,百度并未在移动端为去哪儿网带来更多的流量。去哪儿网与百度合作后解决了流量分散

的问题,去哪儿网得以更加专注地解决流量以外更重要的核心问题,如产品设计的改善、供应链设计的完善等。2013年第三季度去哪儿网超越携程网,抢占了其保持10多年的机票第一把交椅。从营收增长态势上来看,旅游电商未来的王者将在去哪儿网和携程之间选出。2015年10月,百度出售去哪儿股份,最终控股携程,携程、去哪儿两巨头最终合并。

四、欣欣

旅游B2C平台系统"欣欣旅游"(www.cncn.com)和旅游B2B平台系统"欣旅通"(www.cncn.net)都属于厦门欣欣,于2009年成立,公司总部设立于福建厦门。厦门欣欣是一家专注于帮助旅游企业实现在线化,面向旅游行业提供旅游信息化整体解决方案的互联网技术开发公司,通过两大平台打通旅游供应链,构建成国内唯一实现集网上商铺、在线收客、同业采购分销于一身的B2B2C平台,其官网首页如图1-2所示。

图1-2 欣欣旅游网官网首页

欣欣主要经营业务情况(包括主要业务品种、经营模式等)如图1-3所示。

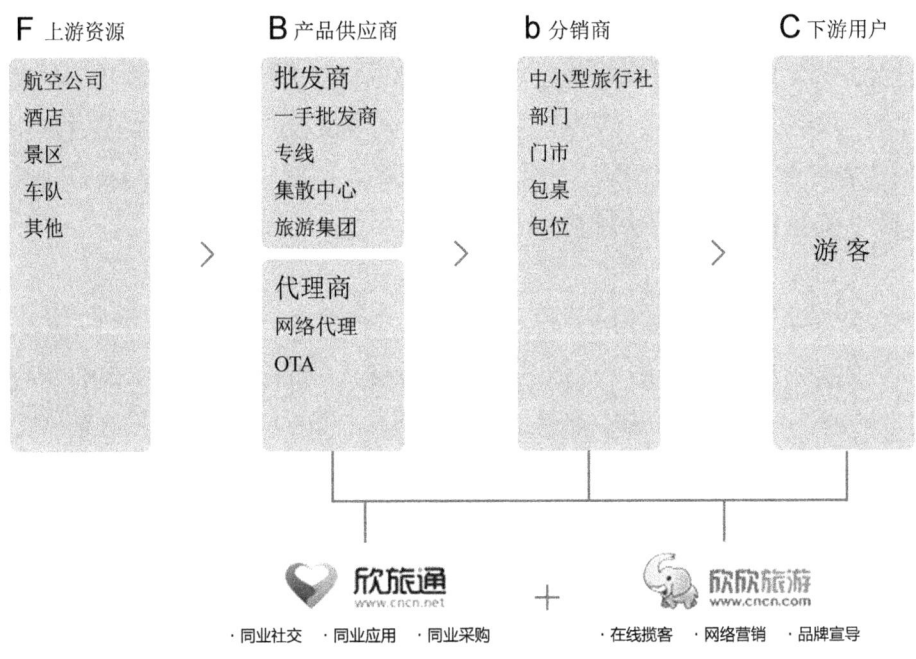

图1-3 欣欣主要经营业务情况

　　欣欣是旅游行业阿里模式的复制者，以 B2C 开局，并以 B2B 放大经营和构建未来，以不做业务只做平台为经营底线，业务涉及传统旅游企业经营的每一个环节，并且充分发挥技术公司的优势，打造自有＋开放的旅游行业信息应用平台，已建设成初具规模的在线旅游行业的"淘宝网"。

　　2009年欣欣旅游网的旅行社联盟正式上线，同年艾瑞市场咨询（iResearch）公布欣欣旅游网位居国内旅游网站排名前十名，2010年排名前五；2011年1月"'欣欣向荣'欣欣旅游大讲堂"旅游电子商务营销推广全国巡讲活动启动；2012年"欣欣商城"正式上线，手机客户端"欣欣旅游线路"Android版上线，正式进军移动互联网，并推出国内最专业的旅行社即时询价软件"全国旅行社询价系统"；2013年旅游社会化媒体营销系统——"智能微营销"全新上线；2014年欣欣微店上线，欣旅通供销平台上线，成为国内最大旅游同业资源交易中心；2014年10月，腾邦国际以1.95亿元注资欣欣，同时把机票、互联网金融、境外商旅，以及线下落地等优质资源注入欣欣，这

— 20 —

是欣欣目前最大的一次资本整合①。

五、芒果网

芒果网有限公司（www.mangocity.com）简称芒果网，其官网首页如图1-4所示。芒果网主要以度假游为核心业务，此外还有机票、酒店、邮轮、跟团游、自助游等旅游产品。从芒果网官方网站的首页中就能看出，其产品种类较多，涵盖国内游和出境游，国内游又分为周边游和热门景点旅游，除此之外还有一大特色就是芒果网的主题游，包括蜜月游、亲子游、周末游、海岛游、美食游和漂流游。这些主题游迎合不同消费人群的特点进行定向营销，是国内旅游电商发展走向成熟的标志之一。

图1-4　芒果网官网首页

芒果网是中国港中旅集团所属上市公司，是中央直接管理的国有重要骨干企业，芒果网与港中旅的隶属关系如图1-5所示。芒果网由中国港中旅集团在2006年建立，注册资本5.2亿元，总部设在深圳，并在北京、广州、上海、

---

① 欣欣旅游官网：http://www.cncn.com/corp/aboutus.html，编者进行了整理。

重庆、香港设立了分公司。作为港中旅旗下的线上旅游网络平台，芒果网打造专注旅游度假O2O平台服务模式，实现了与地面旅行社在线上线下的业务整合①，经过十年的发展，芒果网已成为国内顶级的旅游度假综合服务商之一，专注提供以旅游度假尤其是出境游产品和服务为核心的商业模式。

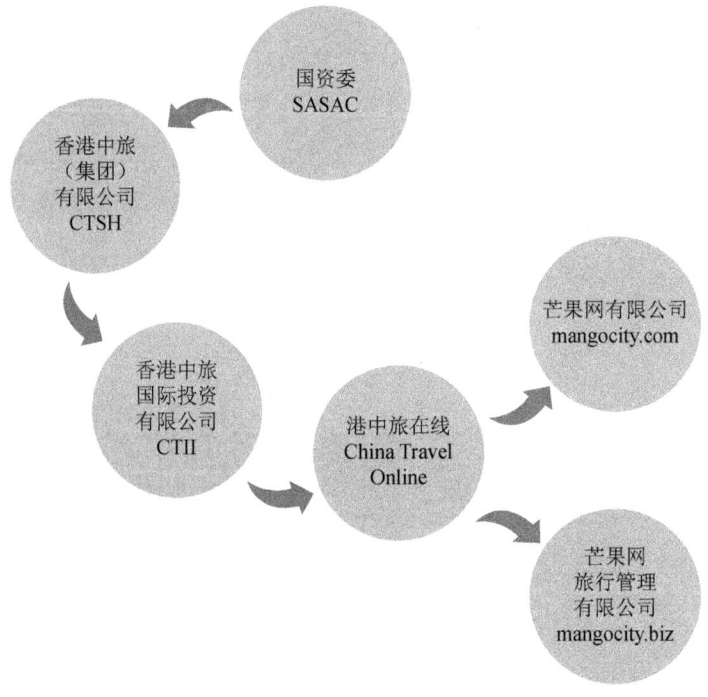

图1-5 芒果网隶属关系示意图

2008年3月，芒果网与招商银行战略联盟推出芒果旅行信用卡，7月携手香港旅发局推出"优质诚信香港游"，开通全国首个网上旅游网上专柜，11月与南方航空开展全面的商旅业务合作，与新浪网达成战略合作；2009年3月芒果网与易休网完成并购，4月芒果网客户服务中心荣获"2009年中国最佳呼叫中心"称号，与中国工商银行联合推出牡丹芒果信用卡，6月，芒果网荣获第三届中国最优旅游供应商"在线预订最便捷网站"奖；2010年12月芒果网

---

① 芒果网官网：http://www.mangocity.com/corp/about.htm。

"旅行试客"第二季圆满结束。2015年12月,芒果网引进民间资本进行资产重组。2016年4月,芒果网签约时代邻里集团,启动社区O2O旅游服务。

六、蚂蜂窝

蚂蜂窝旅行网由陈罡和吕刚创立于2006年,从2010年正式开始公司化运营。蚂蜂窝的用户主要通过口碑获得,截至2015年9月30日,蚂蜂窝已积累1亿用户,其中80%的用户来自移动端(蚂蜂窝自由行APP);月活跃用户数8000万,点评数量达2100万条。

蚂蜂窝旅行网是中国领先的自由行服务平台。以"自由行"为核心,蚂蜂窝提供全球60 000个旅游目的地的旅游攻略、旅游问答、旅游点评等资讯,以及酒店、交通、当地游等自由行产品及服务。蚂蜂窝的景点、餐饮、酒店等点评信息均来自数千万用户的真实分享,每年帮助过亿的旅行者制订自由行方案。

蚂蜂窝旅行网站从自由行消费者的角度帮助用户做出最佳的旅游消费决策。UGC(用户创造内容)、旅游大数据、自由行交易平台是蚂蜂窝的三大核心竞争力,社交基因是蚂蜂窝区别于其他在线旅游网站的本质特征。

"心若自由,行必无忧。"蚂蜂窝旅行网的目标是为全球的自由行消费者提供靠谱、有爱、值得信赖的旅行信息,以帮助他们更好地进行消费决策,并获得高性价比的自由行产品及服务。蚂蜂窝发展历程如表1-2所示。

表1-2 蚂蜂窝发展历程

时间	发展历程
2006年1月	网站上线
2010年3月	正式成立公司投入运营,注册用户数15万
2011年4月	上线首款APP客户端旅行翻译官
2011年10月	获得今日资本500万美元A轮融资和200万美元无息贷款
2012年6月	开始商业化尝试,半年收入超千万元,主要来自广告及佣金分成
2012年10月	注册用户数超过400万,PC端用户数在三年内增长40倍;攻略累计下载量6000万次
2013年4月	获得启明创投领投的1500万美元B轮融资

续表

时间	发展历程
2014年6月	注册会员数突破5000万
2015年2月	获得高瓴资本、Coatue、CoBuilder、启明创投的C轮融资，累计融资逾亿美元
2015年9月	蚂蜂窝用户数1亿，其中80%的用户来自移动端（蚂蜂窝自由行APP）；月活跃用户数达8000万

蚂蜂窝旅行网是基于旅游社交和旅游大数据的新型自由行服务平台，这也是蚂蜂窝的商业模式。

蚂蜂窝用户通过交互生成海量的内容，经由数据挖掘和分析，这些内容形成结构化的旅游数据并循环流动。蚂蜂窝依据用户偏好及其行为习惯，对应提供个性化的旅行信息、自由行产品交易及服务；全球的OTA、酒店、邮轮、民宿、当地旅行社等旅游产品供应商通过蚂蜂窝的旅游大数据与消费者精准匹配，节省营销费用，并能获得不菲的收入。

蚂蜂窝自由行交易平台的出现，标志着个性化旅游——自由行时代的到来。业界通常将旅游划分为三个时代：鼠标＋水泥的时代（以携程为代表）、垂直比价时代（以去哪儿为代表）、个性化旅游的自由行时代（以蚂蜂窝为代表）。在移动互联网语境下，"自由行"的实质是旅游社交和旅游大数据，用户通过网络获取并分享旅游信息、产品和服务。

2012年6月，蚂蜂窝开始商业化尝试。它的收入一方面来自于航空公司、迪斯尼等投放的展示性广告，另一方面来自于为携程、悠哉等旅游电商带去消费用户。半年时间，它的收入在千万元左右。

2011年10月25日，中国旅游社交媒体平台蚂蜂窝宣布首轮融资资金将主要用于拓展移动互联网布局，拓展线上线下市场，以及激励用户创造内容。

同时，蚂蜂窝就其新产品"认证专业"，与土耳其、瑞士、丽晶等30余家旅游局、航空公司、邮轮等旅游服务机构签署了合作协议，由蚂蜂窝提供一站式官方消息发布、资讯精选、在线问答等VIP服务。

通过用户分享与数据整合，蚂蜂窝已收录全球热门目的地、景点、酒店、餐厅、交通、娱乐等信息数据条目超过 100 万条，游记、攻略和点评数量超过 500 万条。蚂蜂窝基于旅游攻略推出"一窝蜂"服务，通过用户行为数据推荐热门产品，包括酒店、机票、签证、门票、当地个性化旅游服务等。

七、阿里旅行·去啊

阿里旅行·去啊是阿里旗下的综合性旅游在线服务平台，主要帮助人们进行机票预订、酒店客栈预订、度假产品销售及签证服务。2014 年 10 月 28 日，阿里将旗下航旅事业部升级为航旅事业群，同时将淘宝旅行升级为独立品牌"去啊"，其前身是 2010 年推出的"淘宝旅行"，当天，手机 APP"去啊旅行"同时推出。

阿里旅行·去啊整合数千家火车、飞机票代理商、航空公司、旅行社、旅行代理商资源，为旅游者提供国内机票、火车票、国际机票、酒店客栈、景点门票、国内国际度假旅游、签证（通行证）、旅游卡券、租车、邮轮等旅游产品的信息搜索、购买、售后服务的一站式解决方案。

阿里旅行·去啊有着鲜明的平台特色，提出了四大战略，分别为无线、服务、创新和平台。"去啊"把市场定位在关注消费者的度假出行需求，并推动在线旅游行业从销售向服务升级。

2015 年 3 月 30 日，阿里旅行·去啊正式发布"未来酒店"战略：携手酒店同业打造一个面向未来的、基于信用体系之上的新型在线旅游服务平台。致力于为用户提供极致体验，阿里旅行第一阶段联合芝麻信用上线了"信用住"服务。信用良好的用户在阿里旅行预订信用住酒店，就可体验"零押金、无担保、急速退房"服务。

阿里旅行整合阿里系五大平台能力，挑战传统 OTA 模式，持续提升酒店运营效率和用户体验。伙伴共享海量用户资源，用创新手段推动酒店业与互联网的深度融合。阿里巴巴航旅事业群总裁李少华表示："未来酒店"是阿里旅行基于用户分享、数据能力和营销平台，为酒店业打造的"一站式解决方案"。

"未来酒店"第一阶段最先上线的是与芝麻信用合作的"信用住"服务。芝麻信用是国内第一个个人信用分，类似于美国的 FICO 分，芝麻分的高低代表了用户的信用水平。"信用住"的体验与传统模式相比明显更方便：用户在阿里旅行预订酒店时，芝麻分达到600分即可选择信用住。用户先入住后付款，无须担保，零押金，离店时也无须排队，只需把门卡放到前台，系统会自动从用户的支付宝账户里扣除房费。李少华表示：阿里旅行要通过互联网的势能去唤醒传统行业，让传统企业扔掉OTA时代的拐棍，借助互联网的力量重新站起来，释放更多潜能。信用住是"未来酒店"落地的第一步。未来，阿里旅行将逐步向酒店行业实现五大平台能力的共享：信用、效率、营销、黏性和安全。

基于阿里巴巴数据和平台服务之上，阿里旅行的"未来酒店"还将推出更多挑战传统OTA酒店模式的服务。在"未来酒店"背后，是阿里系的"最强势能"组合——淘系3.5亿活跃用户、芝麻信用、支付宝、花呗、阿里云和石基。

目前，酒店行业客户在线下通过连锁或加盟的方式进行资源整合，在线上与互联网渠道深度结合，这都需要快捷、低成本的IT基础设施。而传统的IT模式难以满足业务快速发展的要求。云计算的快速部署、弹性扩展和按需付费的特征，可以随着业务的拓展逐步增加IT资源，快速满足业务要求，降低总体IT成本。通过云计算整合酒店的业务平台，并与互联网渠道进行打通，酒店行业客户可以采用阿里云的大数据平台，对业务和客户进行精准的数据分析，提升酒店的管理与营销能力。

对于酒店客户来说，"未来酒店"在提供更优质入住体验的同时，也给他们带来了更大的安全感。传统在线旅游平台采用的是人工处理信息担保，曾经屡次出现信用卡用户信息泄露的问题。而"未来酒店"借助芝麻信用，无须人工信用担保，并且支付宝系统会自动脱敏处理用户隐私信息。从自动生成订单、信用担保到结账离店，在保障便捷支付的同时，也确保了用户信息隐私安全。截至2015年4月，全国有近5500家酒店加入"信用住"计划，包括香格里拉、喜达屋、金陵、开元、雷迪森等高端酒店集团，以及如家、华住、布丁、银座、易佰等经济型酒店集团等。

2015年6月4日，阿里旅行·去啊联合芝麻信用上线"信用签证"服务，用户芝麻分达到 700 分即可办理新加坡签证,达到 750 分即可申请卢森堡签证。此外,阿里旅行、芝麻信用也不断和英国、韩国、日本、斯里兰卡等出境游热门国家进行接触。对于出境游客来说,签证常成为麻烦事,信用签证基于用户的芝麻信用,无须提交资产证明、身份证、户口本、在职证明等烦琐的手续即可线上办理。在 OTA 纷纷通过价格战取得市场份额的时候,阿里旅行通过一系列的创新手段转化淘宝会员为阿里旅行·去啊的会员,与此同时也通过各种优惠活动吸引消费者。

2015 年 9 月 22 日,"去啊"在深圳高调启动了名为"未来景区"的战略。根据其说法,游客来到与阿里旅行·去啊建立合作的"未来景区"游玩时,只需携带手机即可完成吃喝游购全程自助式在线操作:从线上到线下,通过移动终端实现从在线预订到景区消费的无缝对接。这是继其在机票、酒店、签证等几大领域发力之后业务上的最新进展。根据"去啊"负责人李少红的说法,"未来景区"旨在通过门票无纸化、电子化入园、智能导航等技术手段的应用,让景区依托于互联网和移动互联网,帮助其顺利跨越电商化的障碍。当然这有两大前提:一个技术上的前提是景区和阿里后台实现系统的对接;另一前提是该产品的服务对象是芝麻信用积分达到 600 分的用户。

在传统的门票分销模式中,分销商只负责将门票卖给游客,游客拿到门票后所产生的一系列互动,都是景区与游客之间的事情,与分销商无关。而"去啊"这次则要深度参与到景区对游客的服务中来,如电子门票、园中消费的电子化支付等。

2016 年 1 月 26 日,名为"蓝色峨眉"的项目在成都正式启动,以"去啊"产品为核心,依托峨眉旅游资源,打造"峨眉山智慧旅游",在电子门票、营销推广、O2O 等项目展开合作。

其实"互联网+旅游"已被国务院、国家旅游局提出,而要打通互联网与旅游两大产业,专业强大的智库团队和商业团队却是构想成为现实的背后支柱。

本次旅游模式升级的背后是阿里旅行与新浪智库两个集团战略合作的达成。基于新浪智库宏观规划的创新模式,加之阿里旅行互联网模式的强强联合，将对峨眉山旅游资源进行系统规划与互联网改造。

在这个创新驱动发展、经济转型升级的战略机遇期，传统的比较优势逐步衰减，各种新的发展问题互相交织、错综复杂，亟须中国智库积极发挥"转识成智"的功能，在不断总结改革与发展经验的同时，对层出不穷的理论问题与现实难点做出科学解答，充分发挥中国特色新型智库咨政建言、理论创新、舆论引导、社会服务、公共外交等重要功能。

过去，手机旅行APP只是浅层面的"互联网+"，"互联网+旅游"的强强联手，将在更深层次对旅游业进行产业升级和行业再造。

新浪智库携阿里旅行与峨眉山景区一道，正在引领这样的改变。2016年1月26日启动的"蓝色峨眉项目"就是旅游业全面进入深度"智慧旅游"的标志，也是旅游业自身"转识成智"的一次脱胎换骨。

新浪智库将利用与政府的良好合作关系、线上线下的媒体推广资源优势，结合阿里旅行以互联网为核心的立体化旅游产业发展优势，共同针对智慧城市下的旅游产业，在线下旅行社拓展、酒店拓展（未来酒店）、景区拓展（未来景区）、旅游目的地合作营销及旅游类支付宝场景接入等方面开展全面的战略合作，为地方政府、企业及旅游景区提供全面的"互联网+"建设方案。

第二章　北京旅游电商的发展情况

传统旅游公司的一般业务是将采购的住宿、餐饮、门票、车船机票等旅游产品进行优化组合，将形成的旅游线路或旅游组合产品销售给旅游者，此过程中，传统旅游企业需要与众多的旅游供应商及消费者进行信息的沟通和交换，而这一过程中造成的信息不对称等往往成为传统旅游企业发展的障碍。电子商务的开放性、便捷性、低成本等，满足了传统旅游企业更加及时发布、更新旅游信息，实现即时沟通等愿景，自然而然也就成为传统旅游企业进一步改革发展的最佳途径。

电子商务可以打破时空的限制，最大限度地将各种旅游资源和旅游信息有效地结合在一起。本书主要研究大数据背景下北京旅游电商的创新营销模式，因此，在研究其营销模式之前，首先需要对研究对象进行了解。在前文对国内主要旅游电商的介绍基础之上，本章主要对北京旅游电商进行更为详细的叙述。首先讲解北京旅游电商的出现与发展，然后介绍北京旅游电商的主要特点，再对北京旅游电商进行更为详细的分类研究。关于北京旅游电商发展情况的研究，对后文中关于北京旅游电商的营销模式研究有指导性意义。

第一节　北京旅游电商的出现与发展现状

本书对北京旅游电商的定义范围划分是在北京设立总部或分公司的旅游电商，旅游电商的范围包括近几年出现的互联网旅游企业、线上企业线下开设实体店、线下传统企业转线上经营、线下传统企业投资互联网企业并将产品部分放置网络经营等类型，但不包括传统行业设置官方网站。例如，北京中国国际旅行社（www.quly8.net），其网站虽然设有旅游相关产品，但只能在线预订而不能在线支付完成订单，网站只是起到信息宣传的作用，因此不属于本书所讨论的北京旅游电商的行列。北京作为中国首都、国际交流中心，在发展旅游业上有着重要作用，同时又有大量IT人才聚集，也给网络时代的旅游业发展提供了条件。本节主要就北京旅游电商出现的背景和发展情况进行论述介绍。

一、北京旅游电商的出现

北京旅游电商的出现也就是近十几年的时间，但自从旅游电商出现之后，便以空前的速度发展，众多旅游电子商务企业的出现也就自然而然产生了竞争，在这个过程中体现了互联网企业的特性，即企业出现得快、发展得快。携程旅行网成立于1999年，总部设立于上海，同时在北京设立分公司；艺龙旅行网于1999年在北京设立总部；2000年，百程旅行网创建，定位出境游，这是在北京最早期的有一定规模的旅游电商。接着短短几年时间里就出现了一大批旅游业务旅游电子商务企业，如2005年去哪儿网成立，总部设立于北京；2005年中青旅旗下的遨游网成立、乐途旅游网成立；2006年蚂蜂窝成立，总部设立于北京。这些旅游电商有的是垂直搜索类的；有的专注于某一特定种类旅游产品，从某一方面切入旅游业；也有的是通过线下的积累建立线上网站。这些旅游电商的出现及发展历程，对于后来出现的旅游电商是经验也是借鉴。

（一）北京旅游电商出现的背景

北京旅游电商出现的大背景主要有两方面：一方面是互联网及移动互联网的发展和普及；另一方面是旅游业的发展。互联网的出现给了电子商务发展的先决条件，互联网的普及又给了旅游业发展电子商务的良好环境，同时，也是旅游业发展至一定阶段进行改革的必经之路。近几年，移动通信设备的普及和移动互联网的发展（如出现的移动3G、4G网络）很好地满足了移动网络速度问题，使得移动端的旅游电商纷纷发力，出现了一批移动端的APP旅游电商，之前传统的旅游电商也纷纷开发了自己的移动端应用及微信微博公众号。另外，北京市具有一些资源和优势的便利性，如IT、软件工程师等技术管理人才的大市场，北京市对于创业企业的利好政策和便利性等。

（二）北京旅游电商的发展

2005—2006年期间开始涌现一批旅游电商，如去哪儿网、中青旅遨游网、乐途旅游网和蚂蜂窝等纷纷在北京出现。这些旅游电子商务企业的类型有用户生成UGC类、垂直搜索类，以及专注于机票、境外游、租车、酒店等方面的小型旅游电商，也有线下传统旅游企业开拓线上渠道等。由于北京的一些特殊优势，使得北京的旅游电商有着很好的发展先决条件，因此，一些总部不在北京的旅游电商企业发展至一定阶段时会选择在北京设立分公司，也有一些不在北京的旅行社进行线上经营时选择将公司设于北京。例如，国内移动互联网领域领先的在线旅游服务商——北京市海淀区的秀山水（北京）网络科技有限公司，是哈尔滨秀山水旅行社有限公司牡丹江分公司设立的，致力于景区门票分销、目的地地接服务、周边酒店、智慧旅游攻略、APP智慧景区等一站式旅游产品服务。同时，也为旅游景区提供精准网络营销，包括为旅游景区搭建在线电子商务平台、门票分销、网络营销策划、活动策划、网络媒体投放等整合营销服务。

近几年又有一批以移动端APP切入旅游市场的，在这些创业型企业中，海外目的地是其市场"重镇"，海玩网、目的地旅行网、会玩旅行等均是针对境外中国游客提供旅游服务。国家旅游局的数据显示：2014年中国出境游人数达到1.07亿，2015年一季度中国出境游人次同比以21.38%的速度增长。穷游网发布的《2014出境自助游行业报告》显示：2014年出境自助游预计占出境游的71%。而近段时间以来，多国签证利好政策也刺激了出境游和自由行。近年我国境外游市场发展迅速，但尚处于初级发展阶段，在服务方面还有较多痛点，而国内一些旅游电商巨头在海外旅游业务的布局有较多不完善之处，恰为这些创业型企业提供了发展机会和发展空间。

二、北京旅游电商的发展现状

旅游电子商务降低了旅游公司的运营成本，提高了其营销效率。在市场营销方面，旅游公司需要收集各类的信息，并尽可能广泛地传播出去。因此，对于旅游公司而言，最大限度地降低运营成本是提高竞争力的重要策略。而电子商务可以为旅行社经营者提供最具时效的国内外动态信息，帮助旅行社经营者及时调整规划方向和营销策略。同时，电子商务也可以使旅行社能够随时了解旅行社和旅游者的需求，迅速调整产品开发和营销重点。另外，在线交易和支付系统不仅能够减少交易的中间环节，降低成本，还能避免在交易过程中因信息不对称造成的意外损失[①]。依据北京特殊的地理和条件优势，北京旅游电商发展很快，且数量较多，与全国其他地区相比处于领先地位。下文就从北京旅游电商的数量规模、创业型旅游电商的发展及北京旅游电商存在的普遍问题三个方面进行北京旅游电商发展现状的介绍。

（一）北京旅游电商的数量规模

北京旅游电商的总体数量和规模在全国领先，北京旅游电商大大小小成百上千个，有一定规模的包括面包旅行、中青旅遨游网、携程旅行网、百程旅行网、艺龙旅游网、玩转世界旅游网、秀山水智慧旅游网、蚂蜂窝、猫途鹰、穷游网、游多多旅行网、在路上旅行网、旅评网、百度旅游、去哪儿网、酷讯旅游网、乐途旅游网、世界邦旅行网、窝窝团旅游团购、美团、糯米酒店旅游、大众点评团、拉手网酒店团购、京东酒店团购、京东旅游度假等。其中，总部设于北京的去哪儿网、酷讯网、乐途旅游网、艺龙旅行网等是国内旅游电商中的代表性企业，还有一些是北京特有的小型旅游电商，以及在北京设立分部的携程等，一定程度反映了北京对于旅游电商发展的重要性。另外，由于北京市区人口的稠密性、周边旅游及市区内经典旅游景点的代表性等特点，一些以人口或地理范围进行划分的区域内的旅游电商（如横店旅游、北京景区虚拟旅游、东城旅游等）专注于某一区域范围的旅游应用（多为移动端APP），也成为旅游电商中的一部分不容忽视的企业。

（二）创业型旅游电商的发展

中国旅游投资项目数据显示：2014年全国旅游业实际完成投资7053亿元，同比增长32%，预计未来三年中国旅游投资将超过3万亿元。在这一大环境之

---

① 阿布都热合曼·阿布都艾尼.旅游电子商务对传统旅游的影响[J].科技视窗，2010(2)，下.

下，创业型企业为在新领域寻找机会不惜重金介入并获得资本青睐。作为刚刚兴起的领域，投资过热不可避免，但随着市场竞争的升级，优胜劣汰的加剧，投资将会趋于冷静。很多获得融资的在线旅游企业是以私人向导、包车、主题游等垂直细分领域为焦点的。例如，国外私人向导预订平台目的地旅行网获数百万元天使投资，以包车为基础的目的地深度游平台走着旅行获5146万元A轮融资，主打亲子游的童游和偶们亲子出行也分别获得数百万美元和5000万元的A轮融资。这些企业的共同特点是通过自身创业解决旅行中的痛点，若想做大做强，必然朝着一站式服务发展。但专家认为：创业企业抗风险能力较差，未来归于巨头旗下的可能性较大。

（三）北京旅游电商存在的普遍问题

电子商务与生俱来的问题就是交易安全与信息安全问题，而旅游电子商务也完全避不开这个问题。近来，在线预订或购买旅游产品的游客信息被泄露的问题也让在线旅游行业广受诟病。例如，前文所提及的2015年3月，漏洞报告平台"乌云网"在其官网上公布了一条信息，指出携程网大量用户银行卡信息泄露，泄露的信息包括持卡人姓名、持卡人身份证号、所持银行卡类别、银行卡卡号等，危及用户支付安全，携程方面也承认此问题的存在，通过后台操作的完善和问题的补救暂时"解决"了此次信息泄露的危机。同样，对于其他旅游企业，也存在诸如泄露用户联系方式、购买记录等信息安全问题，只是有的被暴露出来，有的未被发现抑或还未发生但潜伏着这种危险。此外，对于旅游电商来说还存在着商家营销噱头繁多，真假难辨；旅游电商不同于传统实体店行业，若消费者权益受到侵害，容易遭受投诉无门的境遇；非法机构或组织窃取信息，敲诈消费者；等等。规模较大的旅游电商有其自身的弱势，虽然在安全上较于规模小的旅游电商要规范得多，可一旦有问题发生，涉及的人会很多。而规模较小的新兴旅游电商，更容易在安全等问题上疏于防范，且本身企业的抵抗力较小。

旅游电商出现的问题困扰着广大消费者及旅游电商，防止信息泄露被窃、保障互联网和移动互联网的安全涉及许多部门，除了旅游部门和旅游电子商务企业需要做出努力外，还需要互联网监管部门、金融监管部门、公安部门等协同解决。2015 年 7 月,《旅行社产品第三方网络交易平台经营和服务要求》《旅行社服务网点服务要求》等五项旅游业行业标准开始实施,对在线旅游经营服务首次作出规范。新规规定:"(第三方网络交易)平台应取得工商营业执照、电信与信息服务业务经营许可证,完成经营性网站备案,并在网站主页面显著位置公示相关信息""应与合作的旅行社订立进场经营合同,监督旅行社发布的旅行社产品及其相关信息""可设立信用评价制度以对旅行社进行信用评价和管理,信用等级评价制度应提前公示,并为旅游者提供信用等级查询服务""平台交易双方数据的保存时间自其最后一次登录之日起不少于 3 年。可查询的交易数据保存时间自交易发生之日起不少于 3 年""通过网络经营旅行社业务的,应当依法取得旅行社业务经营许可,并在其网站主页的显著位置标明其业务经营许可证信息。发布旅游经营信息的网站,应当保证其信息真实、准确"①。这些规定均为进一步规范旅游电商经营、维护消费者权益提供了保障,这样,游客消费过后若产生纠纷,维权就有了依据。

第二节 北京旅游电商的特点

前文中已经提到,依据北京的地理位置和发展条件的特殊优势,旅游电子商务企业在这里得到了较为充分的发展。自 1999 年之后陆续有旅游电商在北京出现,2001—2010 年期间出现的旅游电商有的成为现在的旅游电商巨头之一,通过收购合并,得到多轮投资和融资,实力和规模逐渐壮大。自 2010 年至今,又有一批旅游电商以移动互联网为载体的移动应用发展起来,这些移动 APP 的主要特点是以某一角度切入旅游业,如租车、酒店、车船机票、国内出境游、邮轮旅游、攻略等,这些企业不再一味地强调一站式服务,而是发展自身独特的优势。这些企业中肯定会有一部分要被收购或被淘汰,也会有一部分

---

① 中国旅行社协会:http://cats.org.cn/falvyuandi/biaozhun/22613。

留存下来，至于会不会进行企业经营内容范围等的转型，还有待观察。

另有一些企业是国外的较为大型旅行社或旅游电商在北京设立分部，如艺龙旅行网是国外的全球著名旅游服务品牌 Expedia 旗下的旅游网站，在 2000 年于北京设立其在中国的总部，主力发展酒店业务，后被国内旅游电商巨头之一的携程旅行网投资收购部分业务；TripAdvisor 及其旗下的网站组成了世界上最大的旅游社区，其中国官方站点为 tripadvisor.cn，官方中文名为"猫途鹰"。目前，TripAdvisor（猫途鹰）在全球 45 个国家设有分站、覆盖 28 种语言，每月有来自世界各地的直接访问者近 3.75 亿人，同时收录逾 2.5 亿条来自全球旅行者对酒店、景点和餐厅的点评及建议，其内容覆盖全球 190 多个国家。同时，TripAdvisor（猫途鹰）还在中国发布了同名 APP 及官方微信公众号，用户可在手机或平板电脑上随时随地获取全球最新旅行资讯，并进行点评查询和预订[①]。

一、北京旅游电商的经营特点

电子商务带来了一系列工具和机制创新，旅游业在回应消费者的要求方面需要变得更灵活、更有效和更快捷，电子商务旅游业能直接与全球市场接触，同时能更经济、更快捷地与世界各地的其他企业形成合作。旅游电子商务促进了信息交流，增加了产品透明度。伴随着自助游、散客游的兴起，旅游者的旅游需求趋向于个性化、零散化。传统旅行社由于客源量和信息量有限，成本高昂，无法满足旅游者的个性化需求。电子商务依托容量巨大的旅游信息库，可以为旅游者提供目的地预览和出行的决策信息参考。同时，旅行社通过可查询和实时更新的信息平台，在网上设计产品，聚集客源，使得网上成团和网上拼团得以实现。另外，通过电子商务，旅行社还可以保持与旅游者的良好关系，实现一对一网上营销，提供优质的售后服务，为旅行社塑造良好的品牌形象。

近几年，北京涌现了一批小型的旅游电商，如面包旅行、TouchChina、在路上、横店旅游，这些企业最初往往以解决旅游中的单一痛点为切入点，但若企业想做到一定规模，一站式的综合型发展模式不可避免，产品必须不断延

---

① TripAdvisor（猫途鹰）官网：http://corp.tripadvisor.cn/section/about。

伸。如今旅游市场中，携程、去哪儿等巨头不论是业务规模还是资金体量都较为稳定，抗风险力较强，新的企业对市场格局进行颠覆的可能性较小，新兴企业为增强资本实力、抗风险能力，归于巨头旗下的可能性很大。此外，面对新兴竞争者，巨头往往也会通过并购的手段减少自身威胁。未来这些企业变现、融资的渠道越来越多，并购、上市等会成为以后的发展方向。目前国内旅游市场很大，仍有空间，同时上市的门槛也越来越低，在这一过程中会有不少企业被淘汰①。

二、北京旅游电商的发展特点

移动互联网成为各大在线旅游服务商的新战场。无线网络普及和3G、4G技术成熟为移动互联网的发展提供了强大的技术支撑，将在线旅游推向了一个新的阶段。部分互联网巨头开始涉足在线旅游市场，淘宝和新浪纷纷开设旅游频道，腾讯出手入股艺龙，使原本竞争激烈的OTA市场变得更加风声鹤唳，APP成了旅游电商的必争之地。未来APP的入口将趋于集中，相同的商业模式和用户体验，最终只有一或两款APP可以存活，行业成长的红利将被垄断而非分享。在消费决策日益趋短的周边游和国内游领域，这一矛盾将更为突出。近几年涌现的专注于某一业务的小型旅游电商和移动旅游电商，都面临企业规模小、抗风险能力弱、资源被动等问题。

在看到众多北京旅游电商发展的同时，还应注意旅游电商的发展趋势。旅游电商影响人们的消费和出游方式，同时，人们的消费习惯也对旅游电商的经营活动起着决定性的作用，正如旅游产品是给消费者使用的，投其所好才是企业长久存活的法宝。近些年的旅游电商形式逐渐发展演变，有的企业提供综合性的一体化旅游服务，也有的企业以某项产品为主打进入旅游市场并将此特点发展开来。同时，近些年的消费模式也随着旅游趋势而改变，原来市场以组团为主，产业模式非常简单，但在如今自由行市场不断扩大，目的地资源开始变得分散，产品需要分散采购，具有独立价值，这使旅游业务的细分程度不断提高。

---

① 劲旅网：http://www.ctcnn.com/html/2015-07-09/10518430.html。

第三节　北京旅游电商的分类

劲旅网的产业地图中将国内的旅游电商分为OTA、攻略社区、媒体平台和旅游团购四大类，如表2-1所示。在考虑对北京旅游电商的分类方法时，一是考虑上文中对国内旅游电商的分类方法，二是考虑劲旅网的这种分类方法有几点不适合本书研究。例如，有些旅游电商是重复的，这对于针对某个或某类旅游电商进行分析比较适用，但对于本书来说，会使得分析更加繁杂，不够清晰。例如，鸿鹄逸游是携程旗下的顶级品牌，相当于高端私人定制；驴评网（lvping.com）由携程旅行网的酒店点评、目的地探索和社区服务整合而来，致力于帮助旅游者更好地分享"去哪里、玩什么和住哪里"，发现好评酒店、景点和目的地；一起游属于同程旗下网站，面向大众提供丰富的以目的地为中心的旅游攻略、旅游资讯、旅游博客、旅游社区等全面的旅游出行信息，并提供酒店、机票、景点门票、演出门票、租车、度假线路的在线预订服务，致力于打造全国最大的一站式驴友集散中心与旅游交流互动中心；青芒果旅行网是芒果网旗下专门从事廉价旅店预订的旅行网站，同时附带机票、旅游产品和票券的预订，提供全国几千家10~300元的旅社、客栈、公寓、招待所等经济旅店的预订服务，优惠的价格深受年轻人、自助游、驴友一族的欢迎。

表2-1　国内旅游电商的分类

类别	国内代表企业	北京代表企业
OTA	中青遨游网、携程旅行网、同程旅游、百程旅行网、驴妈妈旅游网、艺龙旅游网、芒果旅行网、途牛旅游网、悠哉旅游网、玩转世界旅游网、鸿鹄逸游、秀山水智慧旅游网、最邮轮旅行网、爱打听周边游网、青芒果旅行网、路路行旅游网、棒棒糖玩世界等	中青遨游网、携程旅行网、同程旅游、百程旅行网、艺龙旅游网、玩转世界旅游网、秀山水智慧旅游网

续表

类别	国内代表企业	北京代表企业
攻略社区	蚂蜂窝、驴评网、猫途鹰、一起游、穷游网、游多多旅行网、在路上旅行网、旅评网、百度旅游	蚂蜂窝、猫途鹰、穷游网、游多多旅行网、在路上旅行网、旅评网、百度旅游
媒体平台	一块去旅行网、去哪儿网、酷讯旅游网、阿里旅行·去啊、欣欣旅游网、乐途旅游网、智旅同业、世界邦旅行网、旅交汇、优栈网	去哪儿网、酷讯旅游网、乐途旅游网、世界邦旅行网
旅游团购	美团酒店、途牛旅游团购、艺龙团购、去哪儿团购、携程团购、同程团购、窝窝旅游团购、美团旅游、糯米酒店旅游、大众点评团、拉手·网酒店团购、京东酒店团购、京东旅游度假、品质旅游、Like团酒店、Like团旅游、58同程团购	美团酒店、艺龙团购、去哪儿团购、携程团购、窝窝旅游团购、美团旅游、糯米酒店旅游、大众点评团、拉手·网酒店团购、京东酒店团购、京东旅游度假

数据来源：劲旅网 http://hao.ctcnn.com/c/zxly

由于近几年移动互联网的发展，一些创业公司或旅游电商的类型是只有移动端应用APP没有官网网站，抑或官方网站不是主要的经营场所，只是作为辅助性工具，这在北京旅游电商中较为常见。除了一些常用的针对某一业务的旅游APP之外，还有一些地图导航、语言翻译助手、攻略等更为"专业"性的移动应用。因此，移动APP是不可忽略的一个旅游电商类别。最后，一些传统旅游企业基于自身的丰富资源，它们的网站或开拓的旅游电商也是极其重要的一个方面，因为这些企业不仅有旅游资源，而且可能会有比较雄厚的财政支持其进行较大规模的经营活动或改革创新。

因此，基于以上原因，关于北京旅游电商的分类，主要是采用第一章中的分类方法，根据其经营核心业务特点及企业经营特点将北京主要旅游电商分为OTA、垂直搜索平台和O2O三类。其中，在OTA类别的介绍中，除了一般性OTA和UGC类型的旅游电商外，还会对移动端旅游电商进行详细介绍。这些移动端旅游电商与一般旅游电商不同的是：它们成立的时间较短，通常只有移动端APP、没有网页版官方网站，且产品范围及服务对象范围集中在某一区域。

一、OTA

（一）一般性 OTA 和 UGC

OTA 指提供车船机票、酒店、门票、跟团、自由行等综合服务的在线旅游企业，同时这些旅游电商还有自己的网页版的官方网站。本部分介绍的 OTA 主要有三个，分别是 2014 年于北京设立总部、主要做中国游客的出境游的海玩网，2006 年成立总部设于北京、以攻略和旅游社区为主的蚂蜂窝，以及 2000 年由境外旅游电商于北京设立总部的艺龙旅行网。这是三个类型不同的旅游电商中的 OTA，具有一定的代表性。鉴于携程旅行网等已经有所介绍，这里根据内容需要选择了这三个更为合适的旅游电商。

1. 海玩网——海外吃喝玩乐购

海玩网（www.haiwan.com）于 2014 年成立，公司设立于北京，是一家致力于简化中国人海外自由行的网站，也有自己的官方 APP。海玩网信奉吃喝玩乐，享受自由自在旅行哲学，致力于把全世界的旅游产品卖给中国人，帮助中国出境游客这个日趋庞大而复杂的群体在海外玩得更 high。跟团游的缺陷在于无法深入当地，海玩网的目标是整合全球目的地"活动"及"门票"，给出境游用户深度体验，海玩上大大小小的当地游玩项目，就像计算机的 DIY 配置，游客可以像选择计算机配件一样，为自己灵活地"攒"出一次完整的海外旅程。海玩网产品线在建立一年之后覆盖了五大洲 57 个国家，商品数量超过 4000 个[①]。海玩网的产品有些是由国外当地年轻人或专业旅游人士组成的，对于想深入了解当地民俗风情的旅游者来说，是个不错的选择。类似模式的还有世界邦旅游网。海玩网的官方网站上友情链接有阿联酋旅游局、新西兰旅游局、澳大利亚旅游局、日本旅游局、新加坡旅游局等。

2. 蚂蜂窝——将旅游的点滴分享到底

蚂蜂窝（www.mafengwo.cn）自 2006 年成立之初就定位于旅游社区，2008 年年底推出旅游攻略，2011 年推出第一款应用"旅行翻译官"，专门解决中国人去海外旅行的问题，2012 年开始核心产品定位为旅游攻略。2013 年 4 月完

---

① 海玩网官网：http://www.haiwan.com/aboutus.html。

成了启明创投领投的 1500 万美元 B 轮融资。2014 年 6 月注册会员数突破 5000 万。2015 年 2 月蚂蜂窝用户数突破 8000 万，月活跃用户数超过 6000 万，点评数量超过 1600 万条，并获得高瓴资本、Coatue、CoBuilder、启明创投的 C 轮融资，累计融资逾亿美元。其注册用户大部分来自北京、上海、广州、深圳、香港等一线大城市及海外旅居人士，常年累积凝聚成了一个高质量的旅游爱好者群体。作为中国最大的旅游社交网站，蚂蜂窝的旅游业务覆盖全球 200 多个国家和地区，超过 2 亿次攻略下载。依靠注册用户提供的大量一手信息，蚂蜂窝已先后制作推出了各类目的地旅游攻略路书，给自助游爱好者提供方便快捷的旅行指南。蚂蜂窝的 APP 产品种类多且质量很高，如旅游攻略、旅行翻译官、蚂蜂窝特价、国际酒店专家、嗡嗡等。此外，蚂蜂窝有官微和自由行微信两个账号。

蚂蜂窝与传统在线旅游企业的根本区别在于其有旅游社区、搜索的 DNA，这使旅行者愿意回到这个平台交流和分享。另外，蚂蜂窝还是一个偏技术、偏创新的团队，攻略引擎通过语义分析和数据挖掘分析的办法识别海量的 UGC 信息，这种数据处理的技术成为蚂蜂窝的核心竞争力。蚂蜂窝提供了旅游攻略、酒店预订、旅游特价、国际租车、旅游问答、旅游保险、旅游指南、签证办理、旅游资讯、订火车票等服务。

3. 艺龙旅行网

1999 年，艺龙于美国特拉华州成立，定位为城市生活资讯网站；2000 年 4 月，艺龙并购中国居领先地位的商务旅游服务公司百德勤及其电子商务网站 Lohoo.com，进军旅游服务行业，依靠 www.elong.com 和 www.elong.net 两个网站和呼叫中心为会员提供旅游资讯及预订以及度假、租车等服务；2001 年 5 月，艺龙转型并聚焦在线旅行预订服务行业；Expedia 是全球著名旅游服务品牌，是国际领先的在线旅游产品分销公司，2004 年 7 月，艺龙通过向 Expedia 出售 30% 股权的方式而与其结成战略合作伙伴；2004 年 10 月艺龙在美国 NASDAQ 上市，目前全球最大的在线旅行服务公司 Expedia 拥有艺龙 52% 的股权；2008 年 1 月，艺龙全面推行 7×24 小时服务，成为国内首家能够提供 24 小时服务的在线旅行服务公司；2011 年 5 月，腾讯通过向艺龙投资约 8440

万美元购买了艺龙新发行股份后，占艺龙总股份数约16%，成为第二大股东，同时期艺龙推出手机艺龙网，提供手机预订服务，并推出iPhone和Android客户端；2012年，连续第六年荣获"2012年度中国最佳呼叫中心"奖；2014年10月，艺龙酒店单日订单超过20万，创历史新高；其中，手机APP移动端订单为10万。

艺龙旅行网已与包括国航、东航、深航、海航在内的多家航空公司建立战略合作关系，航空公司会员在艺龙预订酒店时可享受额外的里程赠送优惠，或其他促销优惠；从2004年开始，艺龙就与电信以及网通建立合作伙伴关系，为其客户提供优质高效的商旅预订后台服务；艺龙同时和超过3000家中小网站建立合作联盟；艺龙在百度、谷歌、搜搜、去哪儿、到到、酷讯等通用和垂直搜索网站的广告投放规模远远超出竞争对手；艺龙和许多著名的网站达成战略性或伙伴合作，如腾讯、MSN、人人等，合作伙伴与艺龙达成分销合作，就相当于间接在这些搜索网站上有了广告投放；艺龙已成为包括中国银行、工商银行、建设银行、农业银行、招商银行、中信银行在内的国内外知名商业银行商旅产品增值服务提供商，并通过这些银行向其持卡人推荐酒店、机票和度假产品[①]。

（二）移动端旅游电商

旅游与移动互联网有着天然的结合优势，移动互联网的崛起和智能手机的普及，让旅前、旅中、旅后的各种需求形成了一个循环，几乎全部可以用移动终端实现。这也刺激了行业里中小旅游APP纷纷进入市场抢占份额。例如，面包旅行、蚂蜂窝的各种APP（旅游攻略、旅行翻译官、蚂蜂窝自由行等）、在路上、TouchChina等。用手机查机票酒店、订景区门票、订房订车甚至预订各种度假产品，已经成为散客自由行时代年轻一代的消费习惯，因此旅游APP已成为年轻人游玩首选。随着国内旅游市场的主力消费人群转为80后、90后甚至00后的年轻人，在线旅游的市场渗透率会进一步提升，APP应用程序被认为是未来旅游产品预订和销售的主力渠道。Hotwire（穷游网）2014年发布的

---

① 艺龙旅行网官网：http://corp.elong.com。

一项研究报告显示：34 岁以下的年轻旅客更倾向于使用移动设备预订酒店、航班等。

劲旅咨询在月度国内旅游类应用（安卓）下载量监测基础上，对国内旅游类 APP 进行了细化分类，从应用功能角度将其划分为预订类、分享类、攻略类和工具类这四大类型，按照国内主流安卓类应用市场的综合下载量进行排名。预订类领域 APP 中，去哪儿作为最早开发无线端的服务商，凭借先发优势牢牢占据第一把交椅。分享类旅游 APP 中，全球最大的旅游垂直媒体 TripAdvisor 的中文网站"猫途鹰"以 2453.6 万次的下载量占得头筹。2014 年携程酒店、机票等业务的无线订单移动端预订份额首次超过了 50%。去哪儿和艺龙大体相当，同程网则宣称其自助通游和酒店的无线订单比例均在 40% 以上。

1. 面包旅行

随着移动通信设备的发展和移动互联网的普及，利用移动设备进行旅游产品经营成了一个大趋势。面包旅行是于 2012 年 5 月推出的一款记录和分享旅行足迹和体验的移动应用，旨在帮助旅行者在旅途中随时记录，以结构化的方式存储，当旅行结束后，应用自动生成有条理的游记，并能像电影一样在地图上动画回放并分享。应用的 UI 非常清晰，底部分为"出发""逛逛""目的地"和"我的"四个类别，首页默认显示"逛逛"中系统推荐的优秀旅行游记。面包旅行只有旅行攻略 APP 而不设有网址，其团队为 130 人左右，其中一半是技术人员。企业很注重数据的开发引用，围绕旅行体验推出个性化服务。面包旅行的"城市猎人"计划类似于下文中老虎游的当地人服务，旨在让自由职业者提供旅行服务，对于旅游者来说，也更能深入了解旅游目的地的风土人情，实现"深度游"。由于面包旅行主做出境旅游，且其注册用户多为有一定经济基础的旅行者，因此，相对于其他团购或综合性的旅游电商来说，面包旅行的用户更为高端，这也是企业最初的用户定位。

2. 老虎游——旅游不用愁，就上老虎游

老虎游于 2014 年 5 月 20 日 13 点 14 分正式推出旅游 APP，因此也称 love you。老虎游专注于提供旅游产品搜索预订的无线端交易平台，通过 APP 整合上游供应商的旅游产品（包括度假线路、门票、酒店、机票等）与终端用户形成信息的无缝对接，打造一站式旅游移动端交易平台。老虎游的宣传口号是："旅游不用愁，就上老虎游。"老虎游发现 P2P 市场需求，在创立之初就开通了当地人服务。当地人是老虎游 APP 主推的业务之一，这一业务解决了很多游客跟团游不自由，自助游"找不着北"的难题，除了费用合理，重要是能加深游客对当地风土、文化的了解，越来越受到广大游客的欢迎。老虎游的目标服务群体是二、三、四线城市需要跟团游的散客，这就避免了与其他电商形成正面竞争，而是选择在其他旅游电商巨头没有开辟的市场深耕细作。主要服务是提供周边游、国内游，以及国外（包括出境游）旅游产品的搜索、预订及当地人导游服务。老虎游的发展计划是：三年内巩固和拓展度假业务，最终打造成能够提供旅游一体化服务的无线端服务平台。

作为辅助营销平台，老虎游官网网址为 www.laohuyou.com，扮演的主要角色是商家入驻平台及后台操作入口，也是老虎游 APP 在 PC 端的推广渠道。老虎游于 2014 年 5 月开通老虎游订阅号 (laohuyou4007990808)，主要分享和发布老虎游的活动信息、旅游目的地信息、最新旅游动态、超值旅游线路等，是一个面向老虎游关注者的旅游信息发布共享平台。

二、垂直搜索平台

垂直搜索平台在近几年受到了足够多的重视，比较典型且将其作为主营业务的企业有去哪儿网、酷讯旅游网、乐途旅游网、阿里旅行·去啊、欣欣等。本部分主要介绍去哪儿网和乐途旅游网。

（一）去哪儿网

关于去哪儿网的介绍在上文中已经很充足了。去哪儿网于 2005 年成立，总部设立于北京，从成立之初就将自己定位为垂直搜索平台，成为中国第一个旅游搜索引擎。2009 年，去哪儿网被列为中国第一大旅游媒体；2010 年去哪儿网由单纯的旅游搜索引擎转变成在线旅游媒体，同时经营自己的旅游产品，如酒店搜索中除了其他旅游电商提供的产品外，还有去哪儿直销的酒店或客栈等旅游产品；度假产品由一些合作旅行社提供的，实现了部分 O2O 化。2011 年，去哪儿与百度达成战略合作。百度投资去哪儿，阿里巴巴的旅游频道，腾讯投资携程和艺龙，三者构成了旅游电商中的BAT[①]阵营，这也预示着几个旅游电商的竞争升级。去哪儿网在跨界营销上有所动作，在2015年春节与加多宝合作过春节回家的专题，收获了很多订单。

去哪儿网的主要营收来自于CPC的点击量，还有一部分来自于CPM。相对于携程以佣金作为主要营收来源的方式，去哪儿网单张机票的营收会低于携程，但通过艾瑞咨询提供的数据比例来看，2013年去哪儿网单张机票营收的增长速度甚高，相对于携程的3%，去哪儿网则达到了令人惊讶的46%。其主要原因在于随着去哪儿网机票品牌影响力和认知度的不断强化，更多的用户选择将去哪儿网作为其网上购票的入口，其在线机票预订市场占有率第一的地位促使去哪儿网对于上游供应商的掌控力和议价能力持续提升[②]。另外，无线端一直是在线旅游企业近年来最为关注的领域，由于其代表在线旅游未来的主要业务入口，故业内一直有"得无线者得天下"的说法。无论是携程、去哪儿网还是艺龙，都在通过价格、补贴等各种渠道争夺无线用户。总体来看，由于去哪儿网进入无线领域的时间较早，故一直保持着较为明显的先发优势。

（二）乐途旅游网

乐途旅游网（www.lotour.com）始创于2005年，总部设在中国北京，是北京乐途汇诚网络技术有限责任公司旗下网站。2013年，为顺应世界旅游发展潮流和中国旅游发展趋势，乐途旅游网进行了战略调整与战术布局，推出目的地品牌互动营销系统作为其拳头产品。作为中国领先的旅游网络媒体，乐途旅游网向全国乃至世界范围内的上万个旅游目的地提供媒体宣传、旅游营销、旅游策划、旅游培训、旅游品牌管理及旅游资讯在内的旅游相关服务。

与去哪儿网的垂直搜索平台不同的是：乐途旅游网是单纯的垂直搜索平台，而去哪儿网还是搜索比价平台。例如，进行酒店客栈的搜索时，乐途旅游网进行酒店或客栈信息展示后直接进入第三方企业页面；而在去哪儿网进行搜索时，先对某个特定产品的不同提供商及去哪儿直销的价格进行展示，消费者

---

① BAT是中国互联网公司百度（Baidu）、阿里巴巴（Alibaba）和腾讯（Tencent）的英文首字母缩写，三者代表了中国互联网企业的三股最强势力。

② 资料来源：http://ec.iresearch.cn。

可以根据价格比对进行产品的选择。酒店和机票是去哪儿网的主营业务，相对来说，乐途旅游网的旅游线路则是主营业务。乐途网的重点部分是旅游目的地的推广，而后为相关线路介绍以及旅游攻略，进而是相关旅游咨询预订。

三、O2O

O2O 在旅游电商中多为 Offline to Online 形式，对于近几年涌现的专注于某一业务的小型旅游电商和移动旅游电商来说，都面临企业规模小、抗风险能力弱、资源被动等问题。不能忽略的是：在旅游电商快速发展的这十几年，一些传统旅游行业由线下转到线上经营，或线下企业投资线上旅游或非旅游平台。旅游 O2O 在经历了 2014 年的市场发酵后，随着"互联网+"的提出，市场再次升温，2015 年旅游 O2O 迎来大爆发，将这一年定为中国旅游 O2O 的发展元年也不为过。目前来看，旅游 O2O 的实践可简单分为线下资源+线上平台、线下综合资源+线上平台和线上渠道+线下渠道三种模式。

（一）线下资源+线上平台

线下资源+线上平台型 O2O 实践，线下多为资源主管单位或资源拥有方，如旅游局，也有个别景区、目的地或掌握目的地的资源方与线上 OTA 平台对接，线上 OTA 多以接近或掌控线下目的地资源为目的，双方进行 O2O 尝试或融合，线上不仅仅是渠道作用，也是目的地营销的线上补充平台，除自建线上平台外，线上线下双方体制机制差别巨大，合作易流于形式，政绩思维、面子工程影响难以实际落地，融合未必有效。下面介绍桂林市政府+百度直达号和张家界+携程两个案例。

1. 桂林市政府+百度直达号

2014 年 12 月 18 日桂林市政府联合百度举办了"秀甲天下直达桂林——@桂林旅游直达号上线"发布会，正式对外发布"@桂林旅游"直达号，把以前桂林零散商户资源整合成为一个地区性的大平台，用户可通过手机百度或移动搜索"@桂林旅游"，预订享受多种服务。上线后的"@桂林旅游"直达号已整合热门景点、门票购买、热门线路、桂林美食、酒店住宿、本地特产、桂林动态等信息。

2. 张家界+携程

2014年9月30日张家界启动与携程的全方位战略合作。携程通过为其制订网络整体营销解决方案的方式帮助张家界开展O2O的尝试，包括提供OTA线上营销推广、特色旅游产品及重点节庆营销活动策划、在搜索引擎上优先展示合作产品、共建线上旅游旗舰店等。携程与张家界共建线下旅游综合服务体系，包括携程参与景区交通环线及物流等服务、推荐张家界旅游平台及旅游产品、携程线上销售的张家界旅游产品的落地服务由自由旅神承接、共建线下部分旅游旗舰店等。

(二) 线下综合资源+线上平台

线下综合资源+线上平台的类型较为复杂，线下方虽不是景区、目的地等直接资源方，但多为大型集团或上市公司，旅游多为其多元化业务单元，大多直接或间接掌控了大量资源，如海航的酒店、航空公司、万达的酒店、休闲度假区、探路者在户外领域的资源、景域集团代运营的大量景区等。这些企业多拥有很强的经营能力，能做到对线下旅游产品服务的综合掌控，而线上部分通过投资、并购等拓展的能力延伸又补上了其线上短板，若其自身体系中已有线上强势板块，则潜力更大。这时线上平台不仅仅是渠道的角色，还是线下资源的营销平台、用户体验入口平台，以及综合数据的记录运算和挖掘平台。与线上线下都是渠道的O2O模式不同的是：在旅游服务体验上用了更多把控，其中部分O2O模式最接近成功。这样的案例包括探路者+易游天下、万达+同程等。

1. 探路者+易游天下

2015年3月24日，探路者正式以2.3亿元控股旅行社渠道运营商易游天下（持股74.56%），借此夯实旅游业务板块的建设，进一步完善户外用品、旅行服务和大体育板块协同发展的生态圈。易游天下成立于2007年12月，是一家定位于旅行的O2O综合服务商。探路者一直致力于发展多品牌户外用品、大众体育产业、户外运动及自然旅行市场，打造探路者户外生态圈，此次探路者对易游的收购，正是看中了它的O2O平台，借此将自身的线下综合资源运用于线上平台，使线上平台成为线下资源的营销平台和用户体验入口。

2. 万达 + 同程

2015年7月3日，万达文化集团在北京宣布，携手腾讯产业共赢资本、中信产业资本等战略投资在线旅游O2O平台同程旅游。资料显示：万达旅业成立于2013年10月，隶属于万达文化集团，而万达文化集团是目前中国最大的文化旅游企业。根据万达披露的数据：万达旅业在成立一年的时间里，就基本完成了在全国主要城市的网络布局，跻身于国内一流旅行社集团行列，2014年在众多中国旅游集团中排名第15名。此外，万达也已启动长白山旅游度假区及三座万达文化旅游城的开业运营，完成国内11家旅行社的收购。尽管从数字上来看万达旅业2014年营业收入超过75亿元，但不得不考虑到这是其收购的11家线下旅行社的营收总和。此外，对于近年来在旅行社领域疯狂并购的万达而言，虽然已经拥有了足够丰富的线下资源，但将同程和其他资源整合，实现真正协同仍需要一段时间，在管理体制和文化上万达与同程差别巨大，与同程网的整合和协调会比较复杂[①]。

（三）线上渠道 + 线下渠道

旅游O2O最早的形态是"鼠标 + 水泥"模式，即线上下单、线下体验，或者线下发卡、线上预订再返回线下体验，在发展中，旅游O2O出现了很多传统旅行社 + 线上OTA。例如，2015年5月29日，凯撒旅游与京东达成战略合作协议，成为京东旗下移动社交电商平台"拍拍"的首个旅游类战略合作伙伴，是利用后者平台流量拓展微商渠道，解决自身在互联网渠道拓展的不足，试水旅游O2O战略；2015年6月24日，港中旅集团在深圳、北京、香港同步宣布将中旅总社与芒果网组织架构合并，港中旅内部将线上线下资源整合在一起，芒果网凭借自身线上平台和中旅总社的线下资源布局O2O战略；2014年12月25日，去哪儿网投资国内最大的线下旅游连锁渠道旅游百事通成为其第二大股东，两者O2O的尝试主要着眼点是供应链资源的整合；2014年4月，深圳揽胜天下国际旅行社旗下的我趣旅行网（www.woqu.com）成立，为全球

---

① 二外大数据研究中心：http://mp.weixin.qq.com/s?__biz=MTEzMzIzODIyMQ==&mid=203591734&idx=1&sn=c4eae0050270f2ec4e6ec14aa15a824a&scene=5&srcid=slLVCjefnLrxB36QoIAa#rd，编者进行了改动。

华人提供出境旅游服务的网络预订平台；此外，规模较大的旅游电商O2O还有北京中国国际旅行社有限公司官方旅游网站（www.ctsbj.com）、中青旅控股股份有限公司旗下的专业度假网站遨游网等。

1. 悠哉旅游网

2014年8月1日，中国国旅与悠哉旅游网在京签署战略合作协议，双方决心通过优势互补，实现线上和线下资源的共享，打造旅游O2O新模式。中国国旅因此成为首家与在线旅游企业深度合作的传统旅行社。中国国旅有60多年发展历史，线下旅游资源运营经验丰富，而悠哉网是最早从事在线销售旅游线路的网站之一，在线运营能力有积累。国旅和悠哉的合作出发点在于产品的线上线下销售及O2O联合营销，目标是实现O2O全方位服务。

2015年4月1日，众信旅游召开掌上店铺发布会，宣布基于微信平台开发"众信掌上店铺"，打造"互联网＋店"O2O营销新战略。而众信旅游布局旅游O2O涉及旅游产业链的上游、中游、下游。上游环节，2015年3月23日，众信参与对Clubmed的邀约收购，持有1.73%的股份，掌控优质落地资源，获得更多度假游资源的产品。中游环节，横向扩张，通过规模优势提升对上下游的议价能力，甚至改变采购模式。2015年3月27日，众信发行股份购买竹园国旅70%的股权，完全控股竹园国旅。下游环节，重心在在线旅游尤其是移动互联方面。2014年12月初，众信旅游与悠哉旅游网签署战略合作协议，众信旅游收购悠哉旅游网15%的股份；2015年4月，众信与悠哉初步整合完成，悠哉旅游网成为众信的在线零售品牌。

2. 金鼠标——振兴入境游，让世界领略中国之美

北京金鼠标信息技术有限公司是一家专注于入境游市场的专业目的地营销策划机构，公司的使命是"振兴入境游，让世界领略中国之美"，宗旨是"传播品牌，拓宽客源"，企业愿景是"成为全球领先的目的地品牌营销服务商和旅游分销商"。金鼠标团队拥有多年入境旅游行业运营、管理和一线接待从业经验，多年来致力于中国旅游目的地海外营销和入境旅游电子商务的研究和实践，通过北京、新疆、长江三峡、福建土楼等目的地和景区海外营销的案例实操，积累了丰富的营销实战经验，也得到目的地客户的认同和认可。金鼠标公

司自成立以来致力于打造中国入境游全球在线营销联盟，先后在北京主办过两届中国入境旅游电子商务论坛。当前，金鼠标已经与亚太旅游协会（PATA）、中国旅游协会、Tripadvisor、Travelzoo 以及 PhoCusWright 等国际旅游业权威机构建立了战略合作。

金鼠标公司的核心竞争力是魅力中国网（AmazingChina.com）。魅力中国网是金鼠标公司精心打造的中国入境游全球电子商务分销平台，旨在为全球来华旅游者提供一站式旅游资讯与预订服务（B2B2C），为中国入境游产业提供一站式电子采购与交易平台服务（B2B），同时为中国旅游目的地提供低投入、高产出、可绩效考评的全案营销服务（DMS）。魅力中国网致力于整合全球 OTA 资源和海外网络媒介资源，全案策划和执行旅游产品上架，技术实施，实现中国入境游线路产品的全球智能化营销。魅力中国网拥有一日游、跟团游、私人游、机票、酒店、汽车租赁等旅游产品，优秀的 API 可以使平台上的旅游产品在一天内上架到海外 OTA 页面。金鼠标于 2014 年 11 月与全球知名旅游研究机构 PhoCus Wright 携手，在美国举办第 21 届全球在线旅游美国峰会，面向与会的 1600 位北美 OTA 代表推介中国旅游产品与魅力中国网全球分销平台，与全球主流 OTA 建立业务合作关系。

3. 百程旅行网——出境游，上百程

关于 O2O 的案例和内容较多，因此也列举了很多的实例。除此之外，还有一些企业是在发展的过程中进行的转型，这些企业在旅游电商的市场中占有一定的分量。百程旅行网（www.baicheng.com）原名佰程旅行网，创立于 2000 年，是国内首家 O2O 出境旅行服务公司，以经营出境旅行服务为核心业务，总部设立于北京，并在上海、广州建立了分公司。作为国内首家把传统实体店网络化的出境旅游电子商务网站，百程旅行网每年为超过 50 万人次消费者提供出境旅行服务。百程旅行网的业务包括签证代理、专属定制、自由行、主题团组、境外酒店、国际机票、国际单项、企业国际商旅服务，在境外搭建了多层次的供应商平台，包括预订中心、酒店连锁集团、地接社、租车公司、免税店等，为出境旅行代理商及旅行者提供完善的"一站式"服务。百程旅行网同时也是中国最大的在线签证服务提供商，其签证业务多年来稳居行业第一。

2003年团队开发出第一套全球酒店预订系统（GHRS）；2004年开发出全球目的地系统，年底时并到华远；2005年开发出中国签证出境咨询系统（GVRS）；2011年，华远和百程进行分拆，创建百程淘宝旗舰店，以境外服务、热门签证、出境旅行、国际酒店、掌柜推荐及品牌故事为主要板块进行网络销售，2012年在淘宝旅行签证类目销量第一，2013年稳居淘宝旅行类目前五名，百程旗舰店成为百程旅行网一个稳定的销售渠道；2014年，百程旅行网获得阿里巴巴和宽带资本的近2000万美元的B轮融资，7月25日，正式宣布由"佰程旅行网"更名为"百程旅行网"，百程旅行网开发出移动终端APP签证助手，并推出移动版官网。百程旅行网通过多年的IT技术研究，已经实现广义数据库的建设及全球3000多个城市的旅行要素信息中文展示。另外，百程旅行网已经初步建立了一套完整有效的电子商务解决方案，客人可以通过百程旅行网系统的自动比价，确定出最低价的方案。

百程旅行网主要通过微博、微信及社交媒体进行营销。微博是时下最火的社交媒体之一,百程旅行网在微博上发布自己公司的最新产品和实时消息，宣传自己的特卖产品，与网民进行互动，吸引了大量粉丝，扩大了其影响力。与此同时，百程旅行网进行了SEM搜索引擎推广及移动营销，并进行了加V认证，等级已到V3级别。百程旅行网未来规划在于品牌的升级，继续专注于签证和特卖，并广泛展开融资，寻求跨界合作。百程旅行网方面表示：除了继续发力签证服务外，还将上线"特卖频道"，面向消费者推出最具性价比的特卖出境游产品，覆盖东南亚、北美及欧洲等地。百程旅行网强调：在百程"特卖频道"推出的特价产品，是得益于百程"远期售卖模式"下产生的高性价比产品。百程旅行网希望侧重于售中和售后，并据此设计新一版产品，开发适合综合型的服务产品。从此次百程品牌形象的全面升级可以看出：目前的百程越来越乐于探求消费者深层次的需求，不局限于在线旅游价格战的泥潭，而是从产品层面出发，真正为消费者创造有价值的服务[①]。

---

① 资料来源：http://finance.chinanews.com/life/2014/07-25/6426981.shtml。

第三章　北京旅游电商的传统营销模式

前面两章介绍了北京旅游电商的发展情况以及大数据对旅游电商的影响，接下来我们将探讨旅游电商的营销模式。本章主要对营销模式做一个概述，并解读北京旅游电商的传统营销模式。

第一节　营销模式的定义及内容

营销模式在企业的发展中占据着重要地位，要分析北京旅游电商的传统营销模式必须对营销模式有初步的了解。本节将对营销模式做简单的介绍，包括营销模式的定义与内涵，营销模式的分类，以及营销模式的发展及研究现状。

一、营销模式的定义

营销模式是指企业在未来时期，面对不断变化的市场环境，依据自身的资源和能力，通过满足市场需要而实现其营销活动目标的营运战略。营销模式是企业营销活动中具体的定型化营销活动形式或营销活动过程，主要包括营销理念、营销组织和营销技术这三个要素。其中，营销理念是指企业在开展营销活动的过程中，在处理企业、顾客和社会三者利益方面所持的态度、思想和观念；营销组织是制造商和经销商之间存在的组织关系，也可以理解为销售渠道的模式；营销手段则是营销过程中所采用的方法手段，也包括广告促销等活动[①]。

如何执行是营销模式的核心所在，最好的营销模式是把一个好的营销策划执行到位取得最好的营销效果。

二、营销模式的分类

营销模式是一种体系，不是一种手段或方式。从构筑方式上划分，目前公认的营销模式有两大主流：一是市场细分法，通过企业管理体系细分延伸归纳出的市场营销模式；二是客户整合法，通过建立客户价值核心，整合企业各个环节资源的整合营销模式。

以企业为中心构筑的营销体系是市场营销模式，整合营销则是以客户为中心构筑的营销体系。在这两大模式的基础上，围绕具体营销过程又衍生出了众多手法。最终营销业绩的高低是评价企业经营好坏的标准，营销业绩包括销售额、市场占有率、利润、知名度等，而企业营销业绩的高低取决于企业的营销实力。一个企业的成功与否70%是由企业的战略目标和营销策略决定的，30%是由企业的营销组合决定的，因此采用最为有效的营销模式是企业取得成功的必要条件。

市场营销模式根据不同的角度有不同的分类，主要包括消费者导向模式、竞争导向模式、关系导向模式；品牌营销模式、定位模式、通路营销模式、商品促销模式；终端营销模式。

（一）消费者导向模式、竞争导向模式、关系导向模式

这三种模式是以市场主体为导向，分别从消费者、竞争对手以及企业相关者角度来划分的。消费者导向模式、竞争导向模式和关系导向模式是常见的市场营销模式。消费者导向模式是指通过辨认现在还没有达到满足的需求和欲望，衡量其大小，从而确定一个最佳的目标市场，并决定服务于该目标市场的产品、价格和分销渠道与促销方式，即 4P 营销。竞争导向营销模式是指通过对竞争对手及自身优缺点的分析、制定和实施在竞争中取胜的各种

---

① 高祥. 我国汽车市场营销模式研究 [M]. 武汉：武汉理工大学，2008。

策略。关系导向的营销模式是指通过建立和保持与顾客、供应商、主管部门、竞争对手等的和谐关系来进行营销活动，它的理论依据在于买卖双方的交换本身就是一种合作，双方的密切合作可以降低交易成本，获取更大的利益。

（二）品牌营销模式、定位营销模式、通路营销模式、商品促销模式

这几种营销模式都是以企业自身为导向进行划分的，企业在营销过程中采取不同方式进行营销。品牌营销是当前应用较多的一种营销模式，是通过市场营销使客户形成对企业品牌和产品的认知过程。定位营销模式是指在产品定位上，坚持创新，根据竞争对手情况和消费者需求开发有特色的产品，并结合企业文化特征和消费者心理提出新的产品概念，进行定位营销。通路营销模式是指在渠道建设上，集中力量、通过与经销商的强力合作或直接控制终端市场，迅速形成区域市场的相对优势，伺机扩张，推广产品。商品促销模式主要是指企业根据自身情况采取商品价格促销活动来吸引消费者。

（三）终端营销模式

终端营销是指直接针对消费者的营销，是直接以顾客为对象，实施各种营销活动，以追求合理、最大顾客让渡价值和顾客满意度的一种全新的营销模式。终端营销的特点有：

（1）为消费者提供最全面的服务。

（2）为产品品牌进行最有效的宣传，起到培育市场的作用。

（3）直接、有效、迅速地反馈产品信息。

（4）敏锐地把握市场导向，掌握顾客需求的变化。

（5）最大范围地提供顾客让渡价值，提高顾客满意度。

三、营销模式的研究发展

国外对营销理论的探索比较早，从 20 世纪 50 年代开始，国外的学者开始对营销理论进行不断地探索，提出了许多对企业营销有里程碑意义的理论。而国内对营销理论的研究相对较晚，但是国内不少学者在已有理论的基础上提出了新的见解。

（一）国内外营销理论发展

20世纪50年代，哈佛大学教授博登（Boiden）界定了可控和不可控因素的区别，最早提出了市场营销组合理论。随后提出的产品生命周期、市场细分概念为营销活动提供了有利的理论与方法支持。这一时期，品牌形象、营销审计等观念的提出，使企业能够更加合理地制定营销战略。1960年麦卡锡（McCarthy）提出了4P理论，即以产品（Product）、价格（Price）、地点（Place）、促销（Promotion）四个组合的策略。4P是市场营销过程中可以控制的因素，也是企业进行市场营销活动的主要手段。该理论认为：一个成功的营销组合应该包括合适的产品、合适的价格、合适的分销渠道以及合适的促销策略，企业的营销目标可以通过这种营销组合得以实现。

1971年杰拉尔德·蔡尔曼和菲利普·科特勒提出了"社会营销"的概念，提出企业在发展过程中应承担社会责任，在此基础上，营销学家还提出了"社会的营销""人道营销""社会责任营销"等相关概念。这些概念要求企业在决策时，不仅应考虑消费者需要和公司目标，还应考虑消费者和社会的长远利益。英国威尔斯大学肯·毕提（Kenpeattie）教授在其所著的《绿色营销——化危机为商机的经营趋势》一书中指出："绿色营销是一种能辨识、预期及符合消费的社会需求，并且可带来利润及永续经营的管理过程。"

1981年，瑞典经济学院的克里斯琴·格罗路斯（Christian Gronroos）发表了论述"内部营销"（Internal Marketing）概念的论文，认为企业内部各部门的营销方式要以顾客为导向，要求企业的管理组织应当营销化。1983年，西奥多·莱维特提出"全球营销"的概念，认为跨国公司应当向全世界提供相对统一的产品和沟通手段。1983年，伦纳德·L.贝瑞（Leonard L. Berry）教授在美国市场营销学会的一份报告中最早对关系营销做出了如下定义："关系营销是吸引、维持和增强客户关系。"在1996年又给出更为全面的定义："关系营销是为了满足企业和相关利益者的目标而进行的识别、建立、维持、促进同消费者的关系并在必要时终止关系的过程，这只有通过交换和承诺才能实现"。

1990年，罗伯特·劳特伯恩（Robert F.Lauterborn）提出了与4P相对应的4C理论，它以消费者需求为导向，重新设定了市场营销组合的四个基本要素：消费者（Consumer）、成本（Cost）、便利（Convenience）和沟通（Communication），通过从消费者角度出发，每一个营销工具为消费者提供利益，即企业经济方便地满足顾客的需求，同时和顾客保持有效的沟通。它强调企业首先应该把追求顾客满意放在第一位，其次是努力降低顾客的购买成本，然后要充分注意到顾客购买过程中的便利性，最后还应以消费者为中心实施有效的营销沟通，而不是从企业的角度来决定销售渠道策略。

1992年，唐·舒尔茨及其合作者斯坦利·田纳本（Stanley I. Tannenbaum）、罗伯特·劳特朋（Robert F. Lauterborn）的整合营销传播理论得到了企业与营销学界的广泛认同，整合营销传播一方面把广告、促销、公关、直销、CI（Competitive Intelligence，竞争情报）、包装、新闻媒体等一切传播活动都涵盖到营销活动的范围之内；另一方面则使企业能够将统一的传播资讯传达给消费者。

中国学者提出"协同营销"，即企业全方位寻求与自身品牌定位相一致的企业进行营销合作。协同营销分为水平协同营销和垂直协同营销，水平协同营销是指不同行业之间共同分担营销费用，协同进行营销传播、品牌建设、产品促销等方面的营销活动，以达到共享营销资源、巩固营销网络目标的一种营销理念和方式。垂直协同营销是指同一个行业的上下游企业之间通过各自资源的互补达到推动整个产业发展的目的。

仇向洋教授在《营销管理（第二版）》一书中提到营销既发生在生产之后，也发生在生产之前，营销不仅包括将其最终产品推销给用户，而且包括企业的"产前活动"（如市场研究、产品设计、定价等）和"产后活动"（如产品销售的三包，收集顾客使用产品后的意见作为市场研究和产品开发时的参考等），因此要建立比较完善的营销导向的运作体系，即必须考虑企业不可控制的宏观政治、法律、人口、经济、技术、自然、社会文化和微观环境供应商、竞争者、营销中介单位和客户。而作为电子商务环境下的企业营销管理也应该遵循市场规律，建立相应的营销信息系统、营销计划系统、营销组织及执行系统及营销控制系统等[1]。

---

[1] 潘艳.电子商务环境下沃尔玛营销模式变革的实证研究[M].重庆：西南大学，2013。

（二）营销模式的变革与发展

营销模式是基于营销理念下的具体营销策略、战略、组织和管理的体现。以营销理念变革为视角的营销模式研究，根据营销理念可以分为四个阶段：竞争导向阶段、消费者导向阶段、关系导向阶段、合作竞争导向阶段。

1. 竞争导向阶段

在市场供给相对不足、竞争有限的情况下，扩大生产规模、增加供给同时降低成本与价格的生产观念获得普遍的认可。随着市场的发展，供给逐渐增多，市场竞争加剧，企业为了扩大自己的销售量，逐渐采用推销观念，开始利用现代营销观念指导实际生产经营活动。博登最早提出市场营销组合理论，随后提出的产品生命周期、市场细分概念为企业的营销活动提供了有力的理论与方法的支持。麦卡锡提出的4P理论是传统营销策略的核心，对市场的营销理论与实践产生了重大影响。

2. 消费者导向阶段

1961年，西奥多·莱维特提出"营销近视症"，他认为企业只重视产品而忽略顾客的需求是行业衰退的主要原因。1969年，西德尼莱维和菲利普科特勒提出"扩大的营销"，他认为营销学试用范围包括营利及非营利组织和个人。1971年，社会营销的概念被杰拉尔德查特曼和菲利普科特勒提出，该理论指出企业在发展过程中应当承担社会责任，社会营销概念的提出成为营销学的一个里程碑。这一阶段，"战略计划"被应用于营销管理，形成"战略营销"和"战术营销"。

3. 关系导向阶段

1984年，大营销概念被提出，即在4P理论的基础上多了权力（Power）、公共关系（Public relation）形成6P理论，6P理论丰富了市场营销理论的基本框架，该理论认为企业应当清楚自己所在的营销环境，运用政治力量与公共关系打破国际市场的贸易壁垒。贝瑞提出关系营销，认为关系营销是旨在建立、发展和保持成功的关系的所有营销活动。

4. 合作竞争导向阶段

4P理论随着市场竞争的加剧受到了严峻的挑战，以顾客为中心的4C营销组合被提出来。该理论强调企业应该通过与顾客进行积极有效的沟通，建立新型的企业顾客关系。4C 营销组合以消费者需求为导向，比 4P 理论有了很大的进步与发展。

第二节　北京旅游电商的传统营销模式分析

北京旅游电商从出现、发展到今天的市场规模，其营销模式也在不断地发生着变化，本节我们将重点分析北京旅游电商传统的营销模式。从媒体营销、关系营销以及品牌营销来探讨北京旅游电商的营销模式。

一、媒体营销

媒体营销是指企业和社会组织运用媒体的传播来夸大知名度，进行企业品牌推广的行为。北京旅游电商在传统营销中，主要是利用电视、广播等媒体营销、报纸杂志营销以及网站营销等方式。

20 世纪 80 年代至 90 年代中期，我国的媒体数量呈现出爆炸性增长，电视台由 1980 年的 38 家增至 3000 家左右；电台从 80 年代初的 114 座增至 90 年代中期的 1200 座左右；报纸从 1980 年的 382 家增至 90 年代中期的 2000 余家。广告收入是我国媒体的重要收入来源，1981 年我国的广告营业额为 1.18 亿元，到 2001 年达到 820 亿元，中国广告协会公布 2012 年我国的广告营业额突破 4000 亿元，占 GDP 的 0.24%，到 2014 年广告营业额再创新高达到 5605.6 亿元，增幅达到两位数水平[1]。我国的传媒数量发展速度与规模发展迅速，中国传媒业成为一个庞大的群体。因此，北京旅游电商抓住机遇利用媒体进行营销。

（一）电视广播媒体营销

电视广播媒体的迅速发展，数量之多、规模之大使得总体的受众人群范围

---

[1] 数字来源：http://wenku.baidu.com/link?url=YcYH4TVQO_3gJH6Pi-OMTAiJRsH1a0euXswVVhWXcxYY-9LjmGigj2u5TYKZq7ttTvGwUMtI0iXRrmg17nrUKLeVALyaNBBNJg0_4vtu137。

扩大。企业期望通过受众群广泛的电视广播来扩大自己的知名度,电视广播则从企业投放广告中受益,因此,在这种情况下,在电视广播媒体投放广告成为众多旅游电商企业的选择。

(二)报纸杂志营销

报纸杂志作为一种媒体也成为企业进行营销的手段,在报纸杂志上发表与企业业务相关的文章、投放广告等可以促进业务增长以及扩大企业的品牌知名度。报纸杂志的发行量较大,因此受众也比较广泛。不同地区有不同的报纸类别,因此当地的企业在当地报纸上进行品牌推广更容易获得当地人的青睐。企业不仅可以选择普通的报纸杂志,而且可以在专门的旅行杂志、旅游报上推广自身的品牌与业务,《中国旅游报》《旅游纵览》《时尚旅游》等报纸杂志成为旅游电商企业进行营销的载体,旅游类的报纸杂志受众群体具备更高的针对性。

(三)网站营销

网络的发展使得网民数量不断增加,网站营销成为北京旅游电商不可或缺的营销方式。网站广告、视频新闻以及企业官网成为北京旅游电商使用最广泛的网站营销方式。

1. 网络广告

网络广告的对象是与互联网相连的所有计算机终端用户,通过互联网将产品、服务等信息传送到世界各地,其世界性广告覆盖范围使其他广告媒介望尘莫及。企业利用网络广告进行宣传,网络广告主要包括网站推广、搜索引擎、电子邮件推广等。

(1)网站推广就是以互联网为基础,利用信息和网络媒体的交互性来辅助营销目标实现的一种市场营销方式。旅游电商企业通过在各大网站推广服务商中买广告实现推广。

(2)搜索引擎是指根据一定的策略、运用特定的计算机程序从互联网上搜集信息,在对信息进行组织和处理后,为用户提供检索服务,将用户检索相关的信息展示给用户的系统。在搜索引擎中最常用的是关键字搜索,用户输入关键字进行搜索,在结果列表页面就会显示与关键词相关联的广告,具有较好的针对性。另外，还有一种是搜索引擎优化（Search Engine Optimization, SEO），它是搜索引擎自己找出来的信息，对于消费者而言，代表的是过滤过的信息，因此也能得到更多的信任和点击率。

（3）电子邮件推广具备方便、快捷、成本低廉的特点，因此，成为企业广泛使用的营销手段，是一种有效的推广工具。电子邮件推广常用的方法包括邮件列表、电子刊物、新闻邮件、会员通信、专业服务商的电子邮件广告等。企业从用户、潜在用户资料中自行收集整理用户的 E-mail，或者利用第三方的潜在用户资源收集用户 E-mail，从而展开电子邮件营销。

2. 企业官网

旅游电商的成交主要是靠企业的官方网站来完成的，因此企业官网在企业的营销方式上占有重要作用。企业官网营销的成功直接促进成交量的上涨，在企业官网采取的广告促销方式等会拉动业务量的增长。价格促销是企业官网经常使用的营销手段。浏览企业官网的消费者都是有消费需求或消费欲望的，并且这种需求与欲望是非常强烈的，因此企业在官网进行营销活动的推广易取得良好的效果。

3. 视频新闻类

视频新闻是企业营销的主要手段之一，通过网络视频的播放吸引网民的关注，从而达到品牌的宣传。视频广告主要选择在电视媒体上播放，一些稍长的视频广告宣传片则多在网络上播送推广，还包括官网上的视频广告短片。

新闻对企业的影响力是不可忽视的，旅游电商通过发布企业自身一些重大的事件以及取得的成绩等赢得消费者的信任，从而使自身的知名度提高。

总体而言，在北京旅游电商传统营销模式中，媒体营销是极为常见的方式之一。它是指企业和社会组织利用媒体的传播来扩大知名度，进行品牌推广的行为，主要包括社会化媒体、移动媒体、多媒体、平面媒体等。媒体营销具备以下优势。

（1）直观效果好。旅游电商通过多媒体、移动媒体等方式进行营销时，它给用户最直接的感受就是直观效果好，用户几乎可以不需要思考，就能够接收到旅游电商所要传达的信息。例如，在地铁上投放广告就深受途牛、携程等企业的喜爱，它的投放方式灵活，乘客在乘坐地铁时可以较为轻易地捕捉和获取传达信息。

（2）覆盖面广，获取流量与客户较快。媒体无时无刻不充斥在人群生活的方方面面，我们每天从起床的那一刻开始，就已经要接受媒体对我们的影响。因此，旅游电商企业进行媒体营销的接受区域广泛，受众面极广。无论是电视、报纸、杂志、灯箱广告，都是我们生活中不可或缺接收信息的渠道和媒介。以携程为例，其进行的电视媒体营销的"携程在手，说走就走"的口号在神州各地都能听到。

（3）视听合一，形象生动，感染力强。媒体营销相较其他营销方式，最为突出的优势在于它能够形象生动地传播企业信息。它可以根据旅游电商企业的实际需求，去感染旅游目标群体用户。

二、关系营销

关系营销是20世纪80年代末90年代初在西方企业界兴起的一种新型营销观念。那么关系营销究竟是什么？从广义上来讲，关系营销是指企业通过识别、获得、建立、维护和增进与客户及其利益相关人的关系，通过诚实的交换和可信赖的服务，与包括客户、供应商、分销商、竞争对手、银行、政府及内部员工的各种部门和组织建立起一种长期稳定、相互信任、互惠互利的关系，以确保各方的目标在关系营销中得以实现。而狭义的关系营销是指企业和客户之间的关系营销。其本质特征是企业与顾客、企业与企业间的双向信息交流，是以企业与顾客、企业与企业间合作协同为基础的战略过程，是关系双方以互惠互利为目标的营销活动，是利用控制反馈的手段不断完善产品和服务的管理系统。

关系营销是把营销活动看成一个企业与消费者、供应商、分销商、竞争者、政府机构及其他公众发生互动作用的过程，其核心是建立和发展与这些公众的良好关系。关系营销的实质是在市场营销中与各关系方建立长期的互相依存的营销关系，关系营销必须要遵循主动沟通原则、承诺信任原则、互惠原则。

关系营销的特征包括：

（1）双向沟通。在关系营销中，沟通应该是双向而非单向的。只有广泛的信息交流和信息共享，才可能使企业赢得各个利益相关者的支持与合作。

（2）合作。一般而言，关系有两种基本状态，即对立和合作。只有通过合作才能实现协同，因此合作是"双赢"的基础。

（3）双赢，即关系营销旨在通过合作增加关系各方的利益，而不是通过损害其中一方或多方的利益来增加其他各方的利益。

（4）亲密。关系能否得到稳定和发展，情感因素也起着重要作用。因此，关系营销不只是要实现物质利益的互惠，还必须让参与各方能从关系中获得情感的需求满足。

（5）控制。关系营销要求建立专门的部门，用以跟踪顾客、分销商、供应商及营销系统中其他参与者的态度，由此了解关系的动态变化，及时采取措施消除关系中的不稳定因素和不利于关系各方利益共同增长因素。

关系营销的运作基本模式主要有顾客忠诚与梯度推进。顾客忠诚主要分为三步，即发现需求、满足需求并保证顾客满意、营造顾客忠诚，这就构成了关系营销三部曲。一是企业分析顾客需求以及顾客满意度，高的顾客满意度会对企业带来有形和无形的好处，有形的好处主要是顾客的高重复购买率，无形的好处则是顾客的口碑效应。营销学者提出了导致顾客全面满意的七个因素及其相互间的关系：欲望、感知绩效、期望、欲望一致、期望一致、属性满意、信息满意；欲望和感知绩效生成欲望一致，期望和感知绩效生成期望一致，然后生成属性满意和信息满意，最后导致全面满意。二是期望和欲望与感知绩效的差异程度是产生满意感的来源，因此，企业可以通过提供满意的产品和服务、提供附加利益、提供信息通道来提高顾客满意度。三是顾客的维系，市场竞争的实质是争夺顾客资源，维系原有顾客要比争取新顾客更为有效。维系顾客不仅需要维持顾客的满意度，还必须分析顾客产生满意程度的最终原因，采取针对性的措施维系顾客。

第二个基本模式是梯度推进。贝瑞和帕拉苏拉曼归纳了三种建立顾客价值的方法：一级关系营销、二级关系营销、三级关系营销。一级关系营销也是频繁市场营销或频率营销，维持关系的重要手段是利用价格刺激对目标公众增加财务利益；二级关系营销在建立关系方面由于价格刺激，增加社会利益，同时也增加财务利益,其主要形式是建立顾客组织,包括顾客档案和正式的、非正式的俱乐部以及顾客协会等;三级关系营销:增加结构纽带,同时附加财务利益和社会利益。与客户建立结构性关系,它对关系客户有价值,但不能通过其他来源得到,可以提高客户转向竞争者的机会成本,同时也将增加客户脱离竞争者而转向本企业的收益。

旅游电商的发展要遵循处理好各方的关系的原则,我们主要分析北京旅游电商对顾客以及供应商的营销,即企业采用的会员制营销与互惠营销。

(一)会员制营销

会员制营销是企业通过发展会员,提供差别化的服务和精准的营销来提高顾客的忠诚度,从而达到长期增加企业利润的目的。会员制营销也称俱乐部营销,旅游电子商务企业以某项服务或者是某种高附加值的产品为主题,将目前现有的高价值客户组成一个俱乐部形式的群体,通过针对该群体的宣传、销售、促销等营销活动,提供差别化的服务和精准的产品营销,从而提高既有的高价值客户的顾客忠诚度,增加旅游电子商务企业的长期利润。会员制营销可以为企业培养众多忠实的顾客,建立起一个长期稳定的市场,提高企业的竞争力。一些提供旅游信息查询和产品预订服务的综合性专业旅游电子商务网站,即 B2B、B2C 类型的企业;传统旅游企业,如旅游景点、旅行社、酒店、旅游客运、交通票务等自行创办并具有在线商务功能的网站,即 B2C 类型的企业,会员制营销是其营销的重要方式。

(二)互惠营销

互惠营销是指旅游电子商务企业通过为已有的客户提供大规模的优惠和短时的促销活动,促发其既有客户通过自身的良好体验而与旅游电子商务网站一起影响其他消费者在同一服务产品上消费的营销模式。这是一种双赢的营销方式,许多旅游电子商务企业利用这种方式来进行营销。

三、品牌营销

品牌营销,一般认为是指企业通过塑造特定的企业形象及品牌形象,创造品牌价值,提高品牌竞争力,从而影响、培养和满足特定消费需求的市场营销活动。品牌营销是以产品营销为目的,以品牌魅力为手段,二者紧密结合的营销方式。这种营销活动既注重产品的销售,又致力于品牌的建立和品牌资产的积累;一方面利用品牌价值提高营销效益,另一方面在营销过程中积累品牌资产。品牌营销的策略包括四个:品牌个性、品牌传播、品牌销售、品牌管理。

(1)品牌个性:包括品牌命名、包装设计、产品价格、品牌概念、品牌代言人、形象风格、品牌适用对象等。

(2)品牌传播:包括广告风格、传播对象、媒体策略、广告活动、公关活动、口碑形象、终端展示(在传播上,BM与整合营销传播所不同的是:BM的媒体可以是单一媒体,也可以是几种媒体组合,完全根据市场需要决定。)等。

(3)品牌销售:包括通路策略、人员推销、店员促销、广告促销、事件行销、优惠酬宾等。

(4)品牌管理:包括队伍建设、营销制度、品牌维护、终端建设、士气激励、渠道管理、经销商管理等。

从一般意义上讲,产品竞争要经历产量竞争、质量竞争、价格竞争、服务竞争到品牌竞争,前四个方面的竞争其实就是品牌营销的前期过程,当然也是品牌竞争的基础。

品牌是符号,是浓缩着企业各种重要信息的符号。把企业的信誉、文化、产品、质量、科技、潜力等重要信息凝练成一个品牌符号,着力塑造其广泛社会知名度和美誉度,烙印到公众心里,使产品随品牌符号走进到消费者心里。这个过程就是打造品牌。品牌附加值不是按照其投资额推算的。强势品牌投入低,收入高,所带来的利润多倍超出市场平均水平。品牌是形象,是信誉,是资产。品牌是衡量企业及其产品社会公信度的尺度。品牌竞争力是企业的核心竞争力。经济全球一体化,市场竞争取决于品牌竞争。

树立品牌步骤:第一步:分析行业环境,寻找区隔概念。得从市场上的竞争者开始,弄清竞争者在消费者心中的大概位置,以及竞争者的优势和弱点。你要寻找一个概念,使自己与竞争者区别开来。第二步:卓越的品质支持。此必须以质量为根本树立形象。这里所指的质量,是一个综合性品质的概念,包括工程质量、文化质量、还有物业管理质量等。第三步:整合、持续的传播与应用。企业要靠传播才能将品牌植入消费者心里，并在应用中建立自己。企业要在每一方面的传播活动中，都尽力体现出品牌的概念。

广告大师对品牌的解释是："品牌是一种错综复杂的象征，它是品牌属性、名称、包装、价格、历史声誉、广告方式的无形总和。品牌同时也因消费者对其使用的印象，以及自身的经验而有所界定。"品牌营销是通过市场营销使客户形成对企业品牌和产品的认知过程。企业产品竞争一般要经历产量竞争、质量竞争、价格竞争、服务竞争和品牌竞争，做好品牌营销，有五个因素不可忽视。

第一，质量第一。产品要有持久的生命力必须要有可靠的质量做保证。消费者对产品质量的满意程度直接影响对该品牌的忠诚度，只有好的质量才会有高的顾客忠诚度与满意度。

第二，诚信至上。人无信不立，一个品牌失去诚信，终将会被市场淘汰。企业的发展离不开诚信，一个品牌只有具备诚信度才会得到消费者的信赖。

第三，定位准确。市场定位是市场营销的灵魂，成功的品牌都具备一个特征，就是以始终如一的形式将品牌的功能与消费者的心理需要连接起来，并能将品牌定位的信息准确传达给消费者。

第四，个性鲜明。企业的品牌要具备自己的个性，突出自己的特点，给顾客留下深刻的印象。个性鲜明会赢得目标群体较为稳定的忠诚度和专一偏爱，同样能够提升品牌的诚信度。

第五，巧妙传播。在同质化的市场竞争中，唯有传播能够创造出差异化的品牌竞争优势。在20世纪80年代，简单的广告传播便足以树起一个品牌；到90年代，铺天盖地的广告投入也可以撑起一个品牌；时至今日，品牌的创立就远没有那么简单了，除了需前述四个方面作为坚实基础外，独特的产品设计、优秀的广告创意、合理的表现形式、恰当的传播媒体、最佳的投入时机、完美的促销组合等诸多方面都是密不可分的。

北京旅游电商传统的营销模式中品牌营销主要有主营业务营销和植入式推广。

（一）主营业务营销

主营业务是指企业为完成其经营目标而从事的日常活动中的主要活动，

可根据企业营业执照上规定的主要业务范围确定,是企业的重要业务,是企业收入的主要来源。旅游电子商务企业的主营业务是不相同的。例如,去哪儿的机票酒店预订、蚂蜂窝的攻略与"自由行"产品、穷游网的出境游等,这些都是属于企业自身区别于其他旅游电商的业务。对企业本身主营业务的营销可以使消费者的选择性更强,同时更容易获得消费者对企业品牌的认同。

(二)植入式推广

北京旅游电商的传统营销模式中,植入式推广的方式主要有户外媒体宣传和活动赞助。

1. 户外媒体宣传

户外媒体是指主要建筑物的楼顶和商业区的门前、路边等户外场地设置的发布广告的信息媒介,主要形式包括气球、飞艇、车厢、大型充气模型、高校内、高档小区走廊楼道等。户外媒体的广告功能主要包括营销功能和社会功能,营销功能主要体现在强化企业形象、提高品牌的知名度、增强品牌价值的认同感;社会功能体现在引导消费者价值观和树立消费观。

户外媒体具有面积大、色彩鲜艳、主题鲜明、设计新颖、形象生动、简单明快等特点,户外媒体的这些特点使广告形象突出,容易吸引行人的注意力,容易记忆。户外广告多是不经意间给受众以视觉刺激,不具有强迫性,信息容易被认知和接收,并且户外广告一般发布的期限较长,对于区域性能造成印象的累积效果。

户外媒体在传播上也有优势:到达率高、视觉冲击力强、发布时段长、千人成本低、城市覆盖率高等。通过策略性的媒介安排和分布,户外广告能创造出理想的到达率。据实力传播的调查显示:户外媒体的到达率仅次于电视媒体,位居第二。在公共场所树立广告在传递信息、扩大影响方面有着显著的作用。

2. 活动赞助

活动赞助属于赞助营销,赞助营销是指企业通过资助某些公益性、慈善性、娱乐性、大众性、服务性的社会活动和文化活动来开展宣传,塑造企业形象和品牌，实现广告的目的，从而促进产品的销售。旅游电子商务企业通过对社会活动的赞助，从而扩大自己的知名度、树立良好的企业形象，同时给企业带来业绩。

第三节　北京旅游电商传统营销效果分析

北京旅游电商传统的营销模式在企业的发展中取得了一定的成效，在全国的旅游电商行业中的竞争力得到了提高，在消费者中得到了一定的认可度。但是，随着旅游行业的发展，新的旅游电商不断崛起以及环境的变化，使得传统的营销方式不再适合企业发展的步伐，传统的营销模式在新的环境中出现了一定问题。

一、北京旅游电商传统营销模式取得的成效

旅游电商的传统营销方式取得了一定程度的营销效果，企业的营收得到了提高，消费者对企业的认知度也在不断提高。在2005年旅游电商的市场份额中，携程占据52.2%，艺龙24.8%，遨游为3.3%，以垂直搜索引擎的服务平台"去哪儿"在2005年2月成立①。随着在线旅游的快速发展，旅游电商的格局发生了变化。如表3-1和表3-2所示，表3-1列出了2006年7月旅游网站月度覆盖人数Top25及月度有效浏览时间，表3-2列出了2009年6月的排名。从两个表格的对比可以看出：旅游网站的月度覆盖人数有了明显的提升，旅游电商的格局也发生了变化，北京旅游电商"去哪儿"的排名由原来的第11名跃居到第2名；由中国民航信息网络股份有限公司自主建设的旅游电子商务网站"信天游"的排名也有了明显的提升，月度有效使用时间得到了极大的提高；"乐途旅游网"的变化不大，其月度覆盖人数有了提高，说

---

① 数字来源：北京旅游发展基地，中国在线旅游研究报告，2014。

明其知名度有了一定的提高,但是月度有效浏览时间却有所滑落,原因可能是企业的产品业务做得不到位。这些变化与企业的营销模式的选择是分不开的。

表3-1　2006年7月旅游网站月度覆盖人数Top25

序　号	网　　站	月度覆盖人数（万人）	月度总有效浏览时间（万小时）
	合计	2795.00	467.85
1	ctrip.com[携程]	789.3	198.87
2	elong.com[艺龙]	508.5	56.23
3	izy.cn[爱自由旅游网]	400.8	45.65
4	51766.com[中国通用旅游]	371.6	18.86
5	xylv.com[晓阳旅游网]	323.9	1.99
6	9tour.cn[9tour.cn]	248.2	12.7
7	ipiao.com.cn[i票]	195.3	6.39
8	17u.com[同程网]	179.4	15.13
9	blogtt.com[旅行家天堂网]	163.8	5.76
10	lotour.com[乐途旅游网]	150.5	15.7
11	qunar.com[去哪儿]	120.6	1.92
12	yoee.com[游易]	117.8	8.74
13	mangocity.com[芒果网]	115.1	15.04
14	tabimado.net.cn[旅之窗]	88.8	4.33
15	china-sss.com[春秋旅游网]	87.2	23.22
16	ly321.com[指南针网]	81.6	4.09
17	goldenholiday.com[黄金假日]	78.1	2.54
18	itsqq.com[旅游人]	75.6	1.96
19	long369.com[龙行网]	62.5	1.19

续表

序 号	网 站	月度覆盖人数（万人）	月度总有效浏览时间（万小时）
20	etpass.com[快乐e行]	60.8	0.34
21	travelsky.com[信天游]	54.3	6.51
22	sunnychina.com[阳光旅行网]	49.6	1.81
23	auyou.com[遨游网]	42.9	1.03
24	ctn.com.cn[TOM华夏旅游]	42.1	0.38
25	tour2korea.com[韩国旅游官方网]	41.2	1.34

数据来源：艾瑞咨询 iUserTracker

表3-2 2009年6月旅游网站月度覆盖人数Top25

序号	网站	月度覆盖人数（万人）	月度总有效浏览时间（万小时）
	合计	4487.30	712.6
1	ctrip.com[携程]	1622.20	203.66
2	qunar.com[去哪儿]	872.6	97.46
3	kuxun.cn[酷讯网]	707.6	51.42
4	17u.com[同程网]	565.7	19.46
5	elong.com[艺龙]	464.3	22.74
6	huochepiao.com[火车票网]	316.9	15.65
7	51766.com[中国通用旅游]	269.7	10.75
8	9tour.cn[9tour.cn]	233.1	7.57
9	travelsky.com[信天游]	213.3	121.48
10	7daysinn.cn[7天连锁酒店集团]	186.5	20.68
11	mangocity.com[芒果网]	177	15.61
12	yododo.com[游多多旅行网]	172.9	7.64

续表

序号	网站	月度覆盖人数（万人）	月度总有效浏览时间（万小时）
13	lotour.com[乐途旅游网]	161.3	7.12
14	china-sss.com[春秋旅游网]	156.1	12.75
15	huochepiao.net[火车票网]	127.7	6.64
16	etpass.com[快乐e行]	127.5	4.09
17	izy.cn[爱自由旅游网]	126.8	4
18	ipiao.com.cn[i票]	117.8	2.57
19	tourunion.com[中国旅游联盟]	115.8	2.83
20	3608.com[全游网]	113.6	2.27
21	9588.com[9588旅行网]	85.1	5.2
22	goldenholiday.com[黄金假日]	84.4	5.05
23	oklx.com[OK旅行网]	83.3	6.48
24	shike.org.cn[中国铁路时刻表]	73.5	8.39
25	lvtou.com[驴头网]	70.8	2.69

数据来源：艾瑞咨询 iUserTracker

二、北京旅游电商传统营销模式存在的问题

北京旅游电商传统的营销模式有一定的营销效果，但随着旅游业的发展和行业环境的变化，传统的营销方式已经落后于企业发展的速度，因此对企业营销模式的创新就变得极为迫切。我们基于旅游行业所处环境的变化来分析传统的营销方式所存在的问题。

表3-3所示是2015年6月旅游网站月度覆盖人数Top25，旅游行业的格局已经发生了重大变化。大型电商进军旅游业，阿里凭借自己巨大的客户流量，在旅游行业网站的月度覆盖人数与月度有效使用时间占据第四位。旅

游市场呈现细分化特征,旅游企业专业化、垂直化发展趋势凸显,北京旅游电商蚂蜂窝、穷游网、住哪网、九游网、十六番等企业在这种环境下得到了发展。

表3-3　2015年6月旅游网站月度覆盖人数Top25

序号	网站	月度覆盖人数（万人）	月度总有效浏览时间（万小时）
	合计	14 942.80	5033.95
1	12306.cn[中国铁路客户服务中心]	5607.70	1806.82
2	ctrip.com[携程]	4478.90	795.55
3	qunar.com[去哪儿]	3320.50	504.04
4	alitrip.com[阿里旅行]	3193.20	243.51
5	ly.com[同程旅游]	2105.40	199.74
6	mafengwo.cn[蚂蜂窝]	1158.80	236.52
7	tuniu.com[途牛旅游网]	1095.90	116.82
8	elong.com[艺龙]	1013.80	139.1
9	cncn.com[欣欣旅游]	850.3	37.92
10	tieyou.com[铁友]	735	60.67
11	lotour.com[乐途旅游网]	714.6	39.44
12	lvmama.com[驴妈妈]	470.1	44.48
13	7zhan.com[第七站]	457.5	29.41
14	kuxun.cn[酷讯网]	398.4	22.95
15	qyer.com[穷游网]	379.3	106.64
16	tripadvisor.cn[TripAdvisor]	267.2	5.51
17	trip8080.com[畅途]	257.8	3.84
18	17u.com[一起游]	255.6	10.33
19	zhuna.cn[住哪网]	188.6	6.73

续表

序号	网站	月度覆盖人数（万人）	月度总有效浏览时间（万小时）
20	9tour.cn[九游网]	184.6	3.36
21	flyertea.com[飞客茶馆旅行网]	183.3	84.38
22	bytravel.cn[博雅特产网]	182.3	4.95
23	checi.org[车次网]	178.7	6.16
24	16fan.com[十六番]	175.1	19.45
25	nettvl.com[旅游互联]	170.2	5.7

数据来源：艾瑞咨询 iUserTracker

传统的营销模式已经不能满足这些旅游互联网企业的发展，市场环境存在的问题主要有市场竞争激烈、市场供给增多、企业盈利水平低。

（一）市场竞争激烈

随着旅游业的火热发展，旅游电商之间的竞争更加激烈，新兴旅游电商迅速发展起来，在竞争对手众多的市场环境中，旅游电商要提高市场份额除了提高自己的产品与服务质量外，其营销模式对品牌的推广等起着重要的作用。旅游电商之间的竞争目前主要表现为价格的竞争，除了原有的价格促销，新的价格战的表现形式更加多样化，团购网站进军旅游业，限时打折、秒杀等价格战形式被广泛运用起来，例如，美团、大众点评等团购网站进入景区门票团购领域；阿里巴巴、京东和百度等互联网行业巨头纷纷涉足旅游业，使得原先就激烈竞争的市场愈加火热。在市场竞争如此激烈的情况下，传统的营销方式已经不能满足其发展，原有广撒网的营销形式需要得到创新式的发展。

（二）市场供给增多

旅游市场的火热使得进军旅游行业的企业越来越多，大型电商进军旅游行业，如阿里旅行、京东旅游频道、1号店、苏宁易购等均涉足旅游业；门户网站纷纷涉足旅游业，如网易旅游、搜狐旅游频道、新浪旅游等；新的细分领域中旅游企业纷纷成立，易游天下、E旅行、十六番等一批企业逐渐发展起来。虽然目前旅游市场仍然被携程、去哪儿、途牛等大型旅游电商占据大部分市场份额，但旅游市场中一些新的小的企业抓住市场空白，提供更加专业化与垂直化的服务，旅游市场供给增多，消费者面临的选择增多，在此情况下，新的更加有效的营销方式才能助力企业的发展。

（三）企业盈利水平低

在市场激烈竞争的旅游市场，价格战是旅游电商常用的竞争手段，因此，企业的利润非常低。据各大旅游电商发布的财报显示：携程成为目前为止OTA中唯一持续盈利的公司。根据去哪儿、途牛等披露的2015 Q1财报数据来看，企业的利润均为负。在2011年前后成立的一大批旅游网站在四年间，10多家网站陆续关闭，包括旅付通、拒宅网、脚丫旅游网、找好玩、周五旅游网、徒步狗旅行、哪旅游网、果冻旅行、中国好导游、旅途求助、壹游出境网、步旅网等。大的旅游企业依靠背后的资金力量有能力去争夺资源，而一些小的企业在价格战的背景下，面临破产遭到市场的淘汰。在竞争激烈、盈利水平低的情况下，谁能抓住资源谁将是最后的胜利者，因此营销模式的创新成为旅游企业抓住消费者的金钥匙。

（四）媒体营销中存在的问题

1.确定目标受众困难，且准确度有偏差

通过传统媒体方式进行旅游电子商务企业的营销，突出存在的问题为它在传播的过程中采用的方式是"全面撒网"，而不是"重点捕捞"，因为媒体营销的方式从一开始就注定它无法进行目标人群的细分，因此它在营销的过程中会做很多无用功，浪费一部分的时间、精力、成本在没有旅游需求的客户群体上，造成营销成本的增加以及营销资源的浪费。

2.营销成本高，压缩企业利润空间

传统媒体营销方式最大的弊端就是它的成本支出较高，以途牛网为例，其2015年的广告费用为2亿~3亿元，多用于传统媒体营销。通过2015年互联网企业在媒体营销的花费统计表（见图3-1）中可以看出，要想实现媒体营销良好的效果，在营销成本上大大提升，而企业的利润空间则被极度压缩。根据途牛网 2015 年公布的全年财报来看，其 2015 年全年收入 76 亿元，亏损了 14 多亿元，其主要成本费用就在于营销成本过高，而在营销成本中媒体营销又占了大头。

排名	类别	增幅	排名	产品	增幅
1	购物	59.6%	1	家家乐购	49.9%
2	理财	242.1%	2	寻医问药网	302.4%
3	旅游	58.6%	3	京东商城网	132.4%
4	地方	157.7%	4	E租宝网	New
5	分类信息	51.6%	5	阿里巴巴淘宝网	-43.0%
6	社交交友	-34.1%	6	唯品会网	196.5%
7	其他	307.5%	7	途牛旅游网	30.0%
8	生活服务	>1000%	8	3158网	92.4%
9	房屋交易	278.0%	9	苏宁易购网	34.3%
10	教育	695.3%	10	聚美优品网	-16.4%

图3-1　2015年互联网企业电视营销花费统计

排名	类别	增幅	排名	产品	增幅
1	购物	503.6%	1	天猫网	>1000%
2	旅游	>1000%	2	途牛旅游网	>1000%
3	理财	New	3	蘑菇街网	>1000%
4	票务	30.5%	4	明星衣橱手机软件	New
5	社交交友	257.8%	5	阿里支付宝网	New
6	商务办公	New	6	楚楚街手机软件	New
7	在线视频	191.8%	7	浙江时代院线	-15.0%
8	房屋交易	>1000%	8	脉脉软件	>1000%
9	新闻	61.2%	9	微盟平台	New
10	手机软件	>1000%	10	阿里巴巴淘宝网	309.5%

图3-2　2015年互联网企业影院视频营销花费统计

图3-3 2015年互联网企业电台广告营销花费统计

3. 对媒体营销价值的认识不足

媒体营销是旅游电商企业营销中极其重要的一种方式，它带给企业的商业价值难以估量。例如，途牛网和各大主流节目合作，如《爸爸去哪儿》等，不断在电视媒体上进行宣传。这种商业价值主要体现在以下三个方面：一是旅游客源量及旅游用户量的增长，二是旅游电商企业品牌价值的提升，三是旅游受众黏性度的提升。这三个方面都是旅游电商企业追求的目标，但电商企业在进行媒体营销时，往往过于注重销量及旅游用户量的提升，对于受众信任度、满意度和网络黏性度的提升却较为忽视。前者带给旅游电商企业的是现实利益，而后者带给旅游电商企业的是长远利益。

（五）关系营销中存在的问题

1. 忽视内部关系营销

传统的"官本位"观念和长期计划经济体制下形成的企业管理"行政化"作风，导致企业内部等级和层次分明，普通员工、心理、情感等多层次需要被忽视，员工作为无能动性的资源被投入经营过程中，成为管理者的对立面，被置于严格的制度之下，使员工工作积极性和创造性难以充分发挥，极大地影响了企业发展。这也是我国大多数企业面临的问题，作为新兴的旅游电商企业，同样不可避免地面临传统思想的桎梏。北京大多数旅游电商中缺乏内部营销的思想，缺乏内部营销与外部营销相配合的观念，更多地重视外部营销和公共关系，没有通过内部营销在全体员工中就营销观念、质量意识、行为取向等方面形成共同的信念和准则，没有在企业内部建立价值创造系统，结果使企业的外部营销与公共关系难以奏效，达不到增强企业竞争力的目的。大批的旅游电商本身内部结构就存在着很多问题，更遑论在电商行业中的发展。

2. 对顾客以外的关系主体缺乏明确的意识

目前，我国大多数旅游电商只把目光盯在基本客户、局限在目标市场上，也就是通过市场细分而确定顾客群，针对目标游客的促销层出不穷，相互之间依靠外部投资进行价格战。对那些对企业经营有重大利益影响的其他关系主体，如供应商市场、竞争者市场、中间商市场、劳动力市场等，缺乏明确的认识及全面的关系协调和促进政策，导致成本增加和资源浪费。最终导致产品已销售，但是却遭遇游客来自各方面的投诉，根本原因即在于旅游电商一味关注价格，抢占市场而忽视了其他关系主体的利益，导致游客受到的各项后续服务大打折扣，最终对品牌形象产生影响。

3. 把产品和服务割裂开来

旅游电商还处于刚起步阶段，为了抢占市场，各电商把服务和产品截然分开，营销人员总是忙于竞争和夺取市场，只满足于把产品更快更多地卖出去，赢得更多的顾客，占领更多的市场份额，获取更大的企业利润，而对游客仅实现有限的承诺和服务，而且服务大多是口头上的承诺，只是电商在卖出产品前的促销手段。没有认识到产品和服务之间的界限变得模糊，曾经是完全不同的两极如今变得统一起来，产品服务化和服务产品化已成为明显趋势。那些既生产产品又提供服务的企业被称为服务性企业，企业的产品营销也是服务营销，没有意识到服务在营销中的战略地位，对旅游电商而言，必须通过对顾客提供高质量的服务实现高承诺和高兑现，来实现留住顾客，建立忠诚的顾客关系目标。

4. 认识上存在偏差

在旅游电子商务企业进行关系营销的现实中，有的认为关系营销就是通过

"拉关系"来进行营销的，这主要是因为他们认为与各种相关个人及组织的关系，归根结底就是满足其中关键人物的私利，把人们的情感交往也作为商品来交换。事实上，关系营销与"拉关系"在产生的背景、手段、目的和社会效果等方面都存在着本质上的区别。

5. 客服人员素质低下

企业实施关系营销要求员工有较高的素质才能适应，目前我国旅游电子商务企业存在员工营销素质低下，特别是领导者素质不高的情况。导致旅游电商普遍存在以下现象：大多数员工普遍认为营销只要销售部门的人员了解就行了，而电商的营销人员由于对旅游产品缺乏正确的认识，对于游客询问的问题无法做出正确解答，客服的不专业直接影响了顾客对旅游电商企业的印象。另一方面，旅游电商内部各职能部门之间界限清楚，关系紧张，甚至相互对立，缺乏必要的沟通与协调。许多旅游电商在进行关系营销时，只局限于营销部门，各部门各自为政，彼此间缺乏有效的沟通、协调和合作。例如，营销部门对顾客购买的旅游产品做出相关承诺，而后续服务处理部门却态度冷淡，影响旅游电商企业自身服务和产品在消费者心目中的形象。

6. 旅游电商与游客未形成有效的诚信关系

关系营销是建立在信用与承诺基础上，要求关系双方互惠互利，实现关系利益最大化。但在关系营销活动实施中，为了保持与顾客或合作者的长期关系，存在一定的欺骗行为，表现如下：故意隐瞒某些真实信息，利用旅游产品的信息不对称性，对顾客进行欺瞒；与各类合作者（如酒店、航空公司、旅行社、景区等中间商）勾结，共同欺骗消费者。此时，企业真正关心的是与合作者之间的关系，而非与顾客的关系。

7. 强调与竞争者的对抗关系，而非合作关系

随着市场经济的快速发展，竞争的范围在不断扩大，竞争也由单纯的价格竞争或质量竞争转变为产品、价格、服务等综合能力的竞争。旅游电商企业作为新兴的互联网企业，从发展开始就面临着巨大的竞争压力，而许多旅游电商只看到竞争的残酷性，认为企业间只是一种"输赢"的对立关系，为了短期利益，而展开恶性竞争。例如，价格大战（一元门票、低价线路）、广告大战

就是典型。旅游电商企业这种相互对立而又不愿意共同合作，甚至于压迫供应商价格，逼迫其进行单一平台选择等行为都是只顾短期利益、缺乏长远眼光的表现。

（六）品牌营销中存在的问题

1.把品牌传播等同于做广告

在我国企业界有一个流行的观点，即品牌塑造需要强有力的品牌传播，它们的关系是成正比的。但很多企业过分夸大广告的作用，他们认为：品牌就是广告打出来的，只要有钱做广告，就可以做出一个品牌。而旅游电商企业也受传统思维的影响，夸大了广告的作用，将收到的投资大幅度用于广告营销。大幅度的广告投放的确可以在短时间内提升品牌的知名度，促进产品的销售，但往往这样的投放存在着很大的盲目性。国内一份权威的市场研究报告表明：中国企业广告投入增加一倍，只能取得市场份额平均3.5%的增长。因此，旅游电商企业在品牌营销模式上以广告作为单一品牌传播模式是存在盲目性弊端的。

2.品牌和品牌营销意识薄弱

由于品牌观念传入中国较晚，企业在品牌方面的知识根基很浅，对品牌认识表面化，真正理解品牌内涵的企业家及企业经营者很少，甚至还有许多认识上的偏见与误区。有的企业把知名产品当作品牌；有的企业把商标当作品牌；有的企业的产品只有产品类别名称，根本没有品牌名称。由于旅游电商企业还处于起步阶段，对品牌的长期价值与品牌的全方位的资产缺乏深刻的认识，导致品牌空壳化现象严重，形成自己品牌与产品深入消费者内心受到认可的少之又少，在旅游电商中，很多旅游电商并没有自己独立的产品，而是与其他旅游电商或旅行社合作。因此，当消费者在一家旅游电商购买旅游产品后，可能最后是由另一家旅游电商或旅行社带队游览。在这种情况下，旅游电商无法保证其他旅游电商或旅行社的服务质量，因而有较大的可能会受到来自游客的投诉，导致旅游电商品牌难以深入人心。并且，虽不少旅游电商拥有质量上乘的产品，却很难形成品牌优势，因为我们缺乏对品牌理论的学习和认识，只会依赖于以前所形成的产品管理经验，面对新时代互联网的新背景无法形成自己的独特性，在真正推行品牌过程中缺乏个性和理性。

3. 品牌缺乏个性

主要体现在两个方面：

（1）品牌定位雷同。品牌定位，就是为自己的品牌在市场树立一个明确的、有别于竞争对手品牌的、符合消费者需要的形象，其目的是在潜在消费者心中占领一个有利的位置。

（2）品牌设计缺乏个性。品牌不仅仅是一个名称和标志，成功的品牌名称具有一系列丰富的内涵。消费者通常以品牌名称来理解和认定产品及企业的价值。因此，拥有一个新颖、独特的品牌名称和品牌标志对企业来说是至关重要的。在旅游电商企业中，品牌定位雷同的现象十分普遍，因而旅游电商想通过品牌发挥其促销产品、树立企业形象、促进企业发展等方面作用的愿望自然难以实现。

4. 忽视品牌管理

应该注意到，目前人们品牌意识虽然较以前有所增强，但对品牌的管理，我们却知之甚少。如果说我国在产品管理方面已经进入青年期的话，营销管理则是少儿期，而品牌管理才处于婴儿期。在实践中，旅游电商企业的管理大多数还停留在产品时代，而非品牌时代。品牌管理有不同于产品管理的方式与原则。在旅游电商企业中，普遍存在着品牌寿命周期现象。究其原因，是由于许多旅游电商企业注重品牌打造，但却忽视了品牌管理，把品牌战略视为给产品冠以一个动听的名字，再加以大规模的广告。品牌打造的过程中也会讨论品牌的组成部分：品牌名、标识语、设计、或包装、广告、忠诚及品牌价值评估等。实际上，品牌营销是一个包括品牌塑造和品牌管理在内的完整过程。对已经开创的品牌加强管理，使之不断得到修正和完善，才能提升品牌价值，积累更大的品牌资产。反之，忽视品牌管理，则有可能使已经塑造成形的品牌受到损害，或使逐步提升的品牌价值遭到贬损。尤其是在品牌竞争激烈，消费者对品牌的逐新度和转换率趋于增加的现代市场中，放松品牌管理，无异于放弃精心培育的品牌。在旅游电商这个竞争激烈的领域更是如此，2011年前后成立的一大批旅游网站在四年间，十多家网站陆续关闭，互联网行业的竞争比起传统企业来说更新换代更加迅速，而对于品牌管理的要求则更高，否则很容易便没入滚滚的浪潮之中。

第四章　大数据背景下北京旅游电商的营销模式创新

大数据时代的到来引发了企业的一场革命，电子商务企业纷纷探索大数据的奥秘。在前一章我们分析了北京旅游电商的传统营销模式，本章将具体介绍大数据背景下北京旅游电商营销模式都有哪些创新之处。

第一节　大数据与旅游电商

大数据潮流的到来引发了一场场热议，大数据到底能为企业创造多大的价值成为众多企业关注的问题。随着企业对大数据的探索，一些学者提出了大数据泡沫的观点，人们对大数据的态度逐渐回归理性。本节将对大数据进行简单的介绍，并分析大数据对旅游电商的影响。

一、大数据的定义与特点

大数据是指无法在一定时间内用常规软件工具对其内容进行抓取、管理和处理的数据集合。大数据技术是指从各种各样类型的数据中快速获得有价值的信息的能力。大数据以多元形式从多种来源搜集而来，具有实时性，在企业对企业销售的情况下，这些数据可能得自于社交网络、电子商务网站、顾客来访记录，还有许多其他来源，并非公司顾客关系管理数据库的常态数据组。数据已经渗透到当今每一个行业和业务职能领域，成为重要的生产因素。人们对于海量数据的挖掘和运用，预示着新一波生产率增长和消费者盈余浪潮的到来。"大数据"在物理学、生物学、环境生态学等领域以及军事、金融、通信等行业存在已有时日，却因为近年来互联网和信息行业的发展而引起人们关注。进入 2012 年，大数据（Big Data）一词越来越多地被提及，人们用它来描述和定义信息爆炸时代产生的海量数据，并命名与之相关的技术发展与创新。

大数据不仅仅只是单独意义上的拥有海量的数据信息量，而在于它更深层次的意义，包括对数据进行专业化的处理及分析。大数据所涉及的海量数据无法通过一些技术或者工具来进行整理和收集，而大数据时代的到来却解决了这一问题，使海量数据变成企业最宝贵的财富，给企业和人们的生活带来了无法想象的巨大影响。大数据和传统的数据仓库相比，具有很多的优势和创新点。

（一）大数据的出现

在 1980 年，著名未来学家 Alvin Toffler（阿尔文·托夫勒）在《第三次浪潮》一书中将大数据称为"第三次浪潮的华丽乐章"。最早提出"大数据"时代已经到来的机构是全球知名咨询公司麦肯锡，麦肯锡在研究报告中指出：数据已经渗透到每一个行业和业务职能领域，逐渐成为重要的生产因素，人们对于海量数据的运用将预示着新一波生产率增长和消费者盈余浪潮的到来。从 2009 年开始，大数据成为互联网信息技术行业的流行词汇。美国互联网中心指出，互联网上的数据每年增长 50%，每两年翻一番，目前世界上 90% 以上的数据都是近几年才产生的。大数据在经历了几年的批判、质疑、讨论、炒作之后，终于迎来了属于它的时代。2012 年 3 月 22 日，奥巴马政府宣布投资 2 亿美元拉动大数据相关产业发展，将"大数据战略"上升为国家战略，将大数据定义为"未来的新石油"。2013 年 5 月 10 日，阿里巴巴集团董事局主席马云在淘宝十周年晚会上做演讲时讲到：大家还没搞清 PC 时代的时候，移动互联网来了；还没搞清移动互联网的时候，大数据时代来了。大数据的意义是由人类日益普及的网络行为所伴生的，受到相关部门、企业采集的，蕴含数据生产者真实意图、喜好的，非传统结构和意义的数据。

（二）大数据的特点

大数据的特点可以归纳为四个 V——Volume、Variety、Value、Velocity。第一，Volume 是指数据体量巨大，从 TB 级别，跃升到 PB 级别；第二，Variety 是指数据类型繁多，如网络日志、视频、图片、地理位置信息等；第三，Value 是指数据价值密度低，以视频为例，连续不间断监控过程中，可能有用的数据仅仅有一两秒；第四，Velocity 是指处理速度快，如 1 秒定律，这一点与传统的数据挖掘技术有着本质的不同。准确来讲，4V 的含义是指：

（1）数据量巨大。它拥有各类的海量的数据，涉及面更广、种类更加齐全，还包括了需求分析、用户细分等不同的数据分类，能够满足人们不同的需求。

（2）数据种类繁多。大数据的容量比传统的数据仓库更大，其容纳的信息量也必然繁多，信息种类也更加广泛，有用户的反馈信息、消费记录、消费特点等非结构化的数据。

（3）价值密度低，商业价值高。大数据需要从海量的数据当中提取出来对人们有用的资料，技术的难度增加了，数据的价值密度与其数据量不成正比，因此数据的价值密度低而商业价值高。

（4）数据处理速度快。大数据通过对海量的数据进行处理，在巨大的数据库中进行查询，找出有价值的资料，只有通过不断地提高其运行速度才能降低成本获得经济利益。

物联网、云计算、移动互联网、车联网、手机、平板电脑、PC 以及遍布地球各个角落的各种各样的传感器，无一不是数据来源或者承载的方式。

二、大数据的发展应用

大数据可以分成大数据技术、大数据工程、大数据科学和大数据应用等领域，大数据技术和大数据应用是人们关注最多的。大数据工程是指大数据的规划建设运营管理的系统工程，大数据科学则更多关注大数据网络发展和运营过程中发现和验证大数据的规律及其与自然和社会活动之间的关系。

大数据由于其优势与特点得到了广泛的应用，洛杉矶警察局和加利福尼亚大学合作利用大数据预测犯罪的发生、Google 流感趋势（Google Flu Trends）利用搜索关键词预测禽流感的散布、统计学家内特·西尔弗（Nate Silver）利用大数据预测 2012 美国选举结果、麻省理工学院利用手机定位数据和交通数据建立城市规划、梅西百货根据需求和库存的情况，基于 SAS 的系统对多达 7300 万种货品进行实时调价，等等。利用互联网大数据，对消费者的喜好进行判定，可以为消费者定制相应独特的个性化服务，甚至可以在一些商品或者服务上匹配用户心情。下面我们介绍一下大数据的经典案例：沃尔玛经典营销与 IBM 战略。

（一）沃尔玛经典营销：啤酒与尿布

20 世纪 90 年代，美国沃尔玛超市的管理人员在分析销售数据时发现了一个令人难以理解的现象：在某些特定的情况下，"啤酒"与"尿布"两件看上去毫无关系的商品会经常出现在同一个购物篮中，这种独特的销售现象引起了管理人员的注意，经过后续调查发现，这种现象一般出现在年轻的父亲身上。父亲在购买尿布的同时，往往会为自己购买啤酒，这就是啤酒与尿布两个不相干的商品出现在同一个购物篮中的原因。他们发现，如果年轻的父亲在卖场中只能买到两件商品之一，他就极有可能放弃购物而到另一家商店，直到可以一次性购买两件商品为止。沃尔玛把这一发现应用在卖场物品摆放中，将啤酒与尿布放在相同的区域，方便年轻的父亲同时找到这两件商品，顺利完成购物。沃尔玛利用数据分析发现了这一现象，并且运用到超市的管理运营中不仅方便了顾客完成购物，同时也获得了很好的商品销售收入。

（二）IBM 战略

2012 年 5 月 IBM 发布智慧分析洞察 "3A5 步" 动态路线图，IBM 的大数据战略即以此作为基础。"3A5 步" 指的是在 "掌握信息"（Align）的基础上 "获取洞察"（Anticipate），进而采取行动（Act），优化决策策划提高业务绩效。除此之外，还需要不断地 "学习"（Learn）从每一次业务结果中获得反馈，改善基于信息的决策流程，从而实现 "转型"（Transform）。基于动态路线图，IBM 提出了 "大数据平台" 架构，该平台包括四大核心能力：Hadoop 系统、流计算（Stream Computing）、数据仓库（Data Warehouse）和信息整合与治理

（Information Integration and Governance）。

在大数据领域，2012年10月IBM推出了IBMPureSystems专家集成系统的新成员——IBM Pure Data系统，这是IBM在数据处理领域发布的首个集成系统产品系列。Pure Data系统具体包含三款产品，分别为Pure Data System for Transactions、Pure Data System for Analytics和Pure Data System for Operational Analytics，可分别应用于OLTP（联机事务处理）、OLAP（联机分析处理）和大数据分析操作。IBM Pure Data系统提供内置的专业知识、源于设计的集成，以及在其整个生命周期中的简化体验。

三、大数据处理与电子商务

（一）电子商务的大数据时代

大数据的特点为电子商务带来了许多的技术创新和思想观念的改变，电子商务的发展主要依赖于消费者，掌握了消费信息的数据，就能够以此来制定合理化的经营策略，能够提前预测市场的发展方向，提前规划和调整商品的类型及数量，依据消费者的消费特性来生产不会造成资源的浪费，还提高了生产效率，降低了成本，使企业拥有更多的时间来开发新的商品，增加消费者的数量，提高市场占有率。

（二）大数据时代的电子商务

步入大数据时代的原因：

（1）个性化需求的增加。社会的发展使人们的生活水平不断地提高，人们的消费心理也在不断地发生着变化，都希望自己是独特的，是与众不同的，企业通过大数据进行数据分析，来为人们制订不同的需求方案和个性化产品。

（2）信息技术的发展。随着互联网的发展我们进入了信息时代，海量的数据信息的出现让数据的收集更加便利，通过网络数据被广泛使用，提高了其利用价值，还能够被反复使用，实现循环利用进而超出其自身的价值。

（3）用户产生数据。大量的数据是来源于用户，用户的网购、查询资料、浏览网页等行为能产生大量的数据，通过对数据的收集、分析就能够为用户制订出不同的需求方案，这种信息的种类是广泛的、低廉的。

（4）数据的可获得性。网店与传统的零售商相比不同的就是数据的获取方式不同，网店通过用户的访问就能得到用户的浏览记录和消费行为，得到用户更多的相关信息，而传统的零售商只能知道用户此时的需求和购买意向，无法获得更全面的信息和更有价值的资料，电子商务使数据的可获得性更加便利。

（5）决策分析方法的智能化。大数据通过对数据的分析整理使企业的经营决策更加精准与便利，智能化的应用节省了企业大量的时间，提高了其效率，也为未来的发展提供了经营方向和工具的发展。

（三）大数据与旅游电子商务

旅游电子商务的概念最初在20世纪90年代由瑞佛·卡兰克塔提出，目前沿用较广的是世界旅游组织提出的定义：运用先进的信息技术手段改进旅游机构内部和外部的连通性，即通过计算机、网络等先进技术，促进旅游企业之间、旅游企业与供应商之间、旅游企业与旅游者之间的交流和交易，改进各企业间的内部管理流程，以实现最大的信息共享。

（四）旅游电子商务发展现状

1. 随着科技的不断进步与发展

我国旅游电子商务网站从1996年就开始出现，到目前具有一定旅游咨询能力的网站已有5000多家，其中专业旅游网站有300多家，主要分为五大类：一是提供综合性旅游的电子商务网站；二是主营航空、酒店或者其他某些旅游产品预订的网站；三是旅游企业开展网络宣传及网络业务的网站；四是地方性旅游网站和各类旅游目的地资讯网；五是旅游管理部门建设的以面向业内为主的网站。虽然电子商务运用于旅游业只有数年的时间，但是它的发展势头还是十分强劲的。如今，旅游电子商务已经成为旅游营销的新模式。

2. 旅游电子商务市场规模快速增长

随着我国旅游业的不断发展，旅游电子商务市场规模在不断地快速增长。根据艾瑞咨询发布的《2012年预订市暑期旺季促三季度在线旅游交易规模监测报告》显示：2012年第三季度中国在线旅游市场交易规模保持较快的同比增长，市场交易规模达488.1亿元，同比增长27.8%。节假日旅行者出行需求的提升及旅游企业相关优惠措施的推出，是推动第三季度在线旅游交易规模快速增长的核心因素。艾瑞分析认为2012年第三季度在线旅游交易规模快速增长的原因在于：第一，暑期、五一劳动节和国庆节旅游高峰期，促使游客们消费；第二，旅游企业相应推出诸多的优惠措施，如机票、酒店等业务在节假日期间实行优惠，从而吸引大量游客出行。艾瑞咨询预计我国在线旅游市场交易规模将在未来五年里释放巨大的市场潜力。因此，我国旅游市场的发展空间将不断地扩大。

3.旅游电子商务网站建设趋于多元化

旅游电子商务网站建设的态势呈现多元化，第一类网站主要是提供综合性的旅游产品信息，并且提供多种多样的旅游产品，它们的优势在于可以充分满足旅游者的需求。第二类网站主要是提供某种特色旅游产品或服务信息，它们的优势是专门服务于小的细分市场。第三类是支持服务类网站。

四、大数据对旅游电商的影响

中国旅游电子商务大会提出："大数据"是云计算后的又一科技热点，是新时代的重要资源，目前世界各国都在加快战略布局和制订规划。大数据的战略意义不仅在于掌握庞大的数据信息，而且要对这些含有意义的数据进行专业化处理。旅游的发展需要大数据，大数据对旅游电商的经营与营销都产生了重大影响。

（一）大数据对旅游电商经营活动的影响

在大数据时代，其应用已经逐渐渗入各行各业，旅游业也是如此。依靠大数据提供足够有利的资源，旅游能够得以更好地发展。携程创始人之一、董事会副主席兼总裁范敏指出：整个世界已经进入了"大数据时代"，到了可以通过数据挖掘、数据的整合营销从而产生巨大产业收益的时候了。携程、艺龙、去哪儿等平台型旅游企业已经开始应用大数据，改进自己的产品体系，为企业发展提供数据支持。大数据在旅游业中的应用更多体现在服务上。引入大数据应用的旅游服务，具有充分收集、分析、整合各方旅游资源数据，以实现最优调配服务资源的可能。可对旅游业相关主体依据搜集到的游客消费动向、旅游资源状况等数据进行量化分析，并及时调整、制定相应的策略，为游客提供更好的服务。

大数据时代已经到来，电子商务快速兴起，在旅游方面，就有同程旅游、去哪儿网、携程网、途牛旅游网等。这些旅游行业电子商务网站，可以凭借自己的网络虚拟交易平台，大批量的网上交易规模以及日益增加的用户数量化分析目前游客的消费动向、旅游资源状况，调整策略，为游客提供更好的服务。因此，大数据的应用有利于电子商务公司分析顾客行为、消费习惯，制定和开发更加合理的旅游路线。

大数据的应用大大改善了旅游电子商务的生态环境。伴随着用户访问数未来的海量行为和交易数据，大数据可以有效地提高用户体验，如果采用云计算系统对大数据进行处理，能够为客户提供全面强大的信息检索功能，从而结合客户的个体差异性以及需求独特性等特点采取少量的搜索，同时保障高返回、高准确率等。大数据的处理技术还能保证数据的准确分析以及快速的弹性处理能力，提供丰富的数据资料，包括图片、视频、文字等多种数据源，这些都给客户带来完美的体验，更易于吸引大量的游客选择旅游产品，大大提高交易成功率。此外，实时性的海量数据分析越来越成为电商的核心竞争力，大数据的价值关键在于信息分析和利用。大数据技术为旅行社提供了强大的数据挖掘功能，旅行社可以将电商平台中积累的大量关于消费者的、蕴藏潜在经济价值的海量数据进行收集、分析、整合，挖掘出商业价值，促进个性化和精确化营销的开展。

（二）大数据对旅游电商营销活动的影响

大数据提出之前，旅游数据收集的途径主要依靠景区和地方旅游局等部门，数据宏观且没有统一的统计标准，准确度不足。关于消费额度、消费习惯以及游客集中关注的景点等方面的信息都不能得到充分的掌握。近年来，随着大数据的提出与应用，这些问题将在大数据的作用下得到解决。去哪儿网副总经理丘晖表示：去哪儿网通过开放数据、接口、资源、供应链及资本，打造健康的在线旅游生态，帮助消费者更聪明地选择出行方式。并且，通过数据分享，让旅游目的地的管理者们真正了解到旅游群体消费单价、游玩的时间长短等信息。只有数据更大程度的开放，大数据时代才能真正到来。智子云周凯指出：运用大数据可以帮助旅游企业低成本、规模化地获取潜在客户，通过普投优化、兴

— 86 —

趣标签定向、消费人群定向、再营销这四个明确的步骤筛选目标人群，进行精准营销。大数据的核心是数据资产的管理，实现数据的保值和增值，实现效率和规模的平衡，利用大数据解决人群锁定，精准触动和立体化营销。

旅游营销管理的核心思想是追求服务的最高效率、最好质量和最佳境界，那么，什么是旅游服务的最高境界？那就是通过云管理平台，为旅游者和居民提供全天候、全空间、全事务性的旅游服务。用一句话说就是：Anytime（无时不在）、Anywhere（无处不在）、Anything（无事不在）、Anyone（无人不在），也只有云服务才能实现这样的基本理念和最高境界。因此，大数据时代的"云端"旅游营销管理在未来在线旅游服务中极为重要。

中国在线旅游市场产业链代表企业主要有以下几种：一是航空公司直销，例如中国国际航空公司和中国南方航空公司；二是酒店直销，例如七天连锁酒店；三是在线旅游服务商营销，例如携程、艺龙等；四是传统旅游服务商线上服务，例如港中旅旗下的芒果网、中青旅旗下的遨游网；五是网络旅游平台营销，例如2C平台的淘宝旅游频道、通用旅游网、乐途旅游网，2B平台的同程旅游网；六是垂直搜索，例如去哪儿、酷讯；七是用户点评网站，例如到到网；八是专业推荐网站，包括游游族。

1. 大数据时代"云端"营销管理与线上线下联动

"云端"旅游营销管理有四种形式：一是会员发展形势，利用互联网，结合航空、银行、互联网站等资源迅速发展会员；二是客户关系营销，利用社会化网络，通过业内人士进行营销；三是客户交叉销售，利用客户共同需求实现集团内交叉销售；四是会员精准营销，深度挖掘客户数据，精准提供客户感兴趣的产品。不难看出，电子商务中心与旅游中心的线上线下联动，使电子商务、旅游门店（包括酒店、自动售卖机等）、旅游零售服务商一起，形成了全方位、立体化的营销新模式。云时代下的移动互联网，可以将电商中心与旅游中心的线上线下进行联动，为旅游者线上提供网络营销推广、线下提供产品服务支持。

2. 大数据时代"云端"联动营销与旅游产品创新

大数据时代的营销，可以提供更好的旅游创新产品。不仅可以为客户提供更多的定制化空间，营造定制化酒店客房、定制化团队旅游、定制化休闲旅游、定制化产品展示等创新型旅游体验，而且可以增加旅游打包产品，提供更多行、吃、住、游、购、娱等组合或者一站式旅游服务。

3. 大数据时代联动营销与旅游信息系统

大数据时代的旅游联动营销，可以提供更好的旅游信息系统，可以开发和建立包含旅游各个要素的旅游信息系统。其中的旅游信息管理系统主要包括旅游人力资源与工薪管理系统、旅游服务管理系统、旅游客源管理系统、旅游景区管理系统等。同时，还可以建立与旅游者互动的管理和咨询平台，包括云服务管理平台、URP基础数据管理平台、旅游酒店选房系统平台、旅游客源咨询综合平台等。

4. 大数据时代旅游营销管理与旅游服务效果

大数据时代下的旅游营销管理与旅游服务的效果可以概括如下：一是可以释缓旅游者的怨气，优化旅游服务的生态环境；二是可以彰显快捷旅游服务，提高旅游服务水平；三是可以降低旅游管理成本，增强旅游服务竞争能力；四是可以堵塞旅游经营漏洞，提高旅游服务效益；五是可以优化旅游管理体系，推进旅游管理和服务组织扁平管理；六是可以固化旅游规则刚性，增强旅游制度规约力度；七是可以创新旅游评价体系，确立旅客主体地位；八是可以提升旅游管理队伍，走向精细旅游服务目标。因此，可以说大数据时代下的"云端"旅游营销管理模式的应用与实践，可为旅游服务业建设成为人民群众满意的现代服务业，做出卓越贡献。

第二节　北京旅游电商营销模式创新分析

大数据的出现为旅游电商的发展提供了机遇，旅游电商如何抓住机遇在大数据浪潮中顺流而上成为众多企业思考的问题。本节我们将分析北京旅游电商在大数据时代营销模式创新的环境分析和必要性分析，以及北京旅游电商在营销模式上创新的具体体现。

一、环境分析

面临新的环境，北京旅游电商营销模式的创新是非常必要的，我们从宏观环境以及行业的竞争环境来分析北京旅游电商营销模式的创新。

（一）PEST分析

PEST为企业所处宏观环境分析模型，即Political（政策）、Economic（经济）、Social（社会）、Technological（技术）。这是企业的外部环境，一般不受企业掌控。

1. 北京旅游电商政策环境分析

2009年以来，国家出台了多项政策来扶持旅游业的发展，特别是2009年发布的《关于加快发展旅游业的意见》，更是将旅游行业上升到国家战略高度，对旅游行业的发展有里程碑式的意义，旅游产业在国民经济中的定位实现了历史性突破。2015年两会李克强总理在政府工作报告中提出"互联网+"的概念，即充分发挥互联网在生产要素配置中的优化和集成作用，将互联网的创新成果深度融合于经济社会各领域之中，提升实体经济的创新力和生产力，形成更广泛的以互联网为基础设施和实现工具的经济发展新形态。"互联网+"行动计划将重点促进以云计算、物联网、大数据为代表的新一代信息技术与现代制造业、生产性服务业等的融合创新，发展壮大新兴业态，打造新的产业增长点，为大众创业、万众创新提供环境，为产业智能化提供支撑，增强新的经济发展动力，促进国民经济提质增效升级。这一概念的提出，更是把旅游电商推向了互联网新时代。

2. 北京旅游电商经济环境分析

国民收入的稳步提升和旅游预算的增加对整体旅游需求的上升产生了巨大的推动作用。据国家统计局2015年1月20日公布的数据显示：2014年全年全国居民人均可支配收入20 167元，比上年名义增长10.1%，扣除价格因素实际增长8.0%。按常住地分，城镇居民人均可支配收入28 844元，比上年增长9.0%，扣除价格因素实际增长6.8%；农村居民人均可支配收入10 489元，比上年增长 11.2%，扣除价格因素实际增长 9.2%。全国居民人均可支配收入中位数 17 570 元，比上年名义增长 12.4%。

3. 北京旅游电商社会环境分析

从国内互联网的网民规模来看，根据中国互联网络信息中心（CNNIC）发布的《第 36 次中国互联网络发展状况统计报告》显示：截至 2015 年 6 月，我国网民规模达 6.68 亿，手机网民规模达到 5.94 亿。在 2015 年上半年我国共计新增网民 1894 万人，手机网民规模较 2014 年 12 月增加 3679 万人，互联网普及率为 48.8%，手机上网的人群占比达 88.9%。根据艾瑞咨询预测：2017 年我国的移动网民规模将会达到 8.5 亿左右，会保持较高的增长率，如图 4-1 所示。

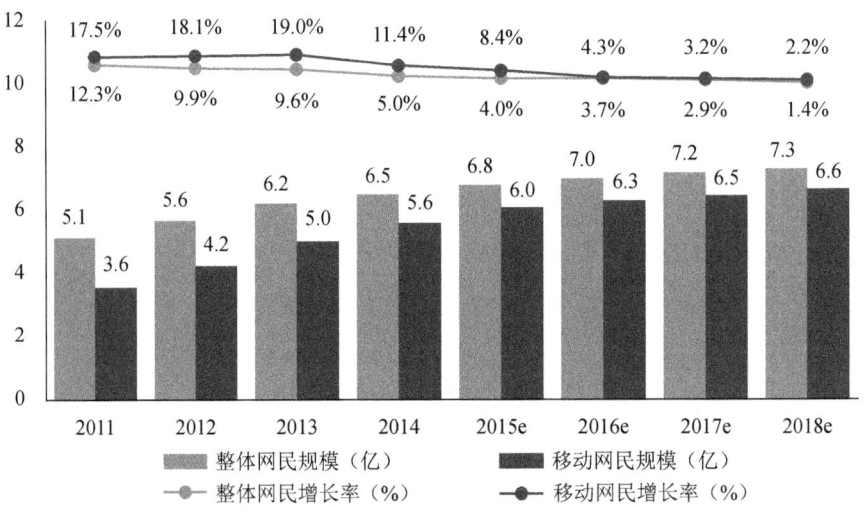

图 4-1　2009—2018 年中国整体网民及移动网民规模与增长率

4. 北京旅游电商技术环境分析

图 4-2 为电子商务的发展模式。电子商务从 1.0 发展到 2.0 时代，基于网络技术的电子商务平台越来越显优势，专业化、平台化、媒体化、个性化、移动化是当今时代的特征。电子商务技术的发展为北京旅游电商的发展提供了技术支持。另外，云计算与大数据的发展更是为旅游电商营销模式的创新提供了技术上的支持。

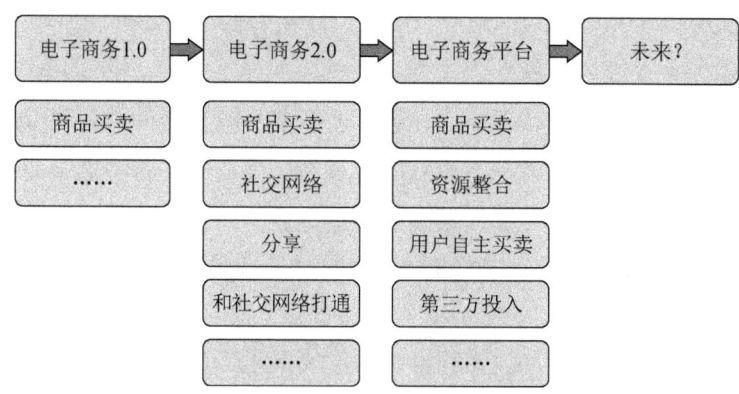

图4-2 电子商务的发展模式

（二）行业环境分析

迈克尔·波特（Michael Porter）在20世纪80年代提出五力分析模型，对企业战略的制定产生了深远影响。五力分别是供应商的讨价还价能力、购买者的讨价还价能力、潜在竞争者进入的能力、替代品的替代能力、行业内竞争者现在的竞争能力。我们从这五个方面来分析北京旅游电商的环境。

1. 供应商的讨价还价能力

随着旅游业的火热发展，旅游市场的供给增多，供应商的议价能力相对减弱。对于一些传统旅游企业，如旅游景点、旅行社、酒店、旅游客运、交通票务等自行创办并具有在线商务功能的网站，由于它们是资源的拥有者，本来应该有较高的议价能力，但是随着市场的发展，竞争激烈程度增加，这些商家的议价能力减弱了。还有一些提供旅游信息查询和产品预订服务的综合性专业旅游电子商务网站，它们不是资源的拥有者，再加上市场的激烈竞争，因此议价能力也较低。

2. 购买者的讨价还价能力

购买者主要通过其压价与要求提供较高的产品或服务质量的能力，来影响行业中现有企业的盈利能力。在旅游市场供给相对充足的情况下，旅游购买者的议价能力相对提高。由于供给者增多，购买者面临的选择增多，因此，消费者总能够在市场中找到自己乐意购买的产品与服务。供应商此时处于相对被动地位，购买者处于积极主动的地位，因此，购买者的讨价还价能力较强。

3. 潜在竞争者进入的能力

我国旅游业进入壁垒较低，潜在进入者众多。电子商务的发展带动了一批新型旅游电子商务企业的崛起，原有的传统旅游企业开始转型电子商务，另外一些大型电商进军旅游业。除大量国内中小企业，国外旅游业巨头也是潜在威胁，它们具有良好的管理经验和雄厚的资本，在国内市场竞争中占有一定优势。

4. 替代品的替代能力

两个处于不同行业中的企业，可能会由于所生产的产品是互为替代品，从而在它们之间产生相互竞争行为，这种源自于替代品的竞争会以各种形式影响行业中现有企业的竞争战略。对于旅游业而言，替代品的替代能力非常低，一般而言，具有较强旅游需求与动力的人很少因其他替代品而放弃原有的出行计划。

5. 行业内竞争者现在的竞争能力

大部分行业中的企业，相互之间的利益都是紧密联系在一起的，作为企业整体战略一部分的各企业竞争战略，其目标都在于使得自己的企业获得相对于竞争对手的优势，所以，在实施中就必然会产生冲突与对抗现象，这些冲突与对抗就构成了现有企业之间的竞争。现有企业之间的竞争常常表现在价格、广告、产品介绍、售后服务等方面，其竞争强度与许多因素有关。旅游业进入障碍较低，势均力敌的企业较多，竞争参与者范围广泛；市场趋于成熟，产品需求增长趋慢，形式发生变化；竞争者提供几乎相同的产品或服务，用户转换成本很低；行业外部实力强大的公司进入旅游业后可能会构成强大的威胁。由此可以看出，旅游业的行业竞争非常激烈。

通过五力模型的分析，我们可以看出旅游行业内的竞争激烈程度高，购买者在交易中处于相对积极主动的地位，因此，企业要想在激烈的市场竞争中赢得市场份额，就必须对企业的发展做好正确的决策，对原有的发展模式进行创新。

二、北京旅游电商营销模式创新SWOT分析

从SWOT分析北京旅游电商的现状，从中找出现有的优势和发现机会，同时对劣势进行思考变革，这对北京的旅游电商的发展具有重要的意义。

（一）优势分析

北京作为我国的首都，区位优越，市场大。由于现今人们收入水平的提高，旅游成为越来越多人的选择。周边游、国内游、出境游等都呈现出增长的趋势。对于北京市的消费者来说，由于人们的心理偏好，消费者更加信赖本地旅游商提供的服务。周边游、出境游等旅游形式越来越热，这就给北京的旅游电商提供了优势机会。此外，北京周边的省市人群亦是北京旅游电商的主要目标人群，北京作为一大旅游城市，是周边省市人旅游的重要旅游选择地，因此成为一大优势。

1. 旅游资源优势分析

北京位于华北平原北部，背靠燕山，毗邻天津市和河北省。北京的气候为典型的北温带半湿润大陆性季风气候。

北京是首批国家历史文化名城和世界上拥有世界文化遗产数量最多的城市，三千多年的历史孕育了故宫、天坛、八达岭长城、颐和园等众多名胜古迹。早在七十万年前，北京周口店地区就出现了原始人群部落"北京人"。公元前1045年开始，北京成为蓟、燕等诸侯国的都城。938年以来，北京先后成为辽陪都、金中都、元大都、明清国都。1949年10月1日成为中华人民共和国首都。

北京是全球拥有世界遗产（七处）最多的城市，是全球首个拥有世界地质公园的首都城市。北京对外开放的旅游景点达200多处，有世界上最大的皇宫故宫、祭天神庙天坛、皇家园林北海公园、颐和园和圆明园，还有八达岭长城、慕田峪长城以及世界上最大的四合院恭王府等名胜古迹。北京市共有文物古迹7309项，99处全国重点文物保护单位（含长城和京杭大运河的北京段）、326处市级文物保护单位、5处国家地质公园、15处国家森林公园。

2. 交通优势分析

北京是中国铁路网的中心之一，主要有北京到香港九龙的京九铁路，北京到上海的京沪铁路，北京到广州的京广铁路，北京到哈尔滨的京哈铁路，北京到包头的京包铁路，北京到原平的京原铁路，北京至桂林高铁（京广高铁—湘桂高铁），北京到通辽的京通铁路和北京到承德的京承铁路。在国际铁路运输方面，去往俄罗斯各城市、蒙古都城乌兰巴托和朝鲜都城平壤以及去往越南都城河内的列车均从北京发车。

首都国际机场是全球规模最大的机场,是中国国际航空(Air China)的主要中心,位于北京市顺义区(行政属朝阳区),距北京市中心20千米。几乎所有北京的国内国际航班均在北京首都国际机场停靠和起飞。旅客吞吐量在2012年达到8192.9万人次,仅次于美国亚特兰大机场,位居全球第二。机场和北京市区间由北京机场高速公路连接,在路况良好的情况下只需约40分钟即可到达。北京市还修建了一条北京地铁机场线,从市区东直门到达北京首都国际机场T2航站楼大约需要15分钟。北京还建有五座机场:北京南苑机场、北京良乡机场、北京西郊机场、北京沙河机场和北京八达岭机场。这些机场除南苑机场同时为军民合用外(为中国联合航空公司的基地机场),其他均为军用机场。

北京老城区(二环路以内)的城市道路是棋盘式的格局,横平竖直。东西方向的道路有长安街(复兴门至建国门)、平安大街(东四十条豁口至车公庄)、广安大街(广安门至广渠门)。南北方向的道路有中轴线,从玉蜓桥到雍和宫的东线和开阳桥到积水潭桥的西线。东线路过方庄、红桥、崇文门、东单、东四、北新桥和雍和宫;西线路过菜市口、宣武门、西单、西四、新街口。因为天安门广场和故宫的原因,北京的中轴线分为北中轴和南中轴。北中轴从地安门向北,经鼓楼、北辰路,达奥体中心;南中轴从前门向南经天桥、永定门,达三营门。南中轴和104国道重合。2014年,北京市公路里程21892千米,比上年末增加218千米。其中,高速公路里程981千米,比上年末增加59千米。年末城市道路里程6435千米,比上年末增加41千米。

3. 信息化建设优势

信息化是旅游电子商务建设的基础,建设旅游电子商务需要技术和人才的支持。

2015年北京市共有58所普通高校和80个科研机构培养研究生,全年研究生教育招生9.5万人,在学研究生28.4万人,毕业生8万人。全市90所普通高等学校全年招收本专科学生15.8万人,在校生59.3万人,毕业生15.2万人。全市成人本专科招生7.5万人,在校生20.4万人,毕业生9.5万人,具有一流的科研人才。北京是全国最大的科学技术研究基地,有中国科学院、中国工程院等科学研究机构和号称中国硅谷的北京中关村科技园区，每年获国家奖励的成果占全国的三分之一。1998年来，每年都成功举办以高新技术产业为主题的大型国际活动——北京高新技术产业国际周。这一切都为北京旅游的发展及北京旅游电子商务的发展提供了有利条件。

北京的高校非常多，每年都有大批优秀人才进入社会，为北京电子商务的发展提供了人力资源。人才对旅游的营销有着重要作用，而每年大量的优秀人才为旅游电商解决了人力这一方面的问题。另外，在线旅游的发展离不开技术，不论是预订酒店、机票等，还是游客分享自己的旅游经验都需要有技术平台支撑，而北京的高科技产业较多，技术性人才也多，这就为旅游电子商务的发展以及不断创新提供了保证。

（二）劣势分析

北京的旅游电商已经形成了比较集中的竞争格局，市场竞争比较激烈。不仅有北京本地的旅游电商之间的竞争，国内其他地区做得较好的电商在北京也有了自己的分部，例如在国内线上旅游发展势头猛的携程网在北京设立分部，这对北京本地的电商造成了一定的冲击。竞争者越多，每个企业所占的市场份额相对来说就会减少。另外，虽然北京高校多，优秀的人才多，但是也面临着一个问题，即复合型人才较少。旅游电商需要具有综合才能的人员，但是目前从业人员大多只是熟悉某一块的业务，这就造成了人力成本较高。

旅游电子商务还存在利润不高、网站重复建设严重等问题；另外，从业人员对旅游电子商务的认识较浅，专业型人才较少。

（三）机会分析

从数量上来讲，北京的电子商务企业是全国最集中的，从2012年年底的统计数据看，差不多全国80%的电子商务企业都是源自北京。

宽带网的普及为电子商务的发展带来了新的机遇。宽带接入技术与传统的拨号网相比速度快了几百倍，这是宽带得天独厚的优势，而速度对电子商务用户来说又是至关重要的。

电信改组为电子商务的发展带来了新的机遇。1999年我国电信改组是国内IT业改革的一件大事，截至2001年2月，中国电信市场已有中国电信、中国联通、移动通信、卫星通信、中国吉通、中国铁通等七家电信服务商，初步打破了垄断局面，使得用户上网资费数次下调，刺激了我国国内网民激增，为电子商务网站带来了更多的客户群。

网上银行的发展为电子商务的发展带来了新的机遇。1998年2月，招商银行在国内首先推出"一网通"网上支付服务；随后又推出由个人银行、网上商城、网上证券、企业银行构成的网络银行服务体系；截至2000年3月，其网上银行已有4000多企业用户和6万多个人用户，完成100多万笔网上交易。

各级政府的积极参与和组织为旅游电子商务的发展带来了新的机遇。作为一个发展中国家，政府主导型的电子商务是符合我国国情的。从1999年的政府上网到2002年的电子政务，都是各级政府参与和组织实施的。尤其是最近推行"互联网+旅游"发展模式，为旅游电子商务发展带来了机遇。

做旅游电子商务的越来越多，只有做得好、做得新才能在旅游市场中占据一席之地。然而，在竞争激烈的同时，也为电商们提供了一个机会，很多电商提供的产品服务都是重合的，这就使得电商不断寻求市场空白，打入自己的特色从而占据市场。垂直化专业化已经是旅游电商的发展趋势，只有抓住特色，把某一项产品与服务做到精致，运用蓝海战略，才能赢得市场。

如今消费者的需求已经出现巨大变化，多元化、个性化的消费需求是电商们面临的一大挑战，同时也是一大机遇。加大对旅游消费者的信息资料、体验和意见的收集，并科学地分析旅游消费者的消费特点，了解不同消费者的不同需求，通过对这些数据的挖掘分析，能够了解消费者需求的变化趋势，从而提供更加具有针对性、个性化的服务来提高消费者的旅游体验。对大数据的运用分析，成为许多商家们创新发展的突破点。

（四）威胁分析

潜在进入者的威胁较大。随着旅游电子商务的不断发展，有越来越多的人把目光放在这一块。具有不同业务、不同特色的旅游商涌入这个市场，对北京的旅游电商造成了一定的威胁。另外，外部竞争隐患较大。加入WTO后，中国融入经济全球化的进程明显加快，国际旅游企业巨头纷纷进军中国市场，给国内旅游企业带来了巨大竞争压力。在旅游电子商务营销领域，国外旅游企业巨头借助强大的品牌、资金和人才优势，逐渐压缩了中国旅游电子商务营销空间。北京旅游电商面临的威胁可以总结为以下几点。

1. 挑战一：认识滞后

对于新事物反应冷漠，影响了北京电子商务的推广速度。认识上的滞后是影响电子商务发展的重大障碍，也是我国许多国有企业久久不能摆脱亏损的重要思想原因。世界已进入到信息时代，竞争呈现出高速度、高强度、全方位的新特点。掌握最新技术和管理方法的国家、企业和个人处于竞争的有利地位，而认识落后的竞争者将会被市场无情地淘汰。

2. 挑战二：安全问题

安全问题是企业应用电子商务最担心的问题，而如何保障电子商务活动的安全，将一直是电子商务的核心研究领域。作为一个安全的电子商务系统，首先必须具有一个安全、可靠的通信网络，以保证交易信息安全、迅速地传递；其次必须保证数据库服务器绝对安全，防止黑客闯入网络盗取信息。对于我国来说，网络产品几乎都是"舶来品"，本身就隐藏着不安全隐患，加之受技术、人为等因素的影响，不安全因素更显突出。安全问题如果不能妥善解决，电子商务的实现就是一句空话。许多用户不愿进行网上交易，也是因为对网上交易的安全性、可靠性持怀疑态度。电子商务的安全问题，不仅涉及技术问题，同时也涉及管理问题和法律问题。我国目前尚不能批量生产自己的网络防火墙，许多银行电子储蓄系统的密码仅有 4~6 位数字，技术防范措施显然不能适应大规模电子交易的要求。电子商务交易的管理标准还没有系统制定，法律对于电子商务违法交易行为的认定尚处于摸索阶段。这些问题，都需要组织专门力量迅速加以解决。

3. 挑战三：法律问题

做生意就避免不了发生纠纷。而网上纠纷又有其独特性。Internet 是一个缺乏"警察"的信息公路，它缺少协作和管理，信息的跨地区和跨国界的传输又难以公证和仲裁，而如果没有一个成熟的、统一的法律系统进行仲裁，纠纷就不可能解决。那么，这个法律系统究竟应该如何制定，由谁来制定，应遵循什么样的原则，其效力如何保证？这些都是现在制定法律应该考虑的问题。

4. 挑战四：技术问题

传统的银行业务每笔办理时间在几秒到几分钟之间，而现在的网上银行提供的服务大多没有这么快，而且客户对交易是否成功也不能确信，只有通过账户查询。从这方面讲，现在的服务虽给银行带来了方便，但却让客户花费了过多的交易时间。另一个潜在的技术障碍是：中国的信息产品，不论是低端的 PC 机，或是网络设备、电源，还是高端的主机系统纯粹的国货不多。不论是银河系列还是曙光系列，这些高性能计算机的核心元件都得依靠美国的产品和技术，速度仍比美国的高性能计算机差几个数量级。因此，要进行大规模的电子商务活动，又有多少商家会选用国产的产品呢？况且美国在高性能计算机方面对中国的出口有严格的限制，花费巨资买回来的很可能也不是最先进的技术和产品。

5. 挑战五：信用问题

在传统的商业交易中，商业信用问题始终是个大问题。由于历史原因，我国一直不是一个法制完善的国家。商业信誉低下，企业三角债问题严重，主要原因是企业之间法制观念不强，不能严格履行合同，导致企业之间相互欠债，这种严重的三角债问题，使原来信用等级不高的商业信用更加低下，甚至影响到了银行信用。而电子商务是将传统的交易方式改为在网络平台上进行交易，通过电子计算机、网络来进行这些经济活动，电子商务虽然在多方面对传统商业交易有所改进，但在商业信用问题上仍然没有彻底地得到改观。如果说传统的交易方式里商业信用低下会产生三角债的话，那么在电子商务中，快捷的交易方式就会有更多的三角债问题产生。所以说商业信用问题是制约电子商务发展的瓶颈，也是电子商务发展中始终应该被注意到的核心问题。这一问题的解决需要通过设置合理的运行机制和运行标准，确保供需双方建立商业信用，并通过某些监督机构，保证参与交易各方按期、按质、按量支付货物和贷款。

6. 挑战六：配送体系不完善

电子商务的交易达成之后，如何快捷、准确、安全地将货物交付到消费者手中是业界人士和消费者关切的问题。目前很多是邮局递送完成配送，速度慢、费用高，因此电子商务推广难度较大。

三、北京旅游电商营销模式创新的必要性分析

在第一节我们分析了旅游业环境的变化以及旅游企业所处的行业内的竞争环境，北京旅游电商在复杂多变的环境下要取得发展，就必须进行创新。采取有效的营销方式是企业获得利润的重要前提，因此在大数据背景下，北京旅游电商要想获得长足的发展，必须对营销模式进行创新。我们从三个方面来分析北京旅游电商营销模式创新的必要性。

（一）网络与大数据提供了机遇

随着网络技术的发展，各种网络媒体的出现，其产生的大数据给企业的发展提供了良好的机遇。微博、微信、视频网站、社交网站等都产生以亿计的数据。这其中既包括预订网站中用户的预订频率、价位，也包括旅游攻略网站中用户对酒店床垫软硬的评价、对旅游景点公共服务设施是否齐全的描述，这些信息可能是文字，也可能是图片或视频音频。携程旅行网总裁范敏指出：利用这些数据进行有效的商业智能挖掘是一个企业做强做大的必由之路。正是由于大数据的出现，一批以"大数据"为标签的旅游企业创立，包括旅行计划网站、社交旅游网站、酒店整合搜索引擎、酒店声誉管理公司、有关餐厅质量检验的数据收集平台、个性化酒店预订提供商等。在大数据技术支持下，企业对营销模式的创新有了更加准确的方向与定位。

（二）消费需求的变化

随着社会经济发展模式由服务型经济模式向体验型经济模式转变，当今旅游者的出游心态、出游行为与出游目的都与传统旅游者有所不同，旅游者的消费观念和消费态度也逐渐开始向体验产品和体验服务方向转移。当代旅游者相对于传统旅游者对野外活动更具自主性和积极性，注重在野外游玩过程中的自身体验，地方特色对当代旅游者较之传统旅游者更具吸引力。如何抓住消费者的消费心理和消费爱好，对旅游产业的发展起着至关重要的作用。随着当代旅游者的思想逐渐开放，旅游独立化、个性化、自由化成为几大新特点，人们对于旅游产品的要求也发生了基本的改变，旅游者不再只是以到达旅游终点为目

的，旅游途中的体验和经历也成为他们关注的重要部分。

1. 消费结构改变

传统旅游者在旅游途中较注重物质需求，而当代旅游者更多地倾向于体验情感，对于旅游产品能否满足他们的情感需求更加重视。传统旅游者旅游只是单纯为了在景点留下足迹，这是与当代旅游者最大的不同，当代旅游者更多地注重在旅游过程中对本身情感的释放。所以当今旅游产业要想继续拓展旅游市场，其旅游产品不应仅仅局限于保质保量的原则，应将产品与旅游者紧密联系，充分考虑当代旅游者的情感需求和个性化追求，满足旅游者在体验经济的背景下对旅游产品的各种审美标准。

2. 消费内容改变

传统旅游者喜欢组团旅游，较为大众化；而当代旅游者更喜欢一个人单独旅行，追求自由与个性。由于旅游业发展速度快，导致很多旅游工作者来不及对旅游产品重新规划，不能满足当代旅游者的体验需求和消费欲望，这是很多旅游景点不景气的主要原因。当代旅游者的体验经验以及对景点的认知度较之以往有了大幅度的提升，对旅游产品的审美眼光也有了质的改变，普通的旅游产品已经不能再满足他们对消费品的体验需求，自然不能引起他们的消费欲望。近几年的旅游消费者开始倾向于年轻化、独立化以及个性化，很多旅游景点开发的旅游项目诸如探险、极限运动、美食旅游、景点一日游等，满足了大部分当代旅游者的心理需求和体验需求。

3. 消费方式转变

传统旅游者倾向于随大众旅游，所以在旅游途中进行消费的时候，大部分旅游者都会有一种被动接受消费的心态。当代旅游者更喜欢主动参与，随自己的喜好和情感需求去消费。在体验经济背景下，旅游产业的消费结构也发生了相应的改变，当代旅游者作为旅游产业的消费主体，充分考虑了个人的个性化需求、精神需求以及物质需求。这种情况下旅游产业应当更积极主动地迎合旅游者的意愿，满足他们在旅游途中主动参与体验的欲望，实现他们对自我情感释放和自我价值肯定的最终旅游目的。

抓住消费者才能赢得市场，消费需求的变化促使企业在产品与服务上进行创新，随着消费者行为习惯发生变化，企业应当跟随消费需求的变化做出新的改变。

（三）企业盈利的必要途径

利润是企业追求的最大目标，面对变化的环境以及消费需求，企业进行创新是必不可少的。如果面对新环境，企业仍然坚持原来的发展思路毫无变革，那么企业最终会被市场淘汰。营销是为企业带来利润的重要手段，在新环境下企业必须对原有的营销模式进行创新。如前所述，我国的手机网民规模不断扩大，网络媒体发展多样化，在这种情况下，企业进行营销的方式更加多元化，利用多元化的营销手段能给企业带来更多的消费者。同时，一些新的营销方式，比如微营销，还能降低企业的成本费用。

网络与大数据为企业的营销创新提供了可能性，在竞争激烈的市场环境中，企业不创新就会落后，就会被市场淘汰。同时，消费者需求的转变要求企业必须要满足消费者的需求才能够占有市场份额，才有机会获得利润。最后，营销模式的创新不仅可以为企业带来良好的营销效果，而且可以节省企业的成本。综上，进行营销模式的创新是北京旅游电商获得成功的必经之路。

第三节 大数据背景下北京旅游电商营销模式创新

在第三章我们分析了北京旅游电商传统的营销方式以及取得的营销效果，在本章的前两节我们通过分析旅游业的宏观环境以及行业的竞争环境，总结了北京旅游电商营销模式创新的必要性。在本节，我们将探讨在大数据背景下北京旅游电商营销模式的具体创新体现在哪些方面。

一、媒体营销的创新

媒体营销包括社会化媒体、新媒体、跨媒体、移动媒体、多媒体、平面媒体、数字媒体、网络媒体等。新媒体营销有四大原则：正面八卦是新媒体的趣味原则，发放福利是新媒体的利益原则，粉丝经济是新媒体的互动原则，展现差异是新媒体的个性原则。我们来分析北京旅游电商在媒体营销方面的创新。

（一）"电视+电商"模式

"电视+电商"模式即T2O模式，它是由O2O模式的基础上衍生出来的一种傍焦营销，即TV To Online，观众可以在收看节目时打开手机直接扫描节目的Logo，就能立刻购买节目同款定制的旅游产品。T2O模式采用了扫描二维码直接进入商品链接的模式，相较于进入电商网站或者通过手机网站再次进入的操作模式更为便捷，也更适应目前移动终端发展的需要。这一模式的衍生主要来源于中国的一档节目——《舌尖上的中国》，这档节目的播出直接带动了当地经济效益的提高。2014年，旅游卫视与淘宝网合作推出大型明星婚礼真人秀类节目《鲁豫的礼物》，在这档节目中，"鲁豫的礼物"被引入搜索和销售的概念，在播出时段甚至播出之前，与该节目有关的旅游线路、婚礼蜜月线路产品、婚纱、目的地等相关的产品就会在淘宝推出相关专题，电商展开各种促销活动，人们可以边看明星夫妇的婚礼，边在网上下订单。

电视广告营销在最近两年也有了变化。随着这两年综艺节目的红火，节目的冠名广告成为各个商家争夺的头衔，艺龙与《爸爸去哪儿2》进行合作，推出"万家酒店惊爆暑假"活动，在第二季好声音的广告界面中也能看到"30万家酒店，艺龙手机预订更便宜"的广告。从途牛对《爸爸去哪儿3》的冠名、携程对《奔跑吧兄弟》的冠名以及驴妈妈对《报告！教练》和《我爱挑战》的冠名可以看出：商家正在争夺如今收视不俗的综艺节目的冠名广告，从而提高自己的知名度。

在大数据引擎迅速发展的时代，用互联网思维改造电视节目，将节目打造成一个互联网平台，然后将平台、产品以及用户进行连接，实现了双方的无缝对接。

（二）网站营销方式的创新

大数据时代的到来使网站营销的传统方式发生了变化，搜索引擎、电子邮件推广、网页广告等营销方式在大数据支持下变得更加精确。消费者在网站上输入关键字搜索后，网站的后台就会记录用户的搜索历史，在进行网页广告推广的时候，网页会自动弹出用户曾经搜索过的产品与服务。另外，电子商务网站在注册的时候往往会要求用户填写电子邮件地址，根据用户的搜索历史、购买记录来分析其偏好，再根据这些偏好利用电子邮件推广合适的产品与服务。由于移动端的发展，交易的实现更加便捷，更多的网站推出手机号快捷注册，移动端完成交易的势头猛增。同时，网站可以根据用户预留的电话号进行促销活动的提醒。

在旅游电商传统的营销方式中，视频新闻是其常用的营销手段。近年来，企业利用视频网站进行营销的方式有了微妙的变化。除了原有的企业日常的新闻事件推广外，企业更多地利用社会新闻与娱乐新闻等来营销旅游产品与服务。例如，一封教师辞职信"世界那么大，我想去看看"引发一股旅游热流，旅游电商纷纷借势营销旅游产品与服务。又如，前边我们提到《鲁豫的礼物》这档节目，旅游电商根据节目中夫妻的婚礼来进行旅游目的地的营销。除了节目中提到的明星夫妻外，一些人气高的名人的婚礼成为众多人关注的对象，旅游电商借利用明星婚礼的新闻与热门话题对旅游产品进行营销。例如，姚晨大婚带动了新西兰游，张杰、谢娜的婚礼带动了香格里拉游。

（三）微信、微博、微电影、APP 等微营销

微营销是现代一种低成本、高性价比的营销手段。与传统营销方式相比，微营销主张通过虚拟与现实的互动，建立一个涉及研发、产品、渠道、市场、品牌传播、促销、客户关系等更"轻"、更高效的营销全链条，整合各类营销资源，达到以小博大、以轻博重的营销效果。移动互联网时代，社会化媒体与生活的联系更加紧密，营销传播开始迈向崭新的 3.0 时代，全新微营销浪潮迎面来袭。以 SNS、微博、微电影、微信、APP 等为代表的新媒体形式，将帮助企业实现低成本、高性价比的微营销手段。

1. 微博

微博营销是指通过微博平台为商家、个人等创造价值而执行的一种营销方式，也指商家或个人通过微博平台发现并满足用户的各类需求的商业行为方式。微博营销以微博作为营销平台，每一个听众（粉丝）都是潜在的营销对象，企业利用更新自己的微博向网友传播企业信息、产品信息，树立良好的企

业形象和产品形象。每天更新内容就可以跟大家交流互动，或者发布大家感兴趣的话题，以此达到营销的目的。

利用微博营销具有六大优势：一是操作简单，信息发布便捷；二是互动性强，能与粉丝即时沟通，及时获得用户反馈；三是成本低，微博营销的成本要比博客营销和论坛营销的成本低得多；四是针对性强，关注企业或者产品的粉丝都是本产品的消费者或者是潜在消费者，企业可以对其进行精准营销；五是信息量大，消费者可以对某一产品在购买前通过网友的评论来做购买决策或者是查找该产品的有关信息；六是覆盖面广，微博涵盖了各行各业的人士对一些问题的看法，便于网友交流。

去哪儿网在2010年4月开通微博，目前已经有209万粉丝。去哪儿网在开通微博的前期主要是发布一些企业新闻并附带官网的链接，进入2012年之后，去哪儿网的微博具备更多的互动性与人文气息，在发布企业促销活动时带有更多的趣味性，对旅游产品营销的突兀性降低，通过介绍一个地区的美景与美食，分享美图来抓住潜在消费者。以旅游攻略、旅游社交分享网站著称的蚂蜂窝也是较早开通微博的，目前已有粉丝299万。蚂蜂窝官网的微博包括美图、美景、美食，有奖转发，还有一些励志暖心话语，另外借用微博话题进行旅游目的地的营销。十六番作为旅游社区，旗下有各个不同地方的社区，消费者可以根据自己的喜好来选择加入某个社区，通过十六番还可以进行约伴。凯撒旅游自开通微博至今也有60多万的粉丝，通过及时发布旅游信息，与粉丝分享旅游经历并进行互动活动，优惠活动在微博的影响力十分明显。

2. 微信

微信的出现给众多企业营销又提供了一个平台。微信营销有四种模式：一是提高企业信息曝光率模式，主要通过"附近的人""摇一摇"和"漂流瓶"功能提高企业产品或品牌的曝光度；二是O2O会员式，微信扫描二维码功能出现后，二维码成为O2O营销的利器；三是社交分享式，有效利用移动终端持有者碎片化的时间进行营销成为一个新的关注点，"刷朋友圈"成为一种潮流；四是互动营销式，用户根据自己的兴趣点和需求关注微信公众平台，企业向用户发布公众号，吸引用户订阅，微信公众平台通过相关数据统计分析对订阅号用户细分，推送针对性的消息。

微信在传播深度与互动深度上要比微博更有优势。微信营销具有五高，即高到达率、高曝光率、高接受率、高精准度和高便利性。

（1）高到达率。信息的到达率在很大程度上决定了营销效果的好坏，这是所有营销工具最关注的地方。手机短信群发和邮件群发可能会被大量地过滤，而微信公众号群发的每一条信息都能完整无误地发送到终端手机，到达率高达100%。

（2）高曝光率。曝光率是衡量信息发布效果的另外一个指标。信息曝光率和到达率完全是两码事，与微博相比，微信信息拥有更高的曝光率。在微博营销过程中，除了少数一些技巧性非常强的文案和关注度比较高的事件被大量转发后获得较高曝光率之外，除非刷屏发广告或者用户刷屏看微博，否则，直接发布的广告微博很快就淹没在了微博滚动的动态中了。而微信是由移动即时通信工具衍生而来，天生具有很强的提醒力度，比如铃声、通知中心消息停驻、角标等，随时提醒用户收到未阅读的信息，曝光率高达100%。

（3）高接受率。据腾讯发布的微信用户报告，截至2015年3月，微信月活跃用户达到5.49亿，微信已经成为或者超过类似手机短信和电子邮件的主流信息接收工具，其广泛和普及性成为营销的基础。由于公众账号的粉丝都是主动订阅而来，信息也是主动获取，因此完全不存在垃圾信息遭到抵触的情况。

（4）高精准度。拥有粉丝数量庞大且用户群体高度集中的垂直行业微信账号，才是真正炙手可热的营销资源和推广渠道。每一位粉丝都是企业的潜在客户。

（5）高便利性。移动终端的便利性再次增加了微信营销的高效性。相对于PC而言，智能手机不仅能够拥有PC所能拥有的任何功能，而且携带方便，用户可以随时随地获取信息，而这会给商家的营销带来极大的方便。

去哪儿网微信平台不仅仅是推广企业的产品与服务、一些促销活动的展现，其微信界面的"你的旅行"可以实现界面跳转直接完成交易。去哪儿网力求在微信上实践一种小规模、高针对性、高ROI（投资回报率）的社会化营销模式。例如，一些旅游产品抢购活动只限于微信好友，好友可以通过微信平台直接进入专场促销活动的页面，在促销活动前，去哪儿网通过多维度的标签（城市、性别、咨询记录、消费记录、偏好等）筛选出目标用户做邀请。这种营销效果喜人，去哪儿在2小时封闭专场卖掉15万元的旅游产品。同时，去哪儿网将绝大部分的客户服务功能移植到微信平台，构建起微信"呼叫"中心的全方位旅客服务平台。蚂蜂窝的微信平台提供的内容更加丰富，除了订阅号日常信息的推广，蚂蜂窝微信开启强大的回复功能，消费者可以通过回复数字或相应的国家名称得知相应的旅游目的地的情况，另外有旅行指南和旅游专题来为消费者答疑解惑，同样可以通过界面实现交易。

3. APP

随着移动终端的发展以及移动网民规模的不断增长，APP成为企业进行营销创新的又一形式。由于移动网络的发展，3G/4G的覆盖以及Wi-Fi的大范围使用，用户随时随地可以通过移动客户端进行消费。手机搜索、在线咨询、景点查询、周边餐饮购物查询定位、酒店机票预订等都可以通过APP实现。旅游行业APP所具备的功能如图4-3所示。使用APP营销的优势主要有两点。

（1）精准传递客户。在传统推广上，企业都面临着"传播贵""传播难""传播无法测量"等困扰，而APP却能很好地解决这些难题。它不仅入驻成本很低，而且其嵌入式APP正吞噬着与人们生活息息相关的各行业，它的推广效应深入人心，无须大规模广告，无须大规模行销人员，就能获得很高的曝光率、转化率和成交率。

（2）用户黏性高。APP营销能够贴身黏住顾客。与传统营销模式不同，APP营销不再受时间、地点的限制，也不再只是信息单向流通。更大的不同是：从接触顾客、吸引顾客、黏住顾客，到管理顾客、发起促销，再到最终的达成销售，整个营销过程都可以只在APP这一个小小的端口内发生。

第四章　大数据背景下北京旅游电商的营销模式创新

```
                            旅游行业APP功能
   ┌──────────┬──────────────┬──────────┬──────────┬──────────┐
   首页         形象            栏目        互动        更多
 广告轮播(动画) 启动形象(组图)  热门景点   一键呼叫   旅行社简介
 栏目导航      推荐线路(3D)    推荐景点  实体店地图导航 联系我们
              服务展示         特价专区   在线咨询    版本更新
              微博传播(图文)  LBS周边定位 分享传播    提醒设置
              微信传播(图文)   景点详情   短信邀请    用户反馈
                              国内游     消息推送    帮助手册
                              境外游                 隐私保护
                              自由行                 版权说明
                              团体游
```

图4-3　旅游行业APP功能

4. 微电影

微电影营销不同于商业化的影视大片，也不同于大众言论的视频短片，它是介于两者之间的一种新媒体网络化的营销手段。微电影与微博有异曲同工之意，微博是靠一百多字、图片等有限信息支撑起大众言论平台；而微电影要想在短短十几分钟甚至几分钟内打动观众，引发关注，一靠故事性，二靠与观众的情感共鸣，用户看完一部微电影后愿意转发和评论，愿意分享，甚至愿意寻找故事中出现的人和品牌。蚂蜂窝的微电影《旅行派》，用定格动画的形式分享了几个驴友的精彩旅行故事，新颖、轻松、有趣的风格吸引众多"蜂友"和旅游爱好者。凯撒旅游宣传也借鉴了微电影的传播方式，在时长不到7分钟的企业宣传片《我是谁》中，融入了全球各地人文、风光，并以一个个精彩的微故事将外勤、产品研发经理、旅游顾问、质量检查员、领队等旅行社重要岗位的工作人员的工作状态淋漓体现。宣传片在凯撒旅游官网展示短短几日，即突破万人点击量。

二、兴奋点营销的创新

兴奋点是指人在潜意识里所具有受到刺激极易引起兴奋的敏感区域，兴奋点营销将消费者期望、终端的利益目标和制造商的经济使命联合在一起，促进不同行业间的互动与合作，在不同领域、不同行业、不同层面里跨界与联合，释放出巨大的能量。在目标人群、品牌属性、产品特征上找到共同点或互补点，实现优势叠加，优势互补，使共赢和优势放大。

众所周知，企业的产品和服务是否能够博得消费者的钟爱，就取决于是否对消费者进行了过细的分析和研究，你对他们了解多少，他们对某种商品做出购买决策的真正原因是什么？揭开谜团的关键在于必须有效地运用"恰当并且出人意料"的利益定位的方法，在消费者的脑海中寻找他们对于你的产品的期望益处的核心要点。

确定兴奋点一般要经过以下三个步骤。

（1）竞品检视测定。检视竞品的兴奋点诉求策略，在竞品强销或促销期间，在试点区域针对竞品顾客和自身已有顾客发布兴奋点诉求，观察竞品顾客的反应度以及是否具有转化倾向，观察自身已有顾客的支持率和是否被竞品转化的倾向，修正兴奋点诉求。

（2）明测写真。根据第一意念"兴奋点写真"制作出终端明测广告（POP）；发布在试点区域。观察广告发布后顾客的欢迎度和购买量与购买频率的变化，写出"市场明测兴奋点写真"提交企业的跨职能小组备案。

（3）确定兴奋点。提交企业最高决策部门，而后抄送生产、企划、市场、销售、公关各部门依据策略完善利益支撑点。

（一）综艺影视

在媒体营销中，我们提到旅游电商与电视平台的结合，通过节目效果达到营销目的，可谓是成功的兴奋点营销。一档档真人秀节目的出现使得拍摄的线路与地点成为火热的旅游目的地，旅游电商抓住消费者的心理，适时推出同款旅游服务，从而提升销售收入。大部分年轻人在出国旅游之前，都会上旅游论坛和攻略网站查找目的地的旅游攻略。蚂蜂窝相关数据显示，《奔跑吧兄弟》

第一季韩国专场播出后，两天时间内40多万人浏览并下载了首尔、济州岛相关的韩国攻略。至今韩国自由行产品都是各大旅游机构的热卖产品，"五一"赴韩国的自由行和半自由行都十分受欢迎。优酷视频与阿里进行合作推出边看边买功能，在观看节目的同时通过二维码扫描即可完成购买。如今，明星同款已经成为企业营销热点，通过综艺节目、影视剧的热播，边看边买成为新的营销点。另外一种方式是旅游电商借助电视剧以及电影的拍摄地来进行宣传，或者借助电视剧与电影的某些触动消费者的因素进行营销。例如，2014年的热播韩剧《来自星星的你》一时间火热无比，"啤酒与炸鸡"成为网络热词，旅游电商纷纷借助此次机会推出韩国游。电影《天机富春山居图》自上映时就话题不断，尽管网友对电影的褒贬不一，但是其票房依然取得了不俗的成绩，凯撒旅游借助电影这一热门话题，成功助力迪拜游。

（二）价格刺激

价格因素一直是影响消费者旅游的重要因素，消费者对价格十分敏感，价格方面的优惠与促销是引起消费者兴奋的敏感区域。除了在上一章我们提到的旅游电商的价格促销以外，如今旅游电商的促销方式更加多样化。经过2010年团购的千团大战，美团成功坐上团购网站的第一把交椅。美团凭借自身的三大优势进军旅游行业：遥遥领先的线上酒店团购市场份额、强大的地面资源整合团队以及吃喝住行一站式的服务平台性质。2011年1月，去哪儿网推出团购频道，提供高品质的产品与服务，团购成为旅游业的又一新形势。同时，限时打折、一元秒杀、新用户专享优惠、红包等价格营销方式层出不穷，随着红包热，旅游电商纷纷利用红包做文章，通过抢红包吸引大批的消费者，分享红包则有更多的优惠，在朋友圈里分享红包相当于用户为企业免费做了一次宣传。旅游电商利用用户对价格的敏感度推出多样化的价格促销方式，利用大数据对访客进行记录追踪，在价格促销时进行实时提醒，从而吸引大批用户的抢购。

（三）跨界营销

跨界合作对于品牌的最大益处，是让原本毫不相干的元素相互渗透相互融合，从而给品牌一种立体感和纵深感。跨界营销的实质是实现多个品牌从不同角度诠释同一个用户特征。在2014年，华为携手旅游社交网站蚂蜂窝，共同启动了"华为麦芒C199新品手机发布暨环青海湖骑行"活动,这是双方首次开展深度营销合作。作为华为麦芒手机第三代的新品,麦芒C199的目标群体定义为年轻一族。骑行活动是对年轻人激情、成长的主张,同样也是品牌理念的最好诠释。华为与蚂蜂窝一拍即合,很快进行了团队对接,围绕"青春"主题,共同进行旅游营销。在活动开始前一个月,华为联合蚂蜂窝,通过彼此的微博、微信共同发布了招募10名骑行者的活动通知。由于最终入选的10名骑行者能够享受"全包"的优厚待遇(全国往返西宁的免费机票、全程的免费食宿、免费车辆接送、主办方提供的专业骑行单车),活动口口相传,在全国的骑行爱好者中引发了强烈反响。蚂蜂窝的《青海湖》《环青海湖骑行》等相关旅游攻略下载量很快突破了400万次。

三、精准营销

精准营销(Precision Marketing)是在精准定位的基础上,依托现代信息技术手段建立个性化的顾客沟通服务体系,实现企业可度量的低成本扩张之路。企业需要更精准、可衡量和高投资回报的营销沟通,需要更注重结果和行动的营销传播计划,还有更注重对直接销售沟通的投资。消费者需求日益多样化,市场不断细分,大众传播的到达率越来越低。在信息化时代,顾客是企业最重要的资产,企业要确保顾客资产的保值与增值,就必须比竞争对手更快更好地满足顾客的需求。精准地了解顾客需求、锁定目标顾客、精准地沟通信息是企业提供个性化、定制化服务的前提,是维系顾客忠诚及提高企业盈利能力的基础。精准营销的理论基础是4C,精准营销真正贯彻了消费者导向的基本原则,降低了消费者的满足成本,方便了顾客购买,同时实现了与顾客的双向互动沟通。实现精准营销的核心是CRM。CRM是面向客户、关心客户、一切围绕客户为中心来运作的管理体系,它通过一套软件来实现企业的管理思路和管理模式。企业凭借强大的数据库,详细地了解每个有价值顾客的信息,定制化其市场供应品、服务、项目、信息和媒体。

企业建立以消费者数据为中心的电子商务精准营销体系,包括以下几个方面,如图4-4所示。第一,建立完善的消费者数据库,对消费者网络消费行为

第四章 大数据背景下北京旅游电商的营销模式创新

进行分析,从消费者寻找购买产品和服务到售后服务等一系列网络消费行为全程数字化,并获取分析。第二,精准细分与定位市场,根据消费者行为相关理论和相关统计工具对收集到的消费者网络行为数据进行分析,据此对企业提供产品和服务的市场进行细分。第三,精准广告投放传播,在进行精准的市场定位后,要精准地投放广告,根据消费者的喜好推荐相应的广告,使产品和服务信息准确无误地传达给消费者。第四,提供产品与服务的个性化,企业根据自己提供产品的情况尽可能提供有效的个性化产品,满足消费者的有效需求。第五,实行一对一的营销服务,主要指在交易过程中及交易结束后为消费者提供一对一的满意沟通服务,其目的是潜在的目标消费者成为企业顾客和提高现有顾客的忠实程度。第六,建立精准完善的消费者增值服务体系,开发新消费者的成本是留住现有消费者的10倍左右,因此,留住现有消费者,提高其忠诚度和重复购买率成为电子商务精准营销至关重要的因素,也将是未来继电子商务规模化效应之后的必然发展方向。

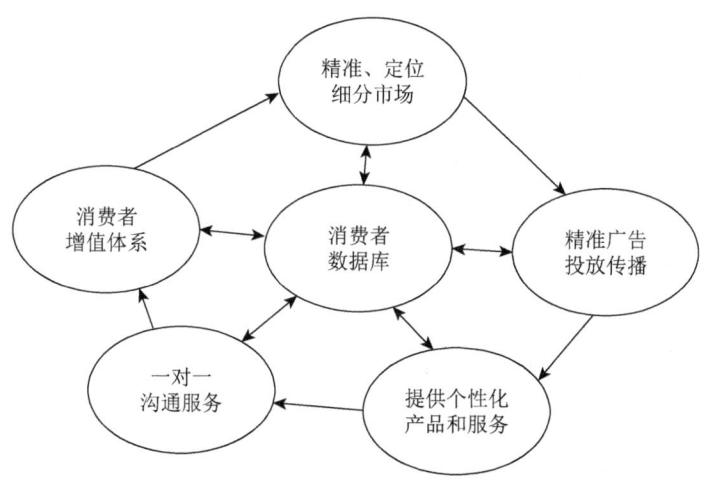

图4-4 电子商务精准营销体系

大数据的发展为电子商务精准营销提供了支持,旅游电商纷纷探索大数据技术,利用大数据实行更精准的营销。去哪儿网与百度地图合作,成为百度地图独家酒店供应商,能够准确地获得消费者的地理位置,从而推荐更加精准的产品与服务。住哪网与SOSO街景地图达成战略合作，实现了酒店预订与街景地图的无缝对接，使用户在预订酒店时不但可以看到酒店的位置，还可以通过街景地图直观地了解到酒店的外部环境以及周边的街道布局，有利于用户对选择酒店做出更恰当的判断。旅游电商推出的APP都带有自动定位系统，能够自动识别消费者的地理位置变化，一旦客户有需求进行搜索时，就会根据用户需求显示对应的产品与服务。另外，针对不同的目标顾客群，旅游电商进行市场细分，推出亲子游、探险游、老年游、情侣游等。例如，十六番旅游社区根据不同的人群按照地区划分提供不同的产品与服务，穷游网专注于出境游，蚂蜂窝则看准了自助游市场。通过市场细分与精准定位，企业可以实施更加精准的营销。

四、体验式营销

体验式营销是通过看（See）、听（Hear）、用（Use）、参与（Participate）的手段，充分刺激和调动消费者的感官（Sense）、情感（Feel）、思考（Think）、行动（Act）、联想（Relate）等感性因素和理性因素，重新定义、设计的一种思考方式的营销方法。

（一）分类

由于体验的复杂化和多样化，所以《体验式营销》一书的作者伯恩德·H.施密特将不同的体验形式称为战略体验模块，并将其分为五种类型：

1. 体验营销知觉体验

知觉体验即感官体验，将视觉、听觉、触觉、味觉与嗅觉等知觉器官应用在体验营销上。感官体验可区分为公司与产品（识别）、引发消费者购买动机和增加产品的附加价值等。

2. 体验营销思维体验

思维体验即以创意的方式引起消费者的惊奇、兴趣、对问题进行集中或分散的思考，为消费者创造认知和解决问题的体验。

3. 体验营销行为体验

行为体验指通过增加消费者的身体体验，指出他们做事的替代方法、替代的生活形态与互动,丰富消费者的生活,从而使消费者被激发或自发地改变生活形态。

4. 体验营销情感体验

情感体验即体现消费者内在的感情与情绪,使消费者在消费中感受到各种情感,如亲情、友情和爱情等。

5. 体验营销相关体验

相关体验即以通过实践自我改进的个人渴望,使别人对自己产生好感。它使消费者和一个较广泛的社会系统产生关联,从而建立对某种品牌的偏好。

(二)策略

1. 体验营销感官式

感官式营销是通过视觉、听觉、触觉与嗅觉建立感官上的体验。它的主要目的是创造知觉体验的体验。感官式营销可以区分公司和产品的识别,引发消费者购买动机和增加产品的附加值等。以宝洁公司的汰渍洗衣粉为例,其广告突出"山野清新"的感觉:新型山泉汰渍带给你野外的清爽幽香。公司为创造这种清新的感觉做了大量工作,后来取得了很好的效果。

2. 体验营销情感式

情感式营销是在营销过程中触动消费者的内心情感,创造情感体验,其范围可以是一个温和、柔情的正面心情,到欢乐、自豪甚至是激情的、强烈的激动情绪。情感式营销需要真正了解什么刺激可以引起某种情绪,以及能使消费者自然地受到感染,并融入这种情景中来。在"水晶之恋"果冻广告中,我们可以看到一位清纯、可爱、脸上写满幸福的女孩,依靠在男朋友的肩膀上,品尝着他送给她的"水晶之恋"果冻,就连旁观者也会感觉到这种"甜蜜爱情"的体验。

3. 体验营销思考式

思考式营销是启发人们的智力,创造性地让消费者获得认识和解决问题的体验。它运用惊奇、计谋和诱惑,引发消费者产生统一或各异的想法。在高科技产品宣传中,思考式营销被广泛使用。1998年苹果公司的IMAC计算机上市仅六个星期,就销售了27.8万台,被《商业周刊》评为1998年最佳产品。IMAC的成功很大程度上得益于一个思考式营销方案。该方案将"与众不同的思考"的标语，结合许多不同领域的"创意天才"，包括爱因斯坦、甘地和拳王阿里等人的黑白照片。在各种大型广告路牌、墙体广告和公交车身上，随处可见该方案的平面广告。当这个广告刺激消费者去思考苹果计算机的与众不同时，也同时促使他们思考自己的与众不同，以及通过使用苹果计算机而使他们成为创意天才的感觉。

4. 体验营销行动式

行动式营销是通过偶像角色如影视歌星或著名运动明星来激发消费者，使其生活形态予以改变，从而实现产品的销售。在这一方面耐克可谓经典。该公司的成功主要原因之一是有出色 JUST DO IT 广告，经常地描述运动中的著名篮球运动员迈克尔乔丹，从而升华身体运动的体验。

5. 体验营销关联式

关联式营销包含感官、情感、思考和行动或营销的综合。关联式营销战略特别适用于化妆品、日常用品、私人交通工具等领域。美国市场上的"哈雷牌"摩托车，车主们经常把它的标志纹在自己的胳膊上，乃至全身。他们每个周末去全国参加各种竞赛，可见哈雷品牌的影响力不凡。

体验营销是指企业营造一种氛围，设计一系列事件，以促使顾客变成其中的一个角色尽情"表演"，顾客在"表演"过程中将会因为主动参与而产生深刻难忘的体验，从而为获得的体验向企业让渡价值。体验营销以向顾客提供有价值的体验为主旨，力图通过满足消费者的体验需要而达到吸引和保留顾客、获取利润的目的。

（三）实施模式

体验营销的目的在于促进产品销售，通过研究消费者状况，利用传统文化、现代科技、艺术和大自然等手段来增加产品的体验内涵，在给消费者心灵带来强烈的震撼时促成销售。

体验营销主要有以下八种实施模式。

1. 体验营销节日模式

每个民族都有自己的传统节日，传统的节日观念对人们的消费行为起着无形的影响。这些节日在丰富人们精神生活的同时，也深刻影响着消费行为的变化。随着我国的节假日不断增多，出现了新的消费现象——"假日消费"，企业如能把握好商机便可大大增加产品的销售量。

2. 体验营销感情模式

感情模式通过寻找消费活动中导致消费者情感变化的因素，掌握消费态度形成规律以及有效的营销心理方法，以激发消费者积极的情感，促进营销活动顺利进行。

3. 体验营销文化模式

利用一种传统文化或一种现代文化，使企业的商品及服务与消费者的消费心理形成一种社会文化气氛，从而有效地影响消费者的消费观念，进而促使消费者自觉地接近与文化相关的商品或服务，促进消费行为的发生，甚至形成一种消费习惯和传统。

4. 体验营销美化模式

由于每个消费者的生活环境与背景不同，对于美的要求也不同，这种不同的要求也反映在消费行为中。

人们在消费行为中求美的动机主要有两种表现：一是商品能为消费者创造出美和美感，二是商品本身存在客观的美的价值。这类商品能给消费者带来美的享受和愉悦，使消费者体验到美感，满足其对美的需要。

5. 体验营销服务模式

对企业来说，优越的服务模式可以征服广大消费者的心，取得他们的信任，同样也可以使产品的销售量大增。

6. 体验营销环境模式

消费者在感觉良好的听、看、嗅过程中，容易产生喜欢的特殊感觉。因此，良好的购物环境，不但迎合了现代人文化消费的需求，也提高了商品与服务的外在质量和主观质量，还使商品与服务的形象更加完美。

7. 体验营销个性模式

为了满足消费者个性化需求，企业开辟出一条富有创意的双向沟通的销售渠道。在掌握消费者忠诚度之余，满足了消费大众参与的成就感，同时增进了产品的销售。

8. 体验营销多元化

现代销售场所不仅装饰豪华，环境舒适典雅，设有现代化设备，而且融购物、娱乐、休闲为一体，使消费者在购物过程中也可娱乐休息，同时也使消费者自然而然地进行了心理调节，从而还能创造更多的销售机会。

对于企业行业来说，体验营销就是服务企业有意识地以服务作为舞台，以店内设施、产品作为道具，通过精心设计，使客人以个性化的方式融入其中，从而形成难忘的事件。

在体验营销模式中，企业的角色就是搭建舞台、编写剧本。顾客的角色是演员。而联系企业和顾客的利益纽带则为体验。开展体验营销要求企业深入体察顾客的心理，准确掌握顾客需要何种类型的体验。

运用体验式营销的企业很多，因为企业可以通过创造营销"体验"，增加市场对核心产品的需求，或者成为潜在客户建立关系和达成交易的起点，而且，这种营销方式的效果比较明显。

随着消费形态的转变，经济演进的过程从农业经济、工业经济、服务经济转变至体验经济，伯德·施密特博士（Bernd H.Schmitt）在他所写的《体验式营销》（*Experiential Marketing*）一书中指出，体验式营销是站在消费者的感官（Sense）、情感（Feel）、思考（Think）、行动（Act）、关联（Relate）五个方面重新定义、设计营销的思考方式。这种思考方式突破了传统的"理性消费者"的假设，他认为消费者在消费时是理性与感性兼备的，消费者在消费前、消费时、消费后的体验才是研究消费者行为与企业品牌经营的关键。体验营销的重要性体现在四个方面：消费者的情感需求比重在增加；消费需求的日趋差异性、个性化、多样化；消费者价值观与信念迅速转变；消费者关注点向情感性利益转变。

感官营销的诉求目标是创造知觉体验的感觉，它经由视觉、听觉、触觉、味觉与嗅觉。感官营销可区分为公司与产品、引发顾客购买动机与增加产品的附加价值等；情感营销诉求顾客内在的感情与情绪，目标是创造情感体验，其范围可以是一个温和、柔情的正面心情、到欢乐、自豪甚至是激情的强烈的激动情绪；思考营销诉求的是智力（Intelligence），以创意的方式引起顾客的惊奇、兴趣、对问题集中或分散的思考，为顾客创造认知和解决问题的体验；行动营销的目标是影响身体的有形体验、生活形态与互动；关联行销包含感官、情感、思考、与行动营销等层面。关联营销超越私人感情、人格、个性，加上"个人体验"，而且与个人对理想自我、他人，或是文化产生关联。

旅游电商借助旅游类真人秀节目进行体验式营销，《爸爸去哪儿》《花样爷爷》中，携程旅行网参与了部分合作和产品研发；在《花样姐姐》中，途牛旅游网时不时在电视上弹出出游提示。真人秀节目将行程中景区景点的真实感受以电视节目的形式记录下来，让消费者通过节目感同身受，再将明星行走的线路包装后推销，以此来使消费者产生旅游欲望，可谓是明星先替消费者体验了一把。旅游企业的产品主要针对大众休闲度假市场，与真人秀节目合作，开拓体验式旅游营销渠道，利用明星的感召力在电视节目目标观众及网络年轻人群中扩大旅游企业的知名度和影响力，对品牌宣传起到促进作用。

去哪儿网招聘"试睡员"引起大家的热议。2009年12月，去哪儿网在全国485个城市同时启动招聘"万元月薪酒店试睡员"计划。招聘的人才重点服务于中国最大酒店点评系统的搭建。试睡员的工作内容主要为搜寻与探索中国最具特色的酒店与最新开业的酒店；工作期间内不定期免费入住酒店，进行酒店点评，发表点评内容；收发、回复用户信件或问题，不定期接受媒体采访；维护个人博客，分享第一手酒店图片与影片。通过试睡员的感受与点评，去哪儿网进行体验式营销。

2012年，酷讯旅游网发布招聘旅游体验师的招聘信息，其职责是免费体验国内外旅游线路，然后将旅途中的关于交通、住宿、美食、风景、见闻等各个环节的体验进行微博直播，通过文字、照片和视频等多种形式与网友在线共享，并最终对该条旅行线路给出综合的真实性体验评价，为旅游爱好者提供可靠的参考。酷讯的体验师大多为专业人士，走的是"精英路线"。

五、病毒式营销

病毒式营销是一种常用的网络营销方法，常用于进行网站推广、品牌推广等。其信息传递策略是通过公众将信息廉价复制，告诉给其他受众，从而迅速扩大自己的影响。病毒式营销利用的是用户口碑传播的原理，在互联网上，这种口碑传播更为方便，是一种高效的信息传播方式。通过引导人们发送信息给他人或吸收朋友加入某个程序来增加企业知名度或销售产品与服务，可以通过电子邮件、聊天室交谈、在网络新闻组或者消费者论坛发布消息推销。由于这种传播方式是用户之间自发进行的，因此费用低廉。

美国著名的电子商务顾问 Ralph F. Wilson（拉尔夫·威尔逊）博士将有效的病毒式营销战略归纳为六项基本要素，并指出病毒式营销战略不一定要包含所有要素，但是，包含的要素越多，营销效果可能越好。六个基本要素主要包括：提供有价值的产品或服务；提供无须努力地向他人传递信息的方式；信息传递范围很容易从小向大规模扩散；利用公共的积极性和行为；利用现有的通信网路；利用别人的资源。

（一）论坛发帖推广

论坛发帖推广关键在于分析各种论坛的特性，投其所好，区别对待。例如，同样是摄影论坛，有的适合简单发布信息，而有的适合深度沟通。旅游度假、风光摄影、小区论坛、驴友俱乐部、汽车俱乐部等都适合旅游主题，可以制作有针对性的帖子，且帖子标题都会暗含官网的关键词，这样便于搜索引擎抓取，形成相互借势。注册大量"马甲"对帖子定期跟帖互动，使其长期处于热帖行列同样重要。

（二）社交网站推广

开心网、人人网这样的社交网站具有互动性强、会员关系密切的优点，用户基数非常大，是网络营销的有力工具。例如，开心网核心用户以公司白领为主，地域特征明显，女性参与度高。可采取针对性的方式就是使用转帖功能，找几个好友数量比较多的用户，把精心准备的帖子想办法使其帮忙转发给所有好友，短时间内形成病毒式营销一呼百应的态势。2011年，去哪儿网先后与开心网和腾讯 WebQQ 合作，在开心网上推出旅游搜索组件，在腾讯 Web 开放平台上推出旅游搜索应用，实现了社交网络与在线旅游的优势互补。酷讯旅游网推出旅游 SNS 手机客户端"一起玩"，将海量的旅行资讯在线上展示出来，帮助用户计划、分享。

移动互联网时代，人们对于移动终端设备的依赖越来越强，如何有效利用移动端持有者碎片化的时间进行营销成为大家的关注点。随着微博、微信的使用，新的传播媒介更加便捷。微博的热门话题、微信的热文都是好的营销机会，利用大数据识别用户后，企业通过发布有针对性的、有趣的新闻资讯或是活动等吸引粉丝，粉丝通过转发影响到身边的朋友，因此，传播的速度呈几何式的增长，引发病毒式传播。同样，微信朋友圈的传播力量不可小觑，用户不仅可以在朋友圈中分享个人的心情、关注好友动态，还可以分享自己感兴趣的第三方提供的信息。刷爆朋友圈的各种新闻资讯、产品等都能火爆一时，通过朋友圈，企业品牌信息就会呈病毒式传播，有效地提高了品牌的传播力度，形成口碑营销。旅游社交网站蚂蜂窝正是利用用户生成内容逐渐被大家认可，可见消费者的口碑效应可以成为企业营销的一大利器。

六、一对一营销

一对一营销（One-To-One Marketing）亦称"121营销"或"1对1营销"等，是一种客户关系管理（CRM）战略，它为公司和个人间的互动沟通提供具有针对性的个性化方案。一对一营销的目标是提高短期商业推广活动及终身客户关系的投资回报率（ROI），最终目标是提升整体的客户忠诚度，并使客户的终生价值达到最大化。一对一营销战略核心是建立"关系品质"，即与每一位顾客建立学习的关系，记得每一位顾客的喜好。营销策略有非常重要的四步：识别客户、对客户进行差异分析、与客户保持积极接触、调整产品或服务以满足每位顾客的需要。

网络营销带来的营销策略组合的变革，为旅游企业有效开展一对一营销另辟蹊径，主要包括如下几个方面。

（一）个性化服务

网络营销使旅游企业以较低的成本建立基于互联网的全球信息传播管道，通过网页接触潜在的新顾客。通过网络回馈的大量信息经过计算机的处理和加工，反映出消费者的不同需求，从而使面对消费者的服务和营销更趋于个性化。随着信息产业的发展，旅游企业已有能力对越来越小的细分市场提供产品和服务,一对一营销成为可能。

(二)交互式服务

网络与大数据的发展使得旅游者不仅可以接收旅游企业发出的信息,而且可以通过聊天室、电子广告牌等提出自己的问题,以征得企业的解答;也可以和其他旅游者交流旅游体会和经验,这种一对一互动沟通对旅游者所产生的促销效果会更好。潜在的旅游者还可以借助网络与旅游企业人员对话,了解自己感兴趣的产品和服务并提出问题。旅游企业可根据旅游者的要求改进已有的产品或定制新产品。这种双向互动的沟通方式提高了旅游者的参与性和积极性,更重要的是它能使企业的营销决策有的放矢,从根本上提高旅游者满意度。

例如,携程旅行网、艺龙旅行网、同程旅行网等有明确的网络营销概念和思路,提供旅游咨询、在线交流,一定程度上较好地整合了旅游服务资源和技术服务资源,为更广大的旅游者(包括各类商务、公务旅游者)提供了很好的网上互动交流平台。

(三)定制化服务

定制服务是一对一营销的最后一步。网络营销不仅能使旅游企业以满足旅游者需求为中心提供个性化服务、交互式服务,而且能使旅游企业的营销部门和其他部门互动再造进行以定制服务为目标的新流程。通过网络收集到潜在旅游者的信息,运用复杂的数据存储和分析技术分析旅游者信息,可以找到为旅游企业带来最大利益的旅游者群体,然后针对他们各自的特点提供定制化的产品和服务,以保留住这些最有价值的顾客。

第五章 大数据背景下北京旅游电商的营销效果

大数据对北京旅游电商的营销创新有着深远的影响，在第四章我们具体分析了北京旅游电商营销模式创新之处，本章我们将进入对北京旅游电商营销模式创新效果的分析，从具体的营销效果来分析北京旅游电商营销模式的创新。

第一节 大数据对北京旅游电商营销创新的影响

大数据为北京旅游电商营销模式创新带来了一次革命，实现了传统营销不能解决的诸多问题，为企业的营销模式创新提供了技术支持。本节我们将具体阐述大数据的价值，并在此基础上分析大数据对北京旅游电商营销模式创新的影响。

一、大数据的价值

大数据最核心的价值在于对海量数据进行存储和分析，相比其他技术而言，大数据拥有廉价、迅速、优化的优势。然而，在大数据掀起一股股热潮的同时，也有人对大数据提出了质疑的看法。

大数据时代已经到来，我们生活在一个信息量更大的社会中。46亿全球移动电话用户有20亿人访问互联网，人们比任何时候都与数据或信息交互。大数据具有规模性、高速性、多样性、而且无处不在等全新特点，具体地说，是指需要通过快速获取、处理、分析和提取有价值的、海量、多样化的交易数据、交互数据为基础，针对企业的运作模式提出有针对性的方案。沃尔玛每隔一小时处理超过 100 万客户的交易，数据库录入量估计超过 2.5 PB，相当于美国国会图书馆书籍的 167 倍。解码最原始的人类基因组花费 10 年时间处理，如今可以在一个星期内实现。

从商业价值来看，大数据究竟能在哪些方面挖掘出巨大的商业价值呢？根据 IDC 和麦肯锡的大数据研究结果的总结，大数据主要能在以下四个方面挖掘出巨大的商业价值：对顾客群体细分，然后对每个群体量体裁衣般地采取独特的行动；运用大数据模拟实境，发掘新的需求和提高投入的回报率；提高大数据成果在各相关部门的分享程度，提高整个管理链条和产业链条的投入回报率；进行商业模式、产品和服务的创新。

如今消费者的注意力更加高度聚焦，媒体虽然是高度分散的，但是有价值、有吸引力的信息是更聚焦的，因为传播的内容是介质。要做到聚焦，前提是传播的信息要有吸引力，这就与广告营销中的创意有极大的关联。而大数据的技术消除了创意的边界，使新的可能得以诞生[①]。

（一）实时数据萌发创意

在数据挖掘与分析的基础上直接把数据转变为创意。例如，The Museum of Me 是由 Intel 推出的趣味网站，是一个将 19 世纪盛行的博物馆理念转变为如今的私人纪念馆的项目，利用 Facebook 上的记录创建属于自己的虚拟博物馆，将自己丰富多彩的社交网络生活拍摄成为一部超炫的影片传记。

（二）为消费者量身定制创意

将大数据用于数字营销，则出现了动态创意这个技术。在营销传播中，可按不同受众的特性，实时"组装"不同的创意呈现。动态创意可支持多种广告形式，包括横幅广告、手机广告以及视频。除按受众的兴趣以及上网地点来发送量身创意外，还可通过不同的定向条件（如人口属性、上网时间、当地天气

---

① 廖波. 大数据时代市场营销模式变革思考 [D]. 毕业论文网.

等）想出不同的创意，进行更量身的传播。

（三）广告公司传统作业模式被颠覆

奥美广告亚太区总裁韦棠梦表示：他们在发布威士忌品牌尊尼获加"语路计划"之后，每隔几天就根据消费者在社交媒体上的热点话题创作出一个新创意，"以前我们可能会用三个月的时间做一张海报，但现在可能必须用两天的时间做出来，之后根据这个项目在社交媒体上的表现，不断做出新的创意，项目的作业团队也会更精简"。这就是大数据带来的变化，基于实时的数据挖掘技术，广告公司可以根据表现不断更换创意，必要时，甚至可以使用上百个不同创意的广告来量身投放，针对单独的受众投放定向广告。

二、大数据对北京旅游电商营销模式创新的影响

在大数据到来之前，企业通常利用 CRM 系统中的顾客信息、广告效果、展览等线下活动的效果等营销数据来分析企业的营销效果，虽然这些数据来源提供了一些信息，但是不足以给出重要的洞察和发现。什么样的实时优惠对某个用户更有效？基于此用户的偏好，哪种网络页面能产生更好的服务效果？当一个潜在客户填写了网页表格后，跟他敲定一笔交易的可能性有多大？在一天的特定时间段中，哪种促销方式最有效？当一个用户被营销活动覆盖到后，他在六个月内购买的机会有多大？等等，这些问题将会在大数据的帮助下得到答案。如今，在几年前不存在的数据，如官方网站登录数据、社交媒体数据、邮件数据、地理位置数据等非结构性数据，正在不断增加。

一般来说，企业的数据可以分为三种类型：结构化数据、半结构化数据和非结构化数据。其中，85% 的数据属于广泛存在于社交网络、物联网、电子商务等之中的非结构化数据。这些非结构化数据的产生往往伴随着社交网络、移动计算和传感器等新的渠道和技术的不断涌现和应用。企业用以分析的数据越全面，分析的结果就越接近于真实。大数据分析意味着企业能够从这些新的数据中获取新的洞察力，并将其与已知业务的各个细节相融合。传统的数据来源与大数据的结合对企业的营销产生了重大影响。总的来说，大数据的到来改变了企业的营销效果，主要体现在对原有营销方式价值的再次发掘、营销策略的

优化、更完整的消费者属性、消费者细分四个方面。下面一一分析大数据对旅游电商营销在这四个方面的影响。

（一）对原有营销方式价值的再次发掘

在第三章中我们提到了北京旅游电商的传统营销模式，媒体营销、关系营销、品牌营销等是企业常用的营销方式，但是这种传统的营销方式在对消费者洞察和预测分析方面有着局限性。随着大数据的到来，这些传统营销方式的价值得到进一步的挖掘。在媒体营销方面，随着大数据的应用，企业可以分析出消费者对某种媒体的偏好，从而有针对性地投放。例如，"电视+电商"模式即是一种大数据应用的创新，把传统的模式与新的要素结合起来。在网站营销方面，通过追踪消费者的浏览记录与消费记录分析消费者的喜好，搜索引擎与电子邮件可以根据消费者的兴趣进行推广营销，从而提高营销效率。这些都是大数据给传统营销方式带来的创新。

（二）营销策略的优化

通过大数据对消费者的浏览历史以及与消费者的互动与沟通分析，可以了解消费者的需求变化，以便企业做出相应的调整，推出新的产品与服务。旅游电商可以根据消费者对某类产品的浏览时间与次数，或者是消费者的咨询与反馈，及时地调整企业的营销策略。根据消费者的心理，有重点、有层次地进行营销。

（三）更完整的消费者属性

通过丰富的消费者数据，包括网站浏览数据、社交数据和地理追踪数据等，可以绘制出更完整的消费者行为描述。消费者的年龄、受教育程度、所在地区以及消费者浏览网站的时间变化趋势等都可以通过大数据分析得到。通过消费者社交网站的关联与应用，消费者社交圈里的朋友又成为企业的潜在消费者。通过对消费者属性更加完整的分析，企业可以了解消费者的心理，预测市场的发展方向。

（四）消费者细分

消费者细分是企业进行有效营销的重要条件，不同的消费群体有不同的消费心理与消费习惯。消费者细分并不是一个新鲜的概念，但是大数据时代中更多的数据以及更好的分析工具，使商家能够以多种不同的维度对消费者进行细分，不仅仅是简单的划分群体，而是真正做到个性化。例如，在原有的传统市场调研数据和购物历史数据之上，企业可以追踪和利用更多数据（如网络上的点击、浏览记录）来更好地细分消费者。大数据出现之前，企业对消费者的行为以及消费者细分的工作分析处理起来十分困难，而大数据的出现使企业对消费者细分得以实现，通过不同维度分析某类消费者群体的需求，从而得到更为准确的信息。

第二节　北京旅游电商创新营销效果分析

大数据为北京旅游电商营销模式的创新提供了有力支持，通过营销模式的创新，旅游电商的营销效果有了明显的改善。企业营收有了极大的提高，知名度得到了提升，消费者的用户体验得到了改进，满意度得到了提高。下面我们从不同的营销模式来一一分析企业的营销模式创新效果。

一、媒体营销新创意

随着移动网民规模的不断扩大，移动终端的营销方式成为企业新的关注点。消费者接收信息的方式逐渐发生变化，在某些时间段，移动端的浏览量已经超越 PC 端的浏览量，如何利用消费者碎片化时间进行营销成为企业营销发展的新趋势，微博、微信、APP 作为有效的新媒体营销方式被广泛使用起来。

（一）微博营销

微博营销如今是企业常用的营销手段之一，企业借助微博平台进行品牌推广、产品宣传等营销活动，其对象范围广泛，营销主题多样。微博营销的评价指标不仅包括粉丝数量指标，还包括活跃粉丝数、转发量、评论数、话题量等，如表 5-1 所示。只有微博用户受到企业营销活动的影响并采取行动才可以说企业的营销效果是有效的。

表5-1 微博营销用户产生的行动及量化指标

微博用户产生的行动	量化指标
关注企业微博	粉丝数
	活跃粉丝数
转发微博信息	平均转发数
评论微博信息	平均评论数
创造相关信息	净话题量

企业的官方微博可以直接影响消费者对企业的认可与评价，通过微博培养粉丝、经营粉丝可以使企业获得良好的口碑效应。图5-1所示为几大在线旅游企业微博粉丝数与微博数量，庞大的粉丝群是企业进行营销的一大优势。

驴妈妈	携程旅行网	阿里旅行
粉丝数：4 548 380	粉丝数：4 413 999	粉丝数：3 824 730
微博数：17 738	微博数：23 499	微博：6163
蚂蜂窝	穷游网	途牛网
粉丝数：2 971 493	粉丝数：2 813 864	粉丝数：2 411 729
微博数：25 319	微博数：36 771	微博数：23 970
艺龙网	去哪儿网	乐途旅游网
粉丝数：2 366 431	粉丝数：2 068 337	粉丝数：1 532 022
微博数：17 621	微博：18 543	微博：8699

图5-1 在线旅游企业微博粉丝数与微博数量（截至2015年7月）

数据来源：新浪微博

微博营销分析模型如图5-2所示。如何在整个营销过程中得到最后良好的营销效果，主要受四个因素的影响：微博发布频率、微博意见领袖资源、微博表达方式、微博内容特点[①]。

---

① 王伶俐，闫强，企业微博与营销效果的关系研究，北京邮电大学学报，2014，4。

第五章 大数据背景下北京旅游电商的营销效果

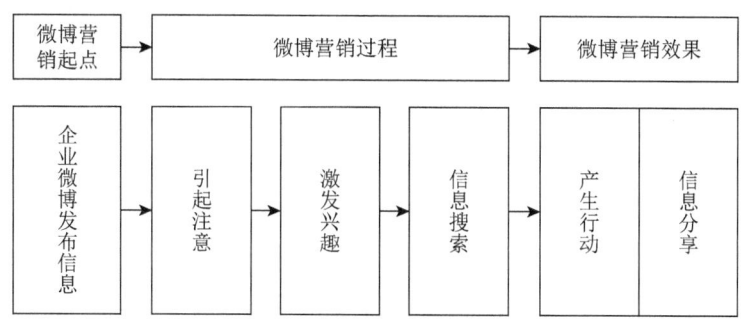

图5-2 微博营销分析模型

1. 微博发布频率

微博发布频率太高会引起用户的疲劳与反感，发布频率低则会使用户对企业的关注程度低，适度的发布频率能够有效提升营销效果。携程旅行网的主微博平均一天更新12条左右，附属服务微博平均每天更新10条左右。在大数据支持下，企业可以了解到用户使用微博的时段特征，通过时段特征分布的分析更加有效地发布微博信息。

2. 微博意见领袖资源

能频繁影响他人态度或行为的人称之为意见领袖，拥有高质量的信息常常是成为意见领袖的基本条件。随着网络信息的大幅增加，人们更倾向于相信从意见领袖处获得的信息，微博的兴起为意见领袖的活动提供了新的平台，拥有更多粉丝的用户意见能产生更大的影响，引导意见领袖去讨论或传播企业微博信息是提高营销效果的极为有效的方法。旅游电商推出的旅游体验师、酒店试睡员以及一些自媒体的微博都有相当大的一批粉丝，通过这些微博的推广，都极大地提升了旅游电商的营销效果。

3. 微博表达方式

微博信息可以借助文字、图片、视频以及超链接的方式进行表达，在表达不同信息时，各表达方式往往具有不同的效果。文字形式会影响消费者对产品功能效用的评价；视觉刺激会影响消费者审美方面的评价；视频媒介具有视听兼备、信息量大等特点；视频中强烈的刺激，会不由自主地引起人的注意；信息中链接的使用为用户获取更多内容提供了方便。不同方式的运用可以帮助企业更好地传播信息。去哪儿网最初发布的微博大多是为了推销旅游产品,是单一的复制式模仿,因此营销效果不佳。近年来,去哪儿网在微博营销的表达方式有了变化,其粉丝数量正在不断增长。

4. 微博内容特点

企业微博建立在企业品牌基础上,进行微博营销是对品牌关系的建立和维系,有学者将品牌关系归纳为工具型关系和情感型关系。根据美国营销协会定义委员会对广告的定义,企业微博信息也属于广告的一种方式,当广告中含有产品客观事实的线索时,该广告被认为是理性广告,否则为情感广告。如今,情感型关系是众多企业更加注重的营销方式,由于微博是一个互动平台,因此企业在微博营销中应更加注意与粉丝的情感关系维护。去哪儿网在前期之所以做得不够好,是因为存在语言生硬、互动少等问题。另外,通过大数据可以分析出微博粉丝属性,从而使企业在推广信息中更加有重点。例如,去哪儿网分析出微博粉丝的女性占比达到60%,在年龄结构上18~34岁的年轻人占到80%左右[①],因此,企业在发布微博时需要更多考虑这一消费群体的喜好。

微博营销的这四个方面直接决定着最终的效果,企业唯有把四个方面做好才会有良好的营销效果,去哪儿网在微博中的改进正是意识到了自己所存在的问题。如今,去哪儿网发布的微博互动性增多,其转发量与评论量也在逐渐增加。

(二)微信营销

微信营销的评估要素包含五个方面:互动频率、功能使用、粉丝数、粉丝评价、企业转换率,如图5-3所示。微信的互动频率是指粉丝对于企业微信公众账号的使用频率;功能使用主要包括基于内容的功能、营销设计功能、实用功能;粉丝数的评估要基于企业对于微信营销的要求,以及功能的使用情况、企业品牌的传播力度等;粉丝评价是企业最能直观看到的微信营销效果的方式之一,观看粉丝的评价以及利用大数据对粉丝进行调研就可以知道企

---

① 数字来源:新浪数据 http://data.weibo.com/index/attribute。

业的营销效果；企业转换率包括企业品牌知名度的转换、企业相关类似 WAP 页访问量的转换、基于微信的产品销售情况的转换、企业产品咨询量的转换等。

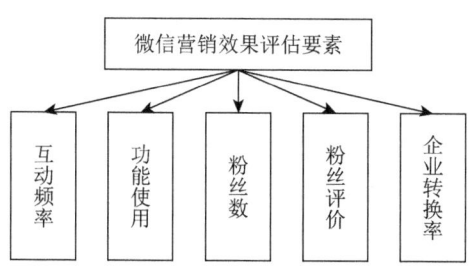

图5-3 微信营销效果评估要素

微信可以实现在线预订机票、酒店等功能，微信支付功能优化了支付流程，提升了用户体验。同程网自2012年的下半年到2013年第一季度，在门票预订中有10%的增量来自微信。来自去哪儿网的数据显示：微信支付接入不到两周，微信支付的交易量即超过1000万元。2015年6月1日腾讯发布"2015年微信用户数据报告"，根据报告显示：截至2015年第一季度，微信已经覆盖中国90%以上的智能手机，月活跃用户达到5.49亿，各品牌的微信公众账号总数已经超过800万个，移动应用对接数量超过85 000个，微信支付用户则达到了4亿左右。微信直接带动的消费支出中，娱乐占53.6%，公众平台占20%，购物占13.2%，出行占了11.3%，餐饮占2%。

（三）APP

随着移动互联网的兴起，越来越多的互联网企业、电商平台将APP作为销售的主战场之一，APP给电商带来的流量远远超过了传统互联网（PC端）的流量，通过APP进行盈利也是各大电商平台的发展方向。手机终端的便捷以及APP每天流量的增加，为企业积累了更多的用户，同时也提高了用户的忠诚度以及活跃度。图5-4所示为2015年6月国内旅游应用（APP）下载量监测及排名（安卓系统），从下载量可以看出，移动端的应用依然具有较强的增长势头。

2015年6月国内旅游应用（APP）下载量监测及排名（安卓系统）

排名	APP名称	下载量（万）	排名	APP名称	下载量（万）
1	携程旅行	71 431.0	26	航旅纵横	2129.7
2	去哪儿旅行	69 782.8	27	途家	2072.2
3	滴滴打车	55 621.8	28	艺龙酒店	2068.1
4	快的打车	44 880.4	29	8684火车	1955.2
5	同程旅游	43 537.1	30	住哪儿订酒店	1718.4
6	途牛旅游	31 672.7	31	搭伴玩旅行交友	1580.5
7	艺龙旅行	26 058.1	32	淘在路上社区	1486.2
8	航班管家	20 537.5	33	华住酒店	1312.5
9	飞常准	16 030.5	34	易到用车	1269.5
10	驴妈妈旅游	12 870.5	35	大拇指旅行	1246.0
11	高铁管家	12 355.4	36	高铁达人	1167.2
12	智行火车票	10 273.4	37	超级火车票	1110.6
13	到到	9084.6	38	火车票实时查询系统	1065.2
14	蘑莫旅行	7603.6	39	穷游	994.2
15	旅游攻略	6902.8	40	神州租车	804.8
16	铁友火车票	6141.1	41	景点特价门票	739.4
17	酷讯机票	5952.1	42	淘在路上	737.9
18	阿里旅行·去啊	3558.1	43	掌上如家	729.9
19	超级指南针	2971.2	44	南方航空	564.6
20	百度旅游	2883.3	45	米途订酒店	545.5
21	面包旅行	2792.6	46	悠哉旅游	516.5
22	铂涛会	2790.7	47	蚂蜂窝自由行	497.9
23	一号专车	2483.6	48	去哪儿攻略	488.1
24	旅行翻译官	2457.0	49	景点通	480.5
25	114商旅	2293.9	50	芒果旅游	472.1

备注：以上各APP下载量由安卓市场、91助手、木蚂蚁、安智市场、百度手机助手、豌豆荚、应用宝、应用汇、360手机助手、机锋市场、搜狗市场、华为应用市场、联想乐商店、OPPO软件商店、易用汇、魅族Flyme、3G门户等十七个国内最主流安卓应用市场汇总得出，仅供参考。

监测发布：劲旅咨询—劲旅智库　　　　　　监测时间　2015.6
©劲旅智库2015　　　　　　　　　　　　　www.ctcnn.com

图5-4　2015年6月国内旅游应用（APP）下载量监测及排名（安卓系统）

数据来源：劲旅咨询

图5-5所示为去哪儿网2013年1月至2014年12月APP的月度覆盖人数趋势，从图中可以看出APP的使用人数呈上升趋势。根据国内数据研究机构

发布的《2015 上半年在线旅游移动端市场研究报告》，去哪儿网移动端活跃用户突破 3000 万。

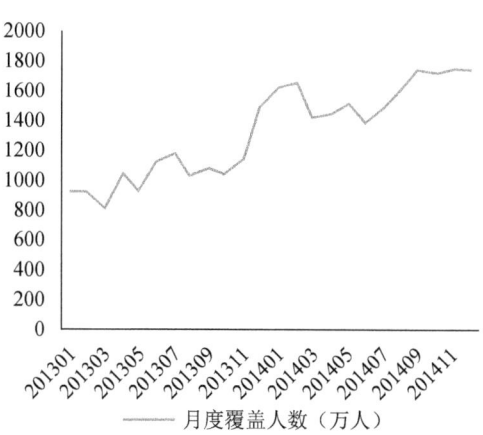

图5-5　去哪儿网月度覆盖人数趋势

数据来源：艾瑞咨询 musertracker

二、品牌营销新玩法

（一）并购收购

产生并购行为的最基本动机是寻求企业的发展，内部扩张和并购是寻求扩张的企业面临的两种选择。内部扩张可能是一个缓慢而不确定的过程，通过并购发展则要迅速得多，尽管它会带来自身的不确定性。并购的最常见的动机是协同效应，并购交易的支持者通常会以达成某种协同效应作为支付特定并购价格的理由，并购产生的协同效应包括经营协同效应和财务协同效应。

在具体的实际操作中，并购的动因可以归为六类：

1. 扩大生产经营规模，降低成本费用

通过并购，企业规模得到扩大，能够形成有效的规模效应。规模效应能够带来资源的充分利用、充分整合，降低原料、生产以及管理等各个环节的成本，从而降低总成本。

2. 提高市场份额,提升行业战略地位

规模大的企业伴随生产力的提高、销售网络的完善,市场份额将会有比较大的提高,从而确立企业在行业中的领导地位。

3. 取得充足廉价的生产原料和劳动力,增强企业的竞争力

通过并购实现企业的规模扩大,成为原料的主要客户,能够大大增强企业的谈判能力,从而为企业获得廉价的生产资料提供可能。同时,高效的管理、人力资源的充分利用和企业的知名度都有助于企业降低劳动力成本,从而提高企业的整体竞争力。

4. 实施品牌经营战略,提高企业的知名度,获取超额利润

品牌是价值的动力,同样的产品、同样的质量,品牌产品的价值却远远高于普通产品。并购能够有效提高品牌知名度,提高企业产品的附加值,获得更多的利润。

5. 取得先进的生产技术、管理经验、专业人才等资源

并购活动收购的不仅是企业的资产,而且获得了被收购企业的人力资源、管理资源、技术资源、销售资源等。这些都有助于企业整体竞争力的根本提高,对公司发展战略的实现有很大帮助。

6. 跨入新的行业,实施多元化战略,分散投资风险

这种情况出现在混合并购模式中,随着行业竞争的加剧,企业通过对其他行业的投资,不仅能有效扩充企业的经营范围,获取更广泛的市场和利润,而且能够分散因本行业竞争带来的风险。

2014 年 5 月,淘宝旅行完成对国际机票 B2B 平台阿斯兰及其属下的 B2C 网站"酷飞在线"的收购。阿斯兰通过抓取 GDS 的信息和手工录入的方式整合国际票价信息,为其他电商平台提供国际票价的搜索和预订支持;酷飞在线主打国际机票票务,具有整合国际票价信息的优势。阿里收购阿斯兰正是为淘宝出境游领域铺路。

2015 年 5 月 22 日,携程旅行网宣布:已通过购买全球知名在线旅游公司 Expedia 所持有艺龙旅行网的部分股权实现对后者的战略投资,交易完成后,携程将持有艺龙 37.6% 的股权,成为艺龙的最大股东。携程网通过持股

37.6%，从而将在中国在线旅游领域进一步强化其竞争优势，而携程和艺龙的组合将在酒店分销领域对正在大力拓展酒店直销的去哪儿造成强大压力。

2015年7月15日，美团内部已确定全资收购在线旅游平台酷讯网，以加紧布局酒店旅游业务、完善全产业链布局。创于2006年的酷讯网从初始时期就致力于利用垂直搜索技术提供准确实时的"机票""酒店""度假""火车票"等信息。据公开资料显示：酷讯网覆盖国内200多个城市，酒店业务上打造了国内最大、最全面的酒店信息数据库，酒店搜索范围突破8万家，旅游业务上拥有超过5万个旅游目的地信息。酷讯完整的业务链和数据信息正符合美团酒店旅游要从本地走向异地、做大规模的策略。同时，美团内部人士表示，美团也非常看好酷讯的技术团队，可以利用其先进的数据挖掘和智能推荐等技术手段，为用户提供最新、最准确的旅行产品价格和信息。

（二）依靠BAT等巨头

中国互联网公司三巨头百度公司（Baidu）、阿里巴巴集团（Alibaba）、腾讯公司（Tencent）纷纷布局在线旅游，旅游电商纷纷抓住机会依靠三巨头。据劲旅智库不完全统计：2014年投入到线上线下旅游企业的金融资本和产业资本总计约为190亿元人民币（不含与旅游地产相关的投资），比2013年增长近一倍。表5-2列出了2014年各大投资机构在旅游行业投资企业数量超过两家的机构前6位。

表5-2 2014年各大投资机构在旅游行业投资企业数量超过两家的机构

投资机构	融资企业	投资企业数量
腾讯	同程旅游	4
	我趣旅行网	
	滴滴打车	
	面包旅行	
宽带资本	百程旅行网	3
	宝库在线	
	面包旅行	

续表

投资机构	融资企业	投资企业数量
红杉中国	海玩网	3
	爱旅行	
	哈哈拼车	
阿里巴巴	百程旅行网	3
	酷飞在线	
	石基信息	
梅花资本	海玩网	3
	哈达旅行	
	筷子旅行	
腾邦国际	成都八千翼	3
	新疆航铁	
	欣欣旅游	

资料来源：劲旅网—劲旅智库

  2011年6月，去哪儿网获得百度3.06亿美元的战略投资，百度成为去哪儿网第一大机构股东。百度拥有中国互联网领域最广泛的用户群，去哪儿网与百度通用搜索采用的全文搜索技术不同，去哪儿网机票、酒店价格等信息采用了实时搜索技术。此外，去哪儿网酒店搜索结合了地理位置搜索、房型搜索甚至混合了关键词意图识别、全文搜索、混合排序等手段。百度是通用搜索，是网民上网的入口，而去哪儿网在旅游领域提供更精准的搜索结果，对通用搜索是有利的补充，去哪儿网和百度的合作能够为网民提供更加便捷、精准的旅游服务和旅行产品。在2015年6月双方达成另一项协议，即百度独家提供去哪儿在百度地图PC和移动端中展示酒店信息和产品的权利。通过百度地图，可以直接显示基于位置的酒店数据，并提供用户查看酒店信息和预订功能。早在2013年，百度地图日接受请求已达35亿次，用户量突破两亿，据中国IT研究中心发布的《2014年中国手机地图市场研究年度报告》可知，2014年中国手机地图用户的规模已增长到5.14亿，百度地图的市场份额已到65.2%。去哪儿网借助百度地图的流量优势，在酒店预订业务中会有所提升。

2013年6月，阿里巴巴投资穷游网，穷游网专注于出境旅游方面，倡导以"节省费用"的方式自助旅行，提供机票、酒店、住宿、签证等资讯服务，并通过酒店、机票等佣金获取收入。在穷游网之前，阿里巴巴注资内地旅游分享类应用"在路上"，在路上主要是提供境内旅行分享的社会化游记应用，穷游网则将业务重点放在境外。穷游网可为阿里巴巴旗下淘宝旅行提供优质出境游产品服务及内容，并能与淘宝电商模式形成很好的结合。同时，阿里巴巴的大数据以及支付宝则给穷游网提供了发展机遇。

2011年5月，腾讯通过向艺龙投资约8440万美元购买了艺龙新发行股份后，占艺龙总股份数的约16%，成为艺龙的第二大股东。双方通过业务伙伴关系开发在线旅游产品，艺龙为腾讯国内的网络社区约6.74亿的QQ活跃账户提供酒店产品。腾讯庞大的用户群及覆盖门户、手机、即时通信、社交网络等多个平台为艺龙带来更多的互联网流量和客户。2012年腾讯对同程网进行投资，在2013年年底又对同程网追加5亿元投资，除了获得资金的支持外，同程网与腾讯在移动互联网方面也展开了深度合作。

三、如火如荼的兴奋点营销

（一）寻找消费者的兴奋点——无印良品

虽然无印良品是做日常生活用品的，看似与旅游电商无大干系，但在精准寻找顾客兴奋点方面同样也值得旅游电商学习。为什么有的消费者如此痴迷无印良品？在中国市场，无印良品的产品还说不上便宜，但是，却拥有大量的拥趸。那么，到底无印良品靠什么在打动消费者？

1. "简化"与"克制"的设计理念

无印良品已有超过七千种产品，但是，从产品设计到海报宣传，都没有太多的语言。其设计师原研哉赋予无印良品的设计理念是"空"（Emptiness）。

趋势启示：能做到"简"是很不容易，很多品牌今天面临的问题，是面对消费者琳琅满目的需求，往往难以"克制"欲望，很多时候，让消费者心动的设计，就是"此时无声胜有声"的境界，"简"与"减"，无论对于产品开发还是品牌营销，都是值得去思考的两个关键字。

2. 禅学与美学的结合

作为一代设计大师，无印良品的设计师原研哉追求设计日常化、虚空、白，崇尚万物有灵，无印良品被日本乃至全世界设计界认为是当代最有代表性的"禅的美学"体现，带着一股禅意的美感，似有若无的设计将产品升华至文化层面，这种设计精神接近于中国古人所说的"大音希声，大象无形"境界。

趋势启示：好的产品一定要有文化审美，没有文化就是没有灵魂，好的产品也需要向消费者表达出这种文化，将传统文化的一些要素通过设计语言进行表达就会有无穷的张力。

3. 贩卖生活哲学

无印良品也被称为"生活形态提案店（Life Style Store）"，提倡简约、朴素、舒适的生活，拒绝虚无的品牌崇拜，直抵生活本质。无印良品商品的设计满足了消费者还没来得及说出口的"潜在需要"，在这种"相见恨晚"的心情下，许多消费者心甘情愿掏钱。

趋势启示：人们为什么要为设计感付钱？打动消费者心扉的产品，驱动消费的功夫在设计之外，与其说无印良品是一个品牌，不如说它是一种生活的哲学，一个品牌如果贩卖的是生活哲学，它影响的将是消费者的精神和灵魂。原研哉谈起无印良品的设计，提到"欲望"，他说：欲望是创意的起点，如果一个物品是为了满足人们的期望而产生，那么期望的本质就会作用于物品的本质，"制造欲望"是一切品牌需要去思考的核心。

4. 洞察消费者的生活细节

无印良品努力寻找让生活更便利、更有味道的方法。无印良品常派设计人员登门拜访消费者，观察其日常生活，发现需求，寻找设计灵感。例如，设计师观察到一般人睡前阅读最后两个动作是摘下眼镜和关掉床头灯，隔天早上第一个动作是用手摸索着找眼镜。所以，开发出底座往中央凹陷的床头灯，让眼镜顺势靠在灯杆上便于拿取。

趋势启示：有很多品牌，总是认为自己的产品是最好的，或者是将自己的设计思想强加给消费者，事实上，所有的创意和创新都来自于消费者的生活细节，以及生活场景中的痛点，然而，这一点要做到也不容易。如原研哉说："在我们的工作中，资本主义的逻辑被人性的逻辑微微超越。"工业化思维和品牌的自我世界，往往容易和消费者世界产生距离感。

5. 文艺气息与风格

"无印良品"便宜吗？其实有时候，便宜是一种主观感受。无印良品的理念是"合理就便宜"，就是说当你觉得这个产品优质并且有价值，那么价格就不是核心，因此无印良品把生活中随处可见的东西改良开发成为独特的优质产品，获得溢价空间。而更重要的是，商品通过改良，也变得"文艺腔"十足，到"无印良品"店铺的消费者，很多都具有文艺青年的部分特质。

趋势启示：品牌需要族群化，族群化就是风格化，如果不能定义出清晰的族群，族群不能对品牌产生认同，就很难有品牌忠诚度。

6. 给予归属感

喜欢无印良品的消费者，只沉浸在无印良品营造的世界里面，其他的各种流行同他们无关，因此，无印良品和不断推陈出新的时尚潮流无关，它只坚持自己的语言和风格，而消费者生活在无印良品的世界，得到一种归宿感。

趋势启示：品牌要成为消费者的避风港，消费者的闺蜜。当一个品牌与消费者的生活紧密地捆绑在一起的时候，这个品牌就有了持久的生命力。

从趋势的角度来看，每个品牌都需要去寻找让消费者"兴奋"的东西，这种兴奋，来自于品牌的精神、主张和灵魂，如果一个品牌没有核心的灵魂，消费者也就变得游离，人性化和生活细节依然是一切好产品、好设计和好创意需要关注的本源。

（二）"未知的"兴奋点——蚂蜂窝

蚂蜂窝以"内容+交易"的商业模式，顺势而为。用户群体一般集中在24~34岁，有一定的收入，不喜拘束，热爱自由，追求个性，喜欢新奇的事物。如何玩得更酷、更嗨、更与众不同，已成为他们出游最关心的问题之一。而自由行时代，个性化旅行体验对于很多用户来说同样是旅行中的"未知"。针对用户这些特点，蚂蜂窝自 2015 年开始，在北京、上海等一线城市的地铁和楼宇铺天盖地进行平面广告投放，并策划以"未来实验室"为代表的创意事件，以极大的吸引力捕捉着拥有强烈好奇心的用户。

2016 年 9 月 7 日开始，蚂蜂窝用"一场未知的旅行"瞬间引爆了朋友圈。12 个小时之内，以《你敢不敢？3 小时后，用一场未知旅行检验一段感情》为代表的活动相关文章，微信总阅读量已超过 500 万，而这场人性实验，经过咪蒙、张佳玮、Ayawawa 等大 V 的热捧，最终微信相关文章总阅读量 1000 万，微博话题总阅读量 1.6 亿。

"为什么选择做这次'未知旅行'的营销活动？"

"过去人们对蚂蜂窝的认知，多停留在查攻略上。""未来实验室"负责人王雪琳解释道，"与以往大促的营销方式不同，我们这一次的活动更在于为用户建立用户对于蚂蜂窝交易的认知。"

实际上，蚂蜂窝"未知旅行"的营销活动，刷新的不仅仅是用户对蚂蜂窝交易的认知，更在于这一次它又刷新了人们对旅行的认知。

一场未知旅行？

"如果我有一天告诉你，我们为你准备了一场旅行，和你最期待的人同去，但时间、地点、做什么都不确定，你会参加吗？"这是蚂蜂窝精心策划的营销事件。

在蚂蜂窝公布的行程中，去美国奥兰多与 NASA 宇航员共进午餐、去新加坡驾驶兰博基尼体验 F1 赛道、去毛里求斯坐深海潜水艇去水下 30 米看鱼、去荷兰阿姆斯特丹参加卷大麻课程等诸如此类的行程，出乎很多人的意料，无论哪一样，都是一般人难以企及的奇遇。

"我们做了一个大胆的决定：用一款产品，把旅行中'未知'的考验放到决策和出发前——让'未知'更加极端，这其实是一场感情测试。"

这场"未知旅行"，蚂蜂窝"蓄谋已久"。

早在 9 月 7 日的零点，"蚂蜂窝自由行"的微信公众号就发出了一条文章《再见了》，内容只有 17 个字："我要用一段未知的旅行检验未知的感情。"

直到晚上 8 点，蚂蜂窝才公布了这场"未知旅行"的全部细节——这是一款神秘的双人自由行产品,价格1314元,限购27份,出发时间未知、旅行地点未知、旅行体验未知,但要求必须填写"你坚信在任何时间都能放下任何事与你前往任何地点的Ta"。

在旅行中,人们最容易摘下面具,也最容易暴露本性。某种意义上,旅行对于感情的考验,可以放大到人类的一切关系中——无论一起生活,还是一起创业。一场不顾一切的旅行,总能激发人们的原始冲动和荷尔蒙。

除此之外,还有由新世相发起的"逃离北上广"活动;另外,喜力啤酒的改行程送机票也是刺激肾上腺素的范本,主打口号"来一次不一样的探索体验",他们在纽约机场放置了一个大广告牌,过路的旅客只要敢更改行程,按下红色按钮,喜力就会赠送机票住宿。

营销成为爆款直击用户共鸣的原因在于基于核心洞察的创意。互联网生意的本质就是"连接",攻略内容的"入口"加上大数据,将新鲜且极具个性化的旅行体验与用户需求更好地连接,抓住用户的心,会取得意想不到的效果。

(三)火热的综艺影视

《爸爸去哪儿》的热播带动了亲子游的火热,2015年8月,携程发布国内首份《在线亲子游用户调查报告》,根据报告显示:越来越多中国家庭选择亲子游,出游群体、频率、消费金额等持续提升。国内亲子游用户六成以上选择暑期出行,超过80%的被调查者表示:亲子游是受到《爸爸去哪儿》等热门电视节目影响。携程的统计也显示:《爸爸去哪儿》第三季热播以来,亲子游预订人数增加了50%以上。三亚是七成以上用户倾向于国内亲子游的目的地,其次是丽江、杭州、四川、北京、上海等。

在《来自星星的你》热播后,韩国游受到年轻人的青睐。本来是旅游淡季,但是在电视剧热播后,韩国游一时抢手不止。韩国是目前中国出境游的第一大目的地国家,2013年到韩国旅游的中国游客共有392万人次,同比增长四成。据携程统计:2013年年底组织的赴韩游客数十万中,有70%是女性,年龄集中在20~40岁,中青年女性"追星族"是赴韩游的一大主力群体。

(四)价格刺激

随着价格促销方式的多样化,旅游电商纷纷推出各种优惠政策,团购、限时打折、1元秒杀、红包、特价产品等方式层出不穷，旅游电商纷纷陷入价格战。美团自进军旅游业，其线上的酒店业务就呈现出巨大的优势，2015年上半年，美团酒店旅游事业群整体交易额为71亿元，其中酒店业务交易额53亿元，度假业务18亿元，成为中国第二大酒店在线交易平台。通过美团购买度假产品的人数超过1000万，主要满足消费者假日休闲场景中的周边游需求。窝窝团、糯米网、大众点评等团购网也纷纷涉足旅游领域。除了团购网站外，旅游电商也纷纷推出团购频道，2011年1月去哪儿推出团购频道，3月艺龙推出团购频道，4月携程推出团购频道等。2012年第一季度去哪儿网团购收入相比上年第四季度实现近50%的增长，2013年第四季度同比增长七成。2015年趁暑期出游热浪来袭，去哪儿网度假频道在业内率先低调派发10亿元红包，推出"十年、十天、让利十亿"的主题活动。2013年9月发布的来来会隶属于北京来来网网络科技有限公司，是一家专门做出境自由行特卖的B2C旅游电子商务网站，来来会致力于打造旅游业的特卖会，推出打包自由行。

（五）跨界营销

去哪儿网从2015年6月29日开始发送红包，红包的使用不受品类限制，全场大促通用，优惠力度空前，红包使用的截止日期到8月6日。去哪儿网创新了红包发送模式，即联合其他企业跨界引流，共同发送红包，将红包受益者的范围最大化。参与此次红包发送的企业包括墨迹天气、易信、轻松调频HITFM、环球资讯、百度贴吧、中国农业银行、中国邮储银行信用卡中心、复星保德信等。去哪儿网还联合银行进行推广，与中国邮储银行信用卡中心的合作创了旅游企业与银行联合营销的典范。据去哪儿网度假10亿红包项目负责人介绍：去哪儿网与中国邮储银行信用卡中心的联合营销非常成功，通过其官网、信用卡中心、微信公众号和短信推送等方式大力宣传去哪儿网此次活动，作为中国邮储银行信用卡持卡人的专属福利发送，两天内就抢走了200万元度假红包，共吸引了两万高价值会员用户来抢红包，红包的使用率也创了新高，诠释了银行金融行业"互联网+"跨界营销新模式。在前期并没有大肆宣传的情况下，去哪儿网补贴的真金白银的红包受到消费者热烈追捧。

四、精准营销

精准营销通过可量化的精确的市场定位技术突破了传统营销定位只能定性的局限，借助数据库技术、网络通信技术及现代高度分散物流等手段保障和顾客的长期个性化沟通，使营销达到可度量、可调控等精准要求。同时，精准营销保持了企业和客户的密切互动沟通，可以不断地满足消费者的个性需求，建立稳定的企业重要客户群，实现客户链式反应增值，达到企业的长期稳定高度发展的需求。

在2014营销趋势论坛上，八百里人营销CEO刘江涛发表了以"精准营销的考核指标趋势"为主题的演讲，详细梳理了精准营销考核指标的发展过程，从最早的是CPM（Cost Per Mille，每千人成本）的盛行，到CPS（Cost Per Sales，按销售付费）的强大，到现在的是CPS（Cost Per Sales，按销售付费）、CPL（Cost Per Leads，以搜集潜在客户名单多少付费）和ROI（Return On Investment，投资回报率），如图5-6所示。刘江涛表示："考核指标终极应该是以ROI为导向，它的根本原因特别简单，是互联网经济之所以特别引人注目、特别有规模效应，是因为它能够量化、信息传递速度非常快、提高作业效率的特征所决定的，但它没有改变一个根本法则，那就是它所产生的一切基础，都是源自于事业经济所带来的。"投资回报率能反映投资中心的综合盈利能力，且由于剔除了因投资额不同而导致的利润差异的不可比因素，因而具有横向可比性，有利于判断各投资中心经营业绩的优劣，通过对投资回报率的监测，企业可以掌握营销的效果，从而发挥优势弥补不足。

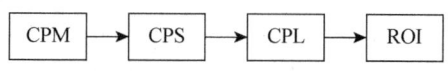

图5-6　精准营销考核指标趋势

去哪儿网与百度地图合作可以为消费者提供更加精准的服务，通过地图定位，消费者可以查询附近酒店，根据搜索的结果选择合适的酒店入住，节省了很大的时间成本。住哪儿网与SOSO街景地图达成战略合作，住哪儿网把街景地图与电子地图并列展示在酒店列表页,当用户选择需要的酒店时,点击街景地图的图标,立即会弹出该酒店的实景地图,将用户带到真实的目的地,使人产生一种身临其境的感觉。去哪儿网的所有活动、活动的效率等,是通过各种各样的定性最后形成广告投资回报率的比较,包括媒体的比较、广告类型的比较和广告创意的比较,从而确定其营销效果。

顾客群体细分是企业进行精准营销的重要条件,分析不同消费群体的喜好,从而针对不同的偏好推出相应的符合消费者群体偏好的产品与服务,可以大大提升成交率。十六番旅游社区按照消费者偏好的旅游目的地进行划分,包括香港、澳门、台湾,以及泰国、韩国、马来西亚、新加坡、日本等社区,每个社区都有相应的旅游攻略和约伴活动等。消费者根据自己的需求获得相应的服务。去哪儿网在顾客细分上,通常会分单次注册、多次注册、活跃用户等,根据二八理论形成一个用户价值金字塔。用户细分不仅看人口统计学的指标,还包括对产品价格体系的监测。例如,在去哪儿网的频道当中,每个月 A 组用户和 B 组用户的会话方式都不太一样,去哪儿网则通过百度司南、数据仓库挖掘,以便对用户进行更加准确的定向。

五、有待借鉴发展的体验式营销

国外的体验营销发展较早,体验式营销深受消费者青睐。利用体验式营销获得成功的旅游目的地有克兰芝农场度假村、工匠之乡——日本水上町、美国华盛顿 Leavenworth 德国村主题街、印尼民丹岛、日内瓦湖畔的明珠、加拿大尼亚加拉大瀑布主题街等。

澳大利亚的大堡礁同样是利用体验式旅游营销的方式。澳大利亚大堡礁尽管久负盛名,但因为随着海洋升温以及游客增多,一度大堡礁的珊瑚虫濒临灭绝,经过一段时间的休养生息,大堡礁生态环境得到了恢复,知名度却已大不如从前。为提升大堡礁的国际知名度,昆士兰旅游局策划了一次网络营销活动:2009 年 1 月 9 日澳大利亚昆士兰旅游局网站面向全球发布招聘通告,并为此专门搭建了一个名为"世上最好的工作"的招聘网站,招聘大堡礁看护员。网站提供了多个国家语言版本,短短几天时间网站吸引了超过

30万人访问。大堡礁岛屿看护员的工作主要分为探索和汇报（向昆士兰旅游局以及全世界报告其探奇历程）、喂鱼、清洗游泳池和兼职信差（可参与航空邮递服务）四项工作。这个工作，与其说是看护员，其实不如说是大堡礁的体验者——这正是昆士兰旅游局推出此活动的目的，通过体验式营销的方式来向世界宣扬大堡礁的美妙之处，同时充分利用招聘过程的吸引力成功进行营销造势，吸引全世界旅游者的关注，向全球推广大堡礁的知名度与美誉度。

我国借鉴旅游体验式营销，去哪儿网推出酒店试睡员，酷讯旅游网推出旅游体验师，凯撒旅游推出旅游体验店等，都取得了不错的效果，得到了消费者的认可。营业收入与利润是直接衡量营销效果的指标，对于体验式营销来说，关注度以及影响力也是其营销效果的衡量指标。在去哪儿网与酷讯网推出体验式营销时都取得了巨大的反响，包括途牛旅游网推出的最美体验师大赛等都赢得了人们的关注，消费者以及业内人士的关注会转化为影响力，体验师所发布的内容将会影响到消费者的决策。同时，北京旅游电商借助综艺影视展开体验式营销，企业的知名度与营收都有了较大的提升。

（一）体验中凸显情感——星巴克

星巴克认为自己的产品不单是咖啡，而且是咖啡店的体验。研究表明：三分之二成功企业的首要目标就是满足客户的需求和保持长久的客户关系。相比之下，那些业绩较差的公司，这方面做得就很不够，他们更多的精力是放在降低成本和剥离不良资产上。

星巴克一个主要的竞争战略就是在咖啡店中同客户进行交流，特别重视同客户之间的沟通。每一个服务员都要接受一系列培训，如基本销售技巧、咖啡基本知识、咖啡的制作技巧等。要求每一位服务员都能够预感客户的需求。

另外，星巴克更擅长咖啡之外的"体验"，如气氛管理、个性化的店内设计、暖色灯光、柔和音乐等。就像麦当劳一直倡导售卖欢乐一样，星巴克把美式文化逐步分解成可以体验的东西。

"以顾客为本""认真对待每一位顾客，一次只烹调顾客那一杯咖啡。"这句取材自意大利老咖啡馆工艺精神的企业理念，贯穿了星巴克快速崛起的秘诀。注重 One at a Time（当下体验）的观念，强调在每天工作、生活及休闲娱乐中，用心经营"当下"这一次的生活体验。

星巴克还极力强调美国式的消费文化，顾客可以随意谈笑，甚至挪动桌椅，随意组合。这样的体验也是星巴克营销风格的一部分。

星巴克在上海的每一家店面的设计都是由美国方面完成的。据了解，在星巴克的美国总部，有一个专门的设计室，拥有一批专业的设计师和艺术家，专门设计全世界的星巴克店铺。他们在设计每个门市的时候，都会依据当地的那个商圈的特色，去思考如何把星巴克融入其中。所以，星巴克的每一家店，在品牌统一的基础上，又尽量发挥了个性特色。这与麦当劳等连锁品牌强调所有门店的 VI 高度统一截然不同。

在设计上，星巴克强调每栋建筑物都有自己的风格，而让星巴克融合到原来的建筑物中去，而不去破坏建筑物原来的设计。每次增加一家新店，他们就用数码相机把店址内景和周围环境拍下来，照片传到美国总部，请他们帮助设计，再发回去找施工队。这样下来，星巴克才能做到原汁原味。

例如，上海星巴克设定以年轻消费者为主，因此在拓展新店时，他们费尽心思去找寻具有特色的店址，并结合当地景观进行设计。例如，位于城隍庙商场的星巴克，外观就像座现代化的庙；而濒临黄浦江的滨江分店，则表现花园玻璃帷幕和宫殿般的华丽，夜晚时分，可以悠闲地坐在江边，边欣赏外滩夜景，边品尝香浓的咖啡。

（二）"试睡＋旅行"——去哪儿网

2014 年，去哪儿网推出"试睡＋旅行"新概念"躺游天下"，将招募一家三口作为家庭试睡员，12 月赴北海道滑雪、参观水之教堂、冰之教堂，并体验北海道当地特色度假酒店，父母还可以带着自己的孩子在 Nipo 儿童乐园游玩，来一场别样的和风之旅。

去哪儿网"躺游天下"试睡员招募活动从 2014 年 11 月 1 日起至 11 月 7 日，不设任何门槛，只要按照招募规则提交试睡员"砖家点评"，即有可能成为免费北海道阖家之旅的主角。

从 2010 年 3 月第一名酒店试睡员诞生开始，已经有越来越多热爱分享的旅行爱好者、酒店控加入到了去哪儿网试睡员队伍中。去哪儿网推出"人人都是试睡员"的理念。截至2014年，去哪儿网已累计为4288位试睡员支付超过4 342 268元试睡基金。此次招募家庭试睡员，去哪儿网也将迎来年龄最小的酒店试睡员。

试睡员试什么？试睡员的工作模式——从各个方面考量酒店、交通和配套情况，并撰写点评报告发布，该报告对普通游客和酒店经营者都是重要的参考信息。

抵达酒店后，试睡员首先看前台的服务，包括大堂的光线、气味、服务人员的态度、流程速度、与客人交流的情况，甚至装饰图片是否让人感到舒心等。进入房间，重头戏开始，先试坐一下床铺，看看柔软度和弹性，以及贴身的床单、睡衣等是否全棉材质，拖鞋的厚度等也是考量点。此外，客房清洁度也是必须考察的。到了用餐时间，试睡员的另一项任务又来了——考察酒店餐厅餐饮服务以及周边商业环境和各类菜系的配比。

去哪儿网酒店事业部总经理希博表示："过去，人们会觉得带孩子旅行是一件很麻烦的事情。带着孩子，旅行中的安全性、舒适性、行程安排的合理性显得更加重要。此次去哪儿网招募家庭试睡员，是希望帮助更多父母提供家庭出游出行指南和住酒店的参考。"去哪儿网试睡员群体根据其亲身入住体验，撰写出图文并茂的高质量专家点评，为大家提供兼具高真实性与高实用性的出行指南。酒店试睡员这个称号不仅仅代表了一个群体，更代表了一种理性的旅游态度和时尚的出行方式。

体验营销是通过看、听、用、参与的手段，充分刺激和调动消费者的感官、情感、思考、行动、联想等感性因素和理性因素，重新定义、设计的一种思考方式的营销方法。试睡员通过图片、文字或者视频的方式将信息传播给用户，帮助他们选择酒店，潜移默化地为旅游电商带来效益。

（三）环球旅行体验师——途牛

途牛为了庆祝十周年，一则招募环球旅行体验师的"走心"H5在朋友圈疯传。H5通过人物视角，讲述了大部分人高中时代由于学业压力无法出门旅游、大学时代因经济能力屡次错失出国走走的工作机会、毕业工作之后时间又成为出游最大阻力的现实故事。"没有时间，再等等"这句口头禅，很多人一说就是十几年甚至几十年。为了让更多人圆梦，即将迎来十周岁生日的途牛，宣布在全球招募环球旅行体验师，为用户提供不花钱的环球旅行工作机会。

报名截止到10月18日，用户通过途牛旅游网、途牛旅游网微信公众号、途牛旅游网微博等渠道报名参与环球旅行体验师招募，就有机会抽取价值超10万元的不花钱环球旅行工作名额。最终当选途牛环球旅行体验师的用户，可以携带一名同伴，乘坐歌诗达邮轮大西洋号，体验45晚46日的浪漫环球之旅：11月30日，从天津出发，最先到达有着"世界第一潜水胜地"之称的塞班岛，来一次海底之旅；再到白色沙滩、浓绿棕榈覆盖的所罗门群岛，感受南太平洋独特的妩媚；接下来从美丽的南太平洋花园——瓦努阿图起航，途经斐济、东萨摩亚群岛，到达蓝色梦想之地——大溪地；在大溪地度过奢华的一天后，前往南太平洋众岛国中唯一的君主制国家——汤加王国；随后从汤加王国出发归航，经巴布亚新几内亚到达韩国釜山逗留一天，最终于2017年1月14日返回天津。

"马上就是途牛的十周岁生日，我们想利用招募环球旅行体验师的方式，回馈一直支持我们的用户，让他们看世界的梦想不再被搁置。"途牛旅游网营销中心相关负责人介绍说。

据了解，除了环球旅行体验师招募活动，途牛十周年大促期间还面向用户招募国内外的各类体验师，如11月21日从上海出发的皇家加勒比海洋量子号上海—福冈4晚5日游产品招募1名日韩邮轮体验师，吉隆坡喜来登吉隆坡帝国酒店产品招募1名国际五星酒店体验师等。

目前，当下不少旅行社、旅游公司通过开发一些非常规路线或者在传统旅行路线上做一些创新来开拓市场。在真正推广这些路线之前，需要旅游体验师的反馈，另外还有一些旅行社区网，会请一些兼职旅行体验师，去景点体验并在社区发表精品旅游攻略。旅游体验与试睡有异曲同工之妙，体验师把体验过程中的内心感悟与旅游者分享，一方面帮助游客选择合适的路线，另一方面在招募体验师的过程中受到的关注就是对网站很好的营销宣传。

六、风靡的病毒式营销

病毒式营销凭借其优势得到不少企业的青睐。世界上最大的免费电子邮件服务提供商 Hotmail，在创建之后的一年半时间里，吸引了 1200 万注册用户，而且还在以每天新增加 15 万用户的速度发展。令人不可思议的是：在网站创建的 12 个月内，Hotmail 花费了不到竞争者营销费用的 3%，却得到爆炸式发展，其原因就是充分利用了病毒式营销的巨大效力。亚马逊 Amazon 同时采取会员制和病毒式营销两种方式来进行推广，有超过 50 万会员网站链接到 Amazon 网站，通过在会员网站点击链接到 Amazon 网站的 Banner 广告完成的网上购物，会员网站将获得一定佣金。Amazon 采用的病毒式营销手段，是鼓励顾客送给朋友一本书作为礼物，当收货人收到礼物时，印刷在包装品上的宣传资料在为 Amazon 做广告。

病毒式营销效果的衡量指标没有形成统一的衡量标准，本书认为，衡量病毒式营销的效果可以从产品的销售利润、口碑影响力、口碑美誉度等方面来评价[①]。

（一）产品销售利润

作为一种营销手段，病毒式营销最直接的目的就是销售企业的产品或服务，获得利润。病毒营销具有"低成本、高投入产出比"的特点，病毒式营销能否为企业带来产品或服务的销售，能否获得利润，是直接也是最可行的评估方法，同时可以量化，比较具有说服力。

（二）口碑影响力

口碑影响力是用于衡量企业在病毒式营销过程中，对用户、媒体及广告主等产生的影响力。其主要包括以下四个基本指标。

（1）用户关注度，反映社区网民及企业网站网民对企业的关注程度，主要包括社区用户关注度、用户覆盖人数和用户点击次数三个基本数值。

（2）用户参与度，指社区用户对相关帖子的回复率，反映用户参与相关话题的积极程度。

---

① 曹磊，试论病毒式营销的管理监测及效果评估，2009。

（3）媒体关注度，反映媒体对企业的关注程度，通过百度新闻和谷歌新闻搜索获得。

（4）广告关注度，主要针对网络媒体，反映网络媒体作为广告投放平台的价值，主要包括广告投放量、广告主数量和广告投放金额三个基本数据。

口碑影响力计算公式：口碑影响力＝用户关注度×30%+用户参与度×30%+媒体关注度×20%+广告关注度×20%。

（三）口碑美誉度

口碑美誉度是用户衡量社区网民和媒体对企业的评价，主要包括社区相关帖子的正负面和媒体新闻的正负面两个基本数据。病毒式营销重在口碑效应，不是一个短期的营销行为，而是一个长期的战略，其效果要较长时间之后才能体现出来。同时，病毒式营销的效果由于基于网络环境，难以量化，定性的评估缺乏足够的说服力。因此，建立病毒式营销的效果评估体系，是促使其市场发展的重要动力。口碑美誉度计算公式：口碑美誉度＝社区用户评价×80%+媒体评价×20%。

北京旅游电商病毒式营销效果的评估大多采用这三个指标进行分析，旅游电商利用一些社交媒体，微博、微信、社区、论坛等社交网站，通过用户影响用户，从而达到营销的目的。分享有奖、邀请朋友、集齐点赞有奖活动等都是旅游电商在社交网站常用的推广方式，这种方式抓住了消费者的心理，取得了良好效果。

七、屡试不爽的一对一营销

一对一营销实质是"忠诚度营销"，旨在通过影响获利行为、树立客户忠诚度，实现客户终生价值的最大化。一对一营销主要包括与顾客一对一的沟通交流、一对一定做产品和服务、一对一的销售组织以及一对一的顾客服务，通过对顾客提供个性化、定制化的服务来满足消费者需求。它具备的新特点是由追求市场份额变为追求顾客份额，从注重产品差别化转向注重顾客差别化，从采用产品管理型营销组织演变为采用顾客管理型营销组织。

根据顾客的参与程度和产品的复杂程度,一对一营销的类型有四种[①]:合作型,即企业与顾客进行直接的沟通,帮助他们确定满足其需要的最佳产品和服务,并以最快的速度将其送到顾客手中,实现顾客价值的最大化;体验型,即企业首先建立起一个非常完善的交流平台,当顾客进入这个平台体验到个性化的细致入微的服务后,就被牢牢地吸引,成为忠诚顾客;选择型,即企业向不同的顾客提供内在功能一致但外形及包装不同的产品供顾客选择,然后进行定制化生产,来满足顾客的需要;跟踪型,即企业通过收集到的顾客信息,通过对顾客的观察和了解来判断其需求特征,跟踪顾客的需要来生产定制化产品。

北京旅游电商实施一对一营销服务基本包含了这四种类型,通过对消费者进行互动沟通,了解消费者的需求,根据掌握的信息提供个性化、定制化的旅游产品。

第三节 典型创新营销案例

在前面对北京旅游电商的传统营销模式和大数据背景下北京旅游电商的创新营销模式的介绍中,大致可以了解北京旅游电子商务企业关于营销模式发展和现状。本部分在前面介绍的基础之上,用案例加以介绍和说明大数据背景下北京旅游电商的创新营销效果。主要以去哪儿网和乐途旅游网这两个总部设在北京的旅游电子商务企业为例。

一、去哪儿网

成立于2005年的去哪儿网是旅游产品垂直搜索网站的典型代表,其主要业务范围涉及机票、酒店、团购、度假、火车票等。凭借便捷、人性且独

[①] 廖建雄,旅游"一对一"营销初步研究,云南师范大学,2005,05。

有的搜索技术，去哪儿网对线上和线下的机票、酒店、度假和签证等资源进行整合，为用户提供及时、可靠的旅游产品价格查询、比价和预订服务。图5-7 所示为去哪儿网的 Logo。去哪儿网通过对互联网用户进行细分，按照用户的不同特点提供不同的服务：针对出行的商务人士，提供高端酒店和机票服务；针对旅游爱好者，推出价格优惠、路线多样的团购游；针对生活压力小又追求生活品质的白领与大学生，提供各种省钱游，为用户确定最优惠的旅游方案；对追求新奇体验的青年群体，推出移动客户端，提供新鲜有趣的线路。

图5-7 去哪儿网的Logo

2009年去哪儿网启动招聘"万元月薪酒店试睡员"计划，重点建设酒店网络评论。酒店试睡员计划让顾客参与到企业的营销活动中，提升了去哪儿网推出的酒店信息的顾客信任度。这一计划充分利用了信息技术时代微媒体的传播效应，迅速提高了去哪儿网的关注度以及品牌形象。

2010年，去哪儿与海航达成战略合作，与海航展开了国内、国际机票团购合作，海航推出"海航—去哪儿网旗舰店"。用户可以通过全自助的服务模式自由地完成全部订票流程，在购买到高性价比机票产品的同时，更可以享受到包括航空意外保险、在线自助值机、短信登记提醒等多种增值服务。在与海航合作成功后，去哪儿网相继与东航银联、幸福航空、四川航空、首都航空、天津航空、西部航空、吉祥航空、春秋航空等达成战略合作伙伴关系，机票预订业务不断优化和发展。在去哪儿网的主页上能够看到航空公司的特价机票，如图5-8 所示。

航空公司特价机票

山航特价机票			南航特价机票			国航特价机票		
北京 上海 **全国** »			北京 上海 **全国** »			北京 上海 **全国** »		
乌鲁木齐 → 库尔勒	08.28 1.4折	¥150	库尔勒 → 乌鲁木齐	08.27 1.1折	¥160	武汉 → 深圳	08.27 2.5折	¥430
库尔勒 → 乌鲁木齐	08.26 1.6折	¥180	长沙 → 广州	10.13 1.0折	¥120	广州 → 武汉	08.29 2.5折	¥440
呼和浩特 → 海拉尔	08.26 1.7折	¥520	呼和浩特 → 海拉尔	08.31 1.3折	¥470	上海 → 长春	09.17 2.5折	¥420
北京 → 青岛	09.04 2.0折	¥280	乌鲁木齐 → 阿克苏	08.28 1.5折	¥270	北京 → 深圳	10.02 3.0折	¥600
上海 → 济南	09.01 2.0折	¥260	阿克苏 → 乌鲁木齐	08.29 1.5折	¥270	北京 → 合肥	08.27 3.0折	¥510

图5-8 去哪儿网主页航空公司特价机票

2011年，去哪儿网推出团购频道，提供高品质服务和产品的优质酒店、度假村、酒店式公寓、经济型酒店、青年旅社、特色客栈等团购项目。同时，去哪儿网上线了旅游攻略频道，为用户提供旅行攻略、游记等相关信息搜索，帮助用户更快地获得有用的旅游信息，通过语义搜索对全网内容进行分析，过滤旅游信息，并对优质信息进行排序，大幅度减少用户的查找时间。另外，去哪儿网与社交网站进行合作，先后与开心网和腾讯展开合作，用户不仅可以便捷地获取旅游信息，还可以与好友及时交流分享。

在酒店业务上，去哪儿网推出"酒店夜销"新应用，每晚18:00到次日6:00，消费者可以在去哪儿网手机客户端上以超低价格预订酒店房间。"夜销"营销工具，提供酒店每晚6点后Last Minute尾房销售服务，通过将今日剩余客房的情况通过移动互联网传递给相应的消费者，并提供更低价的优惠，鼓励用户购买入住，从而降低了酒店剩房的资源浪费。用户通过去哪儿无线客户端以最简单、便宜、快捷的方式预订酒店，也满足紧急用房的需求。同时，让酒店业主不再烦恼入住率。

2012年，去哪儿网与HTC、布丁酒店联手推出国内首个基于无线酒店预订的NFC（近距离通信）应用，领先布局移动互联网NFC市场。同时，推出去哪儿攻略、去哪儿旅行、去哪儿酒店、精品酒店、去哪儿兜行、去哪儿旅图六款APP，为用户打造一站式移动旅行生活方式。2012年年底，去哪儿网推出"酒店一口价"模式，它的实质是用户主导价格的C2B模式，即用户决定价格，商家根据用户价格卖产品。这种全新的酒店预订方式以"酒店价格你来定"为口号，倡导消费者出价、酒店方竞单的方式，彻底颠覆了预订酒店的传统规则，消费者第一次站在了几个定制的前端。

2015年去哪儿网携手ATPCO布局国际机票市场。同时，去哪儿网与百度合作，成为百度地图界面独家酒店供应商。

根据去哪儿网公布的2015年第一季度财报，其营业收入总额达到6.71亿元，同比增长100%，其中移动端交易贡献了59.4%。2015年上半年，机票占在线旅游市场过半，去哪儿网位居机票预订行业第一，占总预订额的35.3%，同比增长约60%；酒店预订企业中，携程、去哪儿和艺龙分别位居前三甲，占总交易的38.9%、24.4%和18.7%，其中去哪儿同比增长最快；2015年6月，主要手机旅游APP中去哪儿旅行月活跃用户数最高，为2817.91万人；比达数据显示：由于具备技术先进、起步较早、售后服务完善、产品服务全面等优势，去哪儿旅行、携程旅游和阿里旅行用户满意度位居三甲，满意的用户比例均超过七成[①]。

二、乐途旅游网

成立于2005年的乐途旅游网是乐途旅游（科技）集团推出的融旅游信息、旅游产品预订、旅游体验分享三大服务为一体的大型综合旅游门户。图5-9所示为乐途旅游网的Logo。乐途旅游网作为旅游资讯类网站，处于世界网站综合排名1251位，国内网站综合排名145位[②]。在中国旅游咨询门户网站内处于绝对的领先地位。乐途旅游网是中国最大的旅游资讯门户网站，覆盖中国最广泛的旅游消费群体，对新一代的社会中坚力量影响力较大，其旅游目的地管理系统（DMS）中收纳了国内2826个市县级旅游目的地和25 314个旅游景区资讯，以及3121个国外旅游目的地资讯，拥有丰富的旅游目的地资讯，专业性强。

---

① 数据来源：2015年上半年在线旅游市场报告，http://news.xinhuanet.com/tech/2015-08/14/c_128129738.htm。

② 数据来源：http://alexa.chinaz.com/?domain=01118221.member.lotour.com，截至2015年8月。

第五章 大数据背景下北京旅游电商的营销效果

图5-9 乐途旅游网的Logo

乐途旅游网的运营模式是为旅游者提供一站式的旅游信息服务、旅游产品电子商务与旅游社区服务,进而促使旅游消费者形成"闭环"消费模型,即旅游信息服务指导消费进行决策,旅游电子商务服务满足消费选择,旅游社区服务则向消费者传播消费体验,三者间相互循环,如图5-10所示。

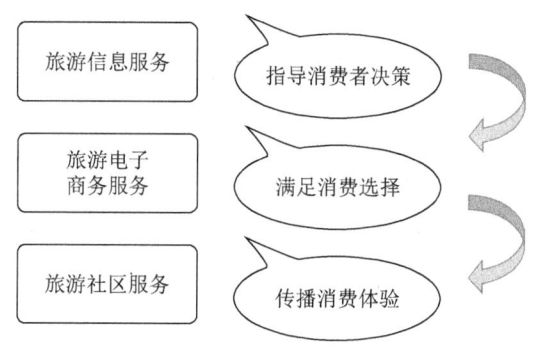

图5-10 "闭环"消费模型

在旅游信息服务上,乐途旅游网凭借自身强大有效的数据库信息提供给消费者全面的旅游资讯及精准的目的地指南,进而指导消费者做出正确消费决策,其资讯内容频道集群拥有数百万篇旅游资讯、游记,在资讯数量上充分满足了用户的需求。旅游资讯文章一方面是以事实反映业界动态和满足消费者阅读需求为导向,以个性、独特的视角关注旅游业,向用户传递行业新闻、信息等;另一方面,乐途对业界热点焦点等问题事件进行持续不断的追踪与报道,最终形成深度挖掘、深耕细作的特色专题报道,作为关注社会的业界窗口、平台,向业内人士提供详尽的旅游资讯。乐途利用大数据对旅游消费市场进行细分,推出包括国内游、出境游、休闲时尚、黄金周、户外运动、自助游、北京周边、上海周边八个目的地频道，同时，乐途旅游网在满足用户咨询的同时还根据不同消费者的喜好、不同节日、不同目的地提供全面、专业、高效的指导。

在旅游电子商务服务上，乐途旅游网经过多年运营发展，已经成为中国最大的在线旅游产品与服务超市，在发展过程中不断为用户提供最新最优的旅游产品。乐途旅游超市坚持对产品不断创新，充分考虑用户需求，深度挖掘用户上网浏览习惯，在不断完善产品与服务的同时加强搜索功能，让用户根据自己的需求，快速准确地获取所需产品及信息，最终达到满足消费者个性化选择的目的，促进消费。

在旅游社区服务上，乐途旅游网作为中国最大的旅游社区之一，聚集了众多的旅游爱好者。作为目前互联网空间中注册用户数量最大、用户专业程度最高、用户真实性最好的旅游类互动网络社会空间，乐途游民部落为用户提供多种形式的网络社区服务，包括游民论坛、个人空间、乐途问问、游记攻略、相约同行、互助游和旅游维权等多种产品平台。另外，乐途旅游网在充分利用数据库技术基础上，将不同的产品分门别类地装入数据库，根据消费者不同喜好、不同消费意愿与行为进行匹配，运用互联网互动性强的特点，通过交易平台，建立企业与用户的直接互动。

2010年1月，乐途与百度进行合作，推出《春节你会去哪里》专题活动，涵盖了春季旅游热门目的地指南，国内游、出境游、北上广等热点城市的游记攻略、美图欣赏、旅游贴士等所有春季旅游相关信息，为消费者提供全面的信息，引领网民旅游消费潮流。2011年乐途与央视达成合作，在央视投放广告，创新性地利用"电视+网络"的营销模式，据统计，乐途旅游网仅春季的央视投放就覆盖了国内3.9亿消费者。

2014年6月，乐途与谷歌达成合作关系，谷歌与乐途的合作可以帮助中国的旅游目的地部门，在加强激发消费者旅游热情的同时，逐步增加旅游目的地的到访人数。乐途将借助YouTube实现视频分享和评论，视频分享的内涵相比图片和文字更丰富，更利于提高旅游目的地品牌的国际知名度和影响力。与此同时，乐途提供新媒体平台基础维护、策划组织全球事件营销活动、配合媒

第五章 大数据背景下北京旅游电商的营销效果

体公关和广告，吸引消费者关注目的地，增加消费者对旅游目的地品牌的好感度、塑造旅游目的地品牌的性格。并在此基础上，通过谷歌精准的定位技术及乐途的海外 OTA 整合能力，为旅游目的地真正增加海外游客数。

据统计，乐途旅游在全球范围内注册用户超过 366 万，日均访问量 1700 万次，黄金周前的峰值流量达 2000 万次。乐途旅游拥有旅游行业客户数万家，各类旅游产品数十万种，以及各种旅游文章十几万篇，已成为网络上分类最齐全、篇幅数量最多的旅游资料库，也是旅游相关问题咨询的最有效场所。根据国内领先的旅游市场研究咨询机构劲旅咨询—劲旅智库对 Alexa 最新数据统计结果显示，截至 2015 年 8 月 4 日，乐途旅游网在线旅游网站用户覆盖数排名第一，如图 5-11 所示。

网站排名 在线旅游 | 经济型酒店 | 旅行社

排名	名称	覆盖数	日均访问页
1	乐途旅游网	1035	3.725
2	淘宝旅行	969.145	1.715
3	携程旅行网	850	7.2
4	同程网	675	15
5	去哪儿网	658	8.6
6	蚂蜂窝	479.5	5.7
7	驴妈妈旅游网	400	10.35
8	芒果网	364.5	4.65
9	穷游网	307.5	6.2
10	途牛旅游网	287	4.05

·更新时间：2015-08-04 》more

图5-11 在线旅游网站用户覆盖数

数据来源：劲旅咨询—劲旅智库

第六章　大数据背景下北京旅游电商营销模式创新总结

前面两章我们具体介绍了大数据背景下北京旅游电商营销模式的创新以及创新效果分析，本章我们将对北京旅游电商营销模式创新做一个总结。通过对国内外旅游电商营销模式的分析对北京旅游电商模式创新进行总结。

第一节　国外旅游电商利用大数据营销模式创新

国外旅游电商的发展要比我国旅游电商发展时间早，发展较成熟。本节我们将对国外旅游电商营销模式创新进行分析，总结国外旅游电商营销模式创新的方式，然后对比中国的发展情况，做出比较分析。

一、总体概况

根据市场调研公司 PhoCusWright 的分析，2012 年全球在线预订市场规模已经达到 3850 亿美元，占整个旅游市场的 40%，而 4 年前是 32%。过去几年，旅游电商和旅游媒体通过持续的产品创新和数据研究，更好地满足了供应商和消费者的需求，同时自身也保持着强劲的增长。

美国市场是旅游消费的前沿，2012 年，全球 45% 的旅游消费在美国。美国的在线预订仍在成长，但是相对于其他地区，美国的在线旅游渗透率已经达到 60%，机票和酒店的预订需求趋于稳定。与美国市场相比，欧洲在线旅行的渗透率较低且旅游需求在欧洲各个市场呈现反弹的迹象，欧洲酒店房间数将会有所增长。尽管近年来欧洲经济增长乏力，欧洲仍然保持了 3000 亿美元的旅游市场规模（根据 PhoCusWright 数据，美国拥有 2900 亿美元的市场规模）。OTA 在欧洲的渗透比例很低，只有 42%，美国是 60%。调查显示：在电子商务消费方面，美国和欧洲有着相同的趋势[①]。

（一）移动端成为竞争点

由于智能型手机、平板电脑以及其他设备的激增，近几年来，通过无线设备的旅游相关交易量已经持续出现平稳快速的增长。2010 年，在线旅游平台的无线流量占整体的流量与交易量的比例仅不到 5%，据统计，这个比例已经呈跳跃式成长，达到 20%~30% 的规模。旅游电商专门为移动用户所提供的移动版优化网站（包含内部研发以及收购而来的）以及移动 APP 等有助于企业提升其竞争力。Expedia、Priceline 和 TripAdvisor 都为用户提供了包括 iOS 和 Android 平台上的旅游类别里很受欢迎的免费 APP。2012 年 11 月，Priceline 同旅游搜索引擎 Kayak 签署协议，以 18 亿美元收购 Kayak。Kayak 的 APP 一直是移动应用市场下载的前十名，领先于 Priceline 及 Booking.com。Kayak 的下载量也是 18 亿美元高估值背后的一个重要因素。

据 eMarketer 预测，截止到 2018 年，中国移动旅游销售的份额占全部数字旅游销售的 37%。数字旅游销售的增长将全部来自于移动旅游销售，通过台式机和笔记本电脑的销售在预测周期内将出现逐年的轻微下滑。手机普及率的增加正推动旅游公司开发更好更便捷的移动预定体验，而增长的移动旅游市场是由几个因素驱动的。平板电脑和智能手机在旅游购买过程中都有其独特的特点。通过智能手机可以在任何时间任何地点购买任何东西，特别是在旅游时，因为旅游的消费群体在本质上是移动的。因此，紧急时刻的智能手机移动旅游销售正在推动移动旅游交易的数量。但是，智能手机销售通常涉及小额交易，例如单夜酒店住宿或紧急租车。随着平板电脑在家庭中代替台式机和笔记本电

---

① 数据来源：跨国在线旅游巨头的策略与市场趋势，环球旅讯，http://www.traveldaily.cn/article/69785/1。

脑，消费者将更可能通过他们的平板电脑预定较大的交易和长途旅游。旅游购物通常是一个"向后倾斜"的活动，当消费者在家中沙发上时，有利于平板电脑消费者的用户体验。eMarketer预计这一趋势将提升总体移动旅游销售的价值。

（二）国际化战略

国际化战略是国外旅游电商发展的又一大趋势，常常通过收购或联盟方式来进入当地市场。对比Expedia和Priceline的快速增长可发现：2012年国际业务占比，Expedia是41%，Priceline是80%。随着互联网的开放和在线支付技术的完善，以及个人收入的持续增长、交通基础设施的不断完善，亚太、拉美地区的旅游产品供应和在线旅游消费在过去几年呈现跳跃式的增长，其年复合增长率在2008—2012年期间分别达到了23%和29%，美国与欧洲市场仅有不到10%的增长率，欧美旅游电商看准了时机纷纷进入国外市场。例如，Expedia对艺龙的控股（中国的OTA第二名）、入股亚航（拥有亚洲最大的廉价航空50%的股权）；Priceline在2007年就收购了泰国的Agoda（东南亚市场的领导者）、旗下的Booking.com和携程网达成了酒店预订合作、2014年Priceline投资携程。

（三）多渠道营销

以前，搜索渠道（主要是Google）占据了旅游电商绝大部分的营销预算，近年来，旅游电商的渠道建设策略在新渠道（包含垂直搜索、社交媒体和线下媒体）方面进行，这种营销策略能与客户保持多个接触点，向他们传递更有效的、一致的信息，最终提高客户忠诚度，提升客户体验并提高流量的转化率。根据comScore调查数据，Google占整个在线旅游流量市场的10%~25%。根据2013年旅游电商所公布的数据显示：旅游企业在Google上的竞争导致CPC（Cost Per Click）点击费用增加，且ROI（Return On Investment，投资回报率）有明显下降，企业纷纷开拓更有效的其他营销渠道。不过，搜索广告的投放仍保持相当大的比例，因为ROI还是很不错，通过搜索投放解决品牌认知的问题，在短期内还是非常重要的。

1. 垂直搜索

垂直搜索是非常吸引人的渠道，2012年末的两个月，Priceline和Expedia分别收购了Kayak和Trivago。垂直搜索对旅游电商的流量而言非常重要，垂直搜索定位于旅游购买漏斗式决策的关键点。旅游电商通过整合流量入口，并通过垂直搜索发布他们的旅游产品，来自搜索的转化率将会大幅提升，有购买需求的流量也会导入到企业网站以进行交易。

2. 社交媒体

社交媒体（Facebook、Twitter、Tumblr 以及 Pinterest 等）对旅游电商而言，在品牌建设以及作为营销渠道上具有很大的影响力。旅游电商通过社交媒体可以进行流量导入、加强其品牌认知度、更好地拉近与旅游者的距离等，并积累客户消费决策的行为数据以作为许可式营销策略。TripAdvisor 是在社交媒体渠道最为积极的公司，它通过 Facebook 的转发来实现会员营销，通过传达"群众的智慧"来提高用户的黏性。目前其 Facebook 的用户所发布的新的点评内容已占 TripAdvisor 所有点评的 35%，且过去一年 TripAdvisor 在 Facebook 上所进行的市场策略已经帮助其会员数量翻倍成长，达到了 4400 万。

（四）促销方式多样化

国外旅游电商的促销方式也呈现出多样化，包括优惠券的使用、季节性周期性的促销活动、忠诚客户奖励等优惠方式。2014 年，Expedia 牵手花旗信用卡，推出忠诚客户计划。Expedia 首席营销和战略官 David Doctorow（大卫·多克托罗）表示：这是该公司个性化旅行体验和提升忠诚会员的尝试，Expedia 的会员只需签署 1~2 个 Expedia 和 CITI（花旗集团）银行联名的信用卡，就可以享受到忠诚会员的诸多便利。

（五）与第三方合作

合作共赢是企业在发展过程中采取的又一重要形式，通过合作，可以使双方的资源加以整合，从而有利于双方的发展，达成共赢。与第三方网站进行合作是国外旅游电商发展的又一重要方式，通过与第三方网站的合作能够更好地为消费者提供专业化的服务。Expedia 合作的第三方网站就有上千家。

二、典型案例

Expedia

Expedia 是世界上最大的在线旅游公司，其业务量约占全球在线旅游市场的三分之一。起初，Expedia 只是微软内部员工的一个旅游工具，被微软发现了它所蕴藏的价值后，成了 MSN 的一个子站点，并于 1997 年开始全面独立运作，1999 年公开上市。2002 年，Expedia 被 IAC（InterActiveCorp）收购并私有化，同时 IAC 还收购了 Hotels.com、Hotwire、Egencia、TripAdvisor 等旅游网站，2005 年，IAC 将其所有旅游业务打包在 Expedia, Inc. 分拆，并打包上市，代码仍是 EXPE，上市后 2005 年公司整体营收达到 21 亿美元，净利润 2.3 亿美元，成为全球最大的在线旅游公司。

Expedia 作为一家在线旅游产品预订服务商，它自己并不提供旅游产品，主要靠"代理＋批发商"模式来销售旅游产品供应商的产品并获取佣金。佣金的获取方式或是 Expedia 以供应商规定的价格出售产品后按一定比例收取的代理（Agency）模式；或是 Expedia 从供应商那里以固定的价格获取产品，然后赚取销售差价的批发商（Merchant）模式。

Expedia 以多品牌运营，旗下品牌各有侧重。Expedia 集团的组织架构如图 6-1 所示①。以 Expedia 为品牌的网站（含美国的 Expedia.com）向全球超过 25 个国家和地区的市场提供丰富的旅游产品和服务。用户可以在 Expedia.com 上预订家庭休闲短假产品、个人周末短途行程、商务行程等；也可以进行搜索、比较、预订和点评旅行产品，可预订的旅行产品有航空机票、住宿、租车、邮轮等单一产品或打包服务。

Hotels.com 拥有多达 75 个国家和地区的网站，为用户提供专业的酒店预订服务。由于 Hotels 单一的业务属性，它通常作为 Expedia 评估新市场机会、开拓新市场的先锋。Hotwire 的旅行预订服务面向灵活、价格敏感的用户，通过"模糊预订"的方式以低于零售价的价格提供机票、酒店、租车等产品预订。Hotwire 模式预订的主要特征是：用户在预订前并不能确切知道所预订服务的细节，只能通过"模糊"的条件进行决策，唯有在成功预订后才会显示具体信息。该模式有两大好处：一是用户可享受到较大程度的折扣优惠，二是提供商可在不稀释其品牌核心价值的情况下实现收益的最大化。

---

① 资料来源：艾瑞咨询，海外在线旅游企业案例研究报告——Expedia。

Egencia 向北美、欧洲和亚太地区的 46 个国家和地区的公司或组织提供企业差旅服务，主要收费来源有企业差旅账户管理费和预订交易佣金。此外，Egencia 还提供咨询和会议管理服务。艺龙是 Expedia 收购的第一家中国互联网公司，2004 年 12 月成为在纳斯达克上市的艺龙网的最大股东。艺龙致力于为消费者打造专注专业、智能、便捷的住宿预订平台，覆盖全球 32 万家酒店预订。

Venere 聚焦于欧洲酒店、短租及公寓预订，在 3 万个目的地拥有超过 12 万家的酒店、短租房、公寓可供预订。

Expedia Local Expert（ELE）提供旅游目的地多方位活动的面对面咨询、推荐服务。ELE 在超过 100 家酒店及其他全球重要旅游城市设有办公室，向相关用户提供服务。

Classic Vacations 专注于提供高端奢华度假产品的个性化定制服务。目前其产品覆盖目的地有夏威夷、加勒比海、墨西哥、哥斯达黎加、欧洲、澳大利亚、新西兰、斐济、塔希提岛等地区。

图6-1　Expedia集团组织架构

Expedia 业务覆盖在线旅游消费的多个环节，在线旅游消费生态循环系统由旅游点评、旅游激励、旅游计划、旅游搜索、旅游预订和旅游六个环节构成,并形成封闭循环。各个环节的发展程度不一,其中旅行预订、旅行搜索、旅游点评三个环节发展相对成熟,旅行预订的成熟度最高;旅游激励、旅游计划发展程度相对较低;在旅游环节,在线旅游转入线下实体旅游服务业进行消费。Expedia 在点评、搜索、预订环节均有较强实力,并能提供一站式的旅行产品查询、预订服务。

在 O2O 大趋势的影响下,Expedia 也展开了其在线旅游服务 O2O 转型。Expedia 在 2013 年第四季度及 2013 年财报中的一大亮点是:从在线预订向在线服务转型并加强各个环节体验闭环的建设及移动化布局,而发力点则体现在 Expedia 在技术上的投入和对移动端的重视。

Expedia 在 2013 年第四季度技术和内容开支增长 15%,达到 1.55 亿美元。技术方面的效果主要体现在:

(1) 大数据新功能,为了简化桌面端和移动端的旅游购物体验,Expedia 发布了几项搭载了大数据的新功能。

(2) 航班推荐,航班推荐对消费者的搜索请求实时洞察进而结合消费者的机场选择、旅游时间、旅游频次给出选择建议。

(3) 需求暂存,能有条理地整理存储消费者搜索请求的技术大大方便了用户检索,帮助用户充分掌握信息,做出明智的决策。

(4) 行程分享,这一技术使消费者不管是在 Expedia 的桌面端还是移动端,只要预订旅行产品都可以跟亲朋好友分享旅行线路和旅行信息。

(5) 元搜索,2013 年 3 月并购酒店元搜索 trivago,trivago 2013 年超过 85% 的增长几乎占到了 Expedia 全年营收的 4%。

2014 年,Expedia 这位业界巨头大力投资数据分析来为用户提供个性化的推荐服务,并借此带动适当的品牌互动。Expedia 是个掌握着大量数据的公司,拥有分布在全世界 70 个国家和地区的约 150 个站点,每个月有五千万的用户访问,其手机 APP 的下载次数达到每分钟 200 次。2013 年 Expedia 在研发上投入了 5 亿英镑,而市场营销方面的投入是 20 亿英镑,其常用的营销及促销方式呈现多元化,如图 6-2 所示。Expedia 打算通过为每一位用户定制旅游行程图(Travel Graph)来抓住公司年近千亿的宏伟目标,Expedia

第六章 大数据背景下北京旅游电商营销模式创新总结

欧洲、中东及非洲区高级市场总监 Andrew Warner 表示,只要用一定的方法设计数据机构,Expedia 就可以对自己的用户了如指掌。通过将用户愿意分享的信息进行架构,Expedia 可以为每一位用户量身定做不同的推荐项目,而不是千篇一律的搜索结果。Warner 表示:从洛杉矶到纽约的这段旅程,Expedia 可以为每位用户提供 650 亿种不同的旅行产品组合,可以选择不同的航班时间、航空公司、租车服务、酒店以及其他服务。用户进行搜索时,旅游行程图会根据个人的不同需求将最重要的结果置顶。Expedia 所做的其他尝试还包括动态推荐信息、点击聊天功能、动态行程信息提示等服务。

图6-2 Expedia常用的市场营销及促销手段

2015 年美国东部时间 4 月 30 日,Expedia 公布了其截至 2015 年 3 月 31 日的 2015 年第一季度财务业绩。第一季度酒店总间夜量同比增长了 32%,国际及国内业务酒店总间夜量分别同比增长了 23% 和 41%;由于核心业务的强劲表现,Expedia 集团(不包含艺龙在内)第一季度的调整后息税前利润同比增长了 25%;第一季度,国内及国际旅行总预订量分别同比增长了 20% 和 17%

（排除汇率影响，增长为32%），国际总预订量达到61亿美元，占全球总预订量的41%，与2014年同期持平；酒店业务占全球收入的66%，机票业务占10%，广告及媒体业务占9%，其他收入占15%。其中，全球酒店收入同比增长了14%，酒店间夜量同比增长了32%。

第二节　国内旅游电商利用大数据营销模式创新

近年来，国内旅游电商的发展呈现出迅猛增长势头，在市场竞争激烈的情况下，旅游电商之间的营销手段更加多样化，本节我们总结了国内旅游电商发展的整体规模以及我国旅游电商在借鉴国外旅游电商营销方式的基础上做的创新。

我国旅游电商的总体规模呈现出不断增长的趋势，一是因为人们经济条件的好转以及对旅游需求动机的变化，二是因为旅游电商营销手段的带动。本节我们首先总结了中国旅游电商的总体规模情况，其次对中国旅游电商营销模式创新做了总结，并给出了旅游电商的典型案例。

一、总体规模

劲旅咨询发布的《2014—2015中国在线旅游市场研究报告》显示：2014年，中国旅游市场交易规模为32 500亿元，较2013年29 475亿元同比增长10.3%；其中在线市场规模约达3670亿元，较2013年2522亿元同比增长45.6%；在线渗透率为11.3%，较2013年8.6%增长了近3个百分点，如图6-3所示。2015年上半年，中国在线旅游总交易规模为1654.8亿元，同比增长35.6%，渗透率为8.9%。出境游领域、个性化高端定制游领域、OTA、亲子游、目的地旅游等旅游细分领域都备受资本市场的青睐。

第六章 大数据背景下北京旅游电商营销模式创新总结

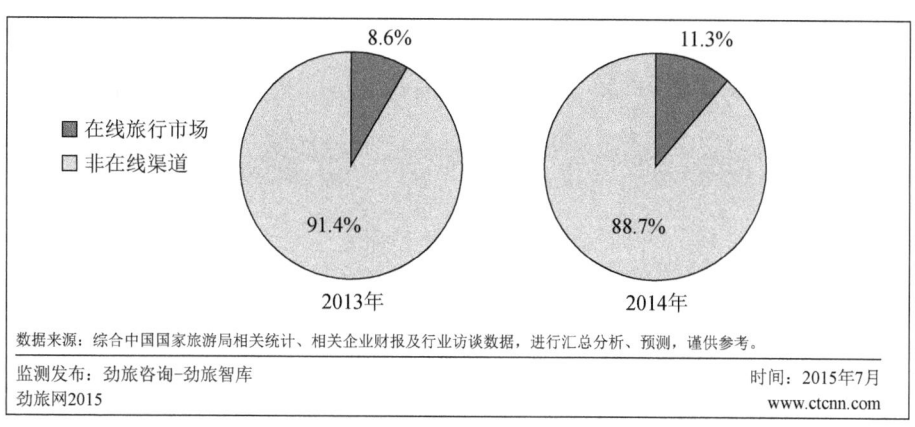

图6-3 2013—2014年中国旅游市场在线渗透率

随着旅游移动端的发展，用户数量稳步提升。艾瑞咨询监测数据显示：2014年1—12月中国在线旅游移动端月度覆盖人数始终保持增长态势，其中12月月度覆盖人数达到1.6亿，如图6-4所示。据易观智库研究发现：2013—2014年中国移动互联网呈现爆发式增长，中国在线旅游移动端市场规模随之扩大，2014年交易规模达到1247.3亿元，占中国在线旅游市场整体规模的44.6%。

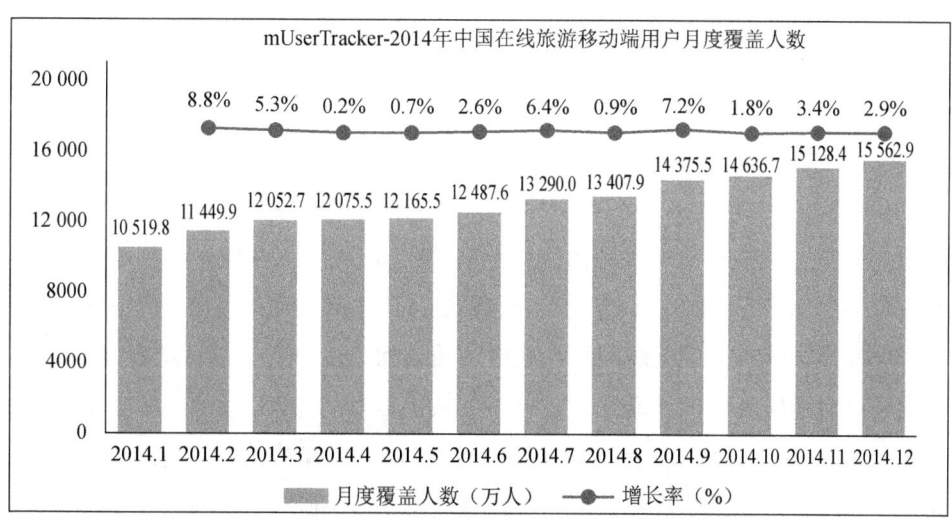

图6-4 2014年中国在线旅游移动端用户月度覆盖人数

数据来源：艾瑞咨询《2015年中国在线旅游移动端行业研究报告》

在移动端下载量上，去哪儿网在整体行业中处于领先水平，截至2014年12月31日下载量达到7.5亿，如图6-5所示。

在线旅游企业名称	成立时间	移动端首次发布时间	截至2014年12月31日移动端下载量
去哪儿网	2005年5月	2010年7月	7.5亿
携程旅行网	1999年	2010年3月	6.0亿
同程旅游	2004年	2011年4月	2.8亿
艺龙旅行网	1999年5月	2010年5月	1.5亿
途牛旅游网	2006年10月	2011年10月	1.4亿
驴妈妈旅游网	2008年	2011年6月	1.2亿
神州租车	2007年9月	2012年	700万
易到用车	2010年5月	2010年10月	100万

图6-5 旅游企业APP下载量Top8

数据来源：艾瑞咨询研究报告

二、营销模式创新总结

（一）移动端火热

智能手机的普及和消费者使用手机习惯的改变为整个旅游业提供了更大的旅游市场空间，这也成为去哪儿网、携程、艺龙等旅游企业发力移动互联网的主要原因。在国外，60%的休闲旅游及40%的商业旅游都是通过线上预订，而在国内，这个比例平均只有5%。随着移动互联网业务的普及，中国移动支付市场发展火热。移动互联网能够随时随地访问，旅游者可以通过智能手机等终端登录旅游服务商的移动网站进行相关旅游信息的查询，完成金额支付，客户端可以把预订的结果、航班的延迟等信息随时通知旅游者。其"便捷、快速、可随时预订"的特点使更多的消费者选择使用该服务。2011年，各大旅游电商都发力移动终端，如图6-6所示。

第六章　大数据背景下北京旅游电商营销模式创新总结

图6-6　2011年主要旅游预订类智能手机客户端

在旅游电子商务企业中，携程最早发布无线战略"一网三客户端"，携程定下公司的"无线目标"：未来三年内来自移动客户端的销售额要占公司总销售额比重的30%。根据携程发布的财报，截至2015年第一季度，携程旅行无线应用已经拥有约8亿累计下载量。2011年8月，旅游垂直搜索网站去哪儿网宣布投资1亿美元布局无线客户端和手机支付市场。与此同时，淘宝旅行推出了iPhone版本和Android版本的手机客户端。航空公司中国航、东航等也将相继发布移动客户端。经济型酒店中如家、7天和汉庭都推出了智能客户端。2015年1—6月，中国移动端旅游用户渗透率均突破了10.5%，其中6月渗透率为10.8%。6月主要手机旅游APP中去哪儿旅行月活跃用户数最高，为2817.91万人；携程位居第二，为1964.28万人；阿里旅行位居第三，但月活跃用户数和前两名差距较大；其后依次是同程旅游、艺龙旅行、途牛旅游和驴妈妈，这四个APP月活跃用户数都在百万级。

（二）资本市场青睐

2011年资本市场对于旅游电商的投资热情高涨，反映出旅游作为服务类电商在中国的巨大发展潜力。2014年可以说是旅游行业的融资年，大量资本涌入旅游市场。据劲旅网不完全统计：2014年投入到线上线下旅游企业的金融资本和产业资本总计约为190亿元（不含与旅游地产相关的投资），比2013年增长近一倍，尤其是出境游市场受资本青睐度最高。2015年旅游市场的投资热情依然高涨，图6-7列出了2015年上半年发生的几次旅游市场投融资事件。

时间	企业名称	融资金额	轮次
2015年1月	布拉旅行	300万元	天使
2015年1月	游谱网	百万元	天使
2015年1月	万达	31.2亿港元建酒店综合体	
2015年3月	蚂蜂窝	2亿元	C轮
2015年5月	携程	4亿美元收购艺龙	
2015年6月	驴妈妈	5亿元	
2015年6月	同程	确认万达投资意向	
2015年6月	去哪儿网	5亿美元	A+
2015年6月	海玩网	千万美元	B轮
2015年6月	票管家	3000万元	pre-A
2015年6月	途家网	2.5亿美元	

图6-7　2015年上半年旅游市场投融资事件列举

（三）价格促销方式多样化

2011年是旅游团购元年，这一年拉手网、满座网等综合类团购网站推出独立酒店频道，淘宝旅行平台推出"淘宝旅行团"活动，专注于旅游团购的椰子网正式上线。2011年1月垂直搜索引擎去哪儿网上线团购频道，成为首个推出旅游团购的专业旅行网站。随后携程、艺龙等OTA网站也按捺不住，纷纷推出团购频道。旅游团购的核心产品线是酒店、景区门票和打包旅游服务（如酒店＋周边景区门票＋温泉SPA等）。上述产品标准化程度高，因此率先成为旅游团购的市场切入点。此外，机票、度假线路、温泉水疗、餐饮、租车和旅游装备等是旅游团购的外围产品线。团购酒店的价格可比正常价格低30%~80%不等，有时甚至低于1折。近两年，越来越多的促销手段出现，红包、1元秒杀、新用户优惠、特卖会等形式层出不穷。

第六章 大数据背景下北京旅游电商营销模式创新总结

(四)微博、微信

根据中国互联网信息中心(CNNIC)发布的第35次中国互联网发展统计报告,截至2014年12月,我国微博用户规模为2.49亿,网民使用率为38.4%。根据腾讯发布的微信用户数据报告,截至2015年第一季度末,微信每月活跃用户已达到5.49亿。微信与微博庞大的用户量为企业提供了更广阔的平台,旅游电商纷纷利用社会化媒体进行营销。微博不仅是面向用户的绝佳营销平台,是查订旅游产品的新途径,而且是产品和用户满意度的监测平台。目前更多的企业正在把业务向微信平台转化,用户可以直接通过微信完成预订与支付。

(五)点评分享成热点

我国旅游人数正在快速增长,旅游需求不断提高。对于旅游者来说,出游前在旅游攻略网站下载攻略;出游中通过移动终端查询目的地交通、天气信息;出游后在旅游点评网站发布点评,在社交网站上分享旅游经历,都需要有专业的网站来实现。目的地需要了解旅游者需求,旅游者也需要了解更多目的地信息,把社交网站与广泛且价值巨大的旅游市场结合起来成为新的热点。2011年11月,美国旅游社交网站Gogobot获第二轮融资1500万美元,12月,全球最大在线旅游公司Expedia旗下主打酒店点评的网站TripAdvisor拆分上市,这两家公司的境况为国内同类旅游点评和社交网站创造了巨大想象空间,催热了中国旅游点评和社交市场。不仅有专门的旅游点评社交网站成立,如图6-8所示,原来的旅游电商也纷纷推出攻略频道。

图6-8 主要旅游社交点评类网站

（六）支付方式创新

旅游交易中的支付方式由过去的现金、票据等传统方式，发展到现在的智能卡（IC）、电子现金（E-Cash）、电子钱包（E-Purse）等电子支付方式，国家间各种国际电子支付安全协议的实施和通行，如 SSL（Secure Sockets Layer，安全套接层）安全协议和 SET（Secure Electronic Transaction）安全电子交易安全协议，使旅游网络市场的电子支付逐渐国际化、规范化。2015 年旅游电商纷纷试水旅游金融。例如，携程成立了携程金融事业部；去哪儿上线与闪白条合作开发的商旅消费金融产品"拿去花"；途牛则设立了为金融服务专门成立的途牛金融服务，推出了自营消费分期产品。此外，同程旅游也启动"双十亿计划"，为供应商提供低息或免息贷款。中国旅游研究院副研究员杨彦峰表示："由于缺乏自身的旅游金融服务支持，旅游电商平台很难说完成了旅游生态圈的闭环建设。互联网金融时代的到来，给了旅游电商重新洗牌的机会。"

（七）合作发展

一方面，旅游电商与中上游产品供应商的合作日渐紧密和多元化，使得旅游企业能够更好地开发出丰富的旅游产品和服务；另一方面，旅游企业与平台、门户、社交媒体的合作日渐丰富，这种合作能够给企业带来更大范围内的用户覆盖率以及用户的无缝浏览和预订消费。同时，跨界合作也可以达到双方的共赢。例如，逸游旅行网联合门户体育为球迷推出一款"意大利看球自由行"的旅游产品，《足球天下 2》第一届冠军联赛的冠军玩家将有机会前往意大利米兰观看意甲巅峰之战。

第三节　大数据背景下北京旅游电商营销模式创新总结

宏观环境与行业环境的变化要求旅游电商的营销方式随之改变，企业必须根据所处环境的变化适时调整发展策略，只有不断创新，企业才能在市场中得以发展。本节我们将总结北京旅游电商营销模式创新及其意义。

第六章 大数据背景下北京旅游电商营销模式创新总结

一、大数据背景下北京旅游电商营销模式的变化

在大数据出现以前,北京旅游电商的营销模式只是简单地利用了网络技术以及一些传统媒体,其对消费者的分析并不完整,在营销上还处于粗放式营销。大数据出现后,企业对消费者的了解更加完整,在营销方式上更加多元化。

通过前两节对国外旅游电商营销模式的创新以及国内的发展情况来看,我国旅游电商的创新模式在借鉴国外发展经验的基础上又做了创新。在大数据背景下,北京旅游电商的营销方式变得更加丰富,营销手段更加多元化。

在对企业品牌的推广上,由原来的传统媒体营销转向了新媒体传播,更加有效地提升了企业的知名度。传统媒体营销虽然有一定的影响力,但是在网络发展迅速的今天,扩大品牌的影响力还需要借助受众广泛的新媒体。在大数据技术之前,企业在网站的推广广告与搜索内容等都是不精确的,没有针对消费者的需求进行推广,效率不高。大数据出现后,精准营销成为可能。

在维护客户关系上,大数据发挥了更重要的作用。以前企业收集客户资料成本是非常大的,且收集的资料并不完整。有了大数据技术,企业对消费者的信息收集分析相对容易多了,对消费者的了解更加深入与完整,在营销上具有更多的主动性。在互动上,企业与顾客原来的互动较少,消费者对企业的忠诚度不高。在社交媒体出现后,企业与客户的关系拉近了,双方可以通过社交平台进行互动,培养用户对企业品牌的感情。同时,通过平台为消费者解决问题,可以提高消费者的满意度。

追求利润是企业的目标,互联网的发展使一批传统的旅行社纷纷转战线上发展。近年来,移动互联网用户规模不断增长,因此抓住消费者碎片化时间成为众多企业营销的目标。微博、微信是推广企业信息的有力工具,APP 成为完成交易的第二大工具。如今,伴随着微信用户规模的不断扩大、功能的不断完善,特别是微信支付功能的推出,旅游电商纷纷在微信平台完善自身的业务功能,优化用户体验,使交易流程更加简便顺畅。为了抢占市场份额,北京旅游电商的价格促销方式也越来越多样化,利用社交媒体的影响进行促销也成为新

形式、分享有奖、集齐点赞等方式也被广泛使用。

二、典型案例分析

（一）途牛旅游网

成立于2006年10月的途牛旅游网是南京途牛科技有限公司旗下的网站。途牛旅游网专注于旅游度假产品的在线预订服务，是面向全国提供在线旅游预订服务的B2C电子商务网站。途牛利用互联网优势，整合旅游产业链，通过呼叫中心与业务运营系统服务客户，开辟了创新的在线旅游预订模式。图6-9所示为途牛旅游网的Logo。

图6-9　途牛旅游网的Logo

目前，途牛旅游网提供8万余种旅游产品供消费者选择，涵盖跟团、自助、自驾、邮轮、酒店、签证、景区门票以及公司旅游等，已成功服务累计超过400万人次出游。图6-10所示为途牛的产品频道。途牛的产品有以下几大特点。

图6-10　途牛旅游网的产品频道

（1）产品丰富，从近千家旅行社精选出性价比高的优质线路，组成丰富的产品线，满足客户国内外出游需求。

（2）性价比高，同类产品选择途牛更实惠，进百位专业的旅游顾问帮客户筛选出市场上高性价比的旅游产品。

（3）省心便捷，点击鼠标或打个电话即可出行，专业的呼叫中心和资源旅行顾问为客户提供便捷贴心的服务。

（4）量身定制，专业旅游顾问团，丰富的产品线，满足客户量身定制的个性化需求。

（5）双重保障，售中、售后跟踪服务及质检，旅途中出现任何质量问题途牛都将帮助客户维权到底，使客户的权益得到切实保障。

途牛旅游网在营销方式上一直坚持创新。2009年开始投放广告，面对铺天盖地的媒体渠道，途牛的营销团队一直保持着清醒的头脑，线下媒体选择了最适合当时发展阶段的地铁公交媒体以及分众，线上一致注重搜索渠道的合作。阶段性合作的事实证明：这一选择是正确的，用有限的费用集中力量投放了较少同时也是该阶段较为高效的渠道，努力把这些渠道打通打透，打造了途牛的品牌知名度。目前，途牛每年都会选择某一时段继续在这些线下媒体上投放广告，同时全年锁定线上搜索渠道持续投放，保证同一渠道的持续性声音，从上下班路上到工作所在地，从午休到更多的工作间隔时间，将受众的碎片时间串联起来，形成了整线宣传的效果。途牛对同业的广告投放也进行了多次分析，短期的投放效果是相对有限的，一是因为投放时间太短，根本无法将这个渠道做深做透，而资源的投入却是相当巨大的；二是短时间的电视投放带来了短期内的品牌提升，而当电视广告突然告一段落，实际上却是在一定程度上让电视渠道受众对该品牌产生了广告后的"弱化"观。对于途牛来说，多年来坚持在部分渠道进行持续的投放，不扩散，不盲从，不"心血来潮"，坚定"少就是多"这个投放原则，在有限的资源下，争取将广告效果做到最好，让受众的感知相对稳定。

2011年，途牛旅游网与建设银行联合推出首张纯旅游类银行联名卡——途牛旅游龙卡，它不但具有银联标准人民币信用卡的全部功能，而且同时具有途牛网会员卡功能，即持卡人订购途牛旅游网旅游线路享折扣，服务优惠，更可享受建行与途牛网积分及双重奖励。随着旅游移动终端势头的迅猛发展，11月，途牛推出全新的手机客户端。

2013年，途牛旅游网再次提升"定制旅游"预订体验，全新在线自动提交定制需求，会员可快速完成出游目的地在线提交，途牛大客户专业团队可及时根据客户填写的定制需求，为客人制定最符合出游需求的定制行程。该需求的上线，极大地缩短了客人需要沟通的时间成本，更有利于客人将出发城市、目的地、出发日期、行程天数、出游人数、出游预算、住宿要求及其他细节要求等详细地传递到位，定制需求更清晰明确，定制流程耗时缩短，更有利于客户尽早完成签约，愉快出游。

随着微博、视频等传播手段兴起，一个人也可以成为一个电视台、通讯社，向全世界现场直播，旅游体验师在互联网技术基础上应运而生。自2011年开始，途牛开始招募"旅游体验师"，旅游体验师通过网络将文字、图片或视频实时与网友在线分享，并最终对该条旅行线路给出综合评价，以供网友参考。途牛旅游网CEO于敦德表示：互联网分享的理念与旅游体验师的意义一拍即合，旅游体验师可以通过文字、图片、视频等多种形式对旅行途中的见闻进行分享，为大众提供旅游参考，传递旅游的美好。

2014年，途牛旅游网成功牵手《非诚勿扰》，成为江苏卫视《非诚勿扰》开播史上首个旅游品牌独家冠名商。途牛网成为江苏卫视王牌节目《非诚勿扰》独家冠名，开在线旅游业先河，这是途牛启动新一轮品牌营销战略的开始。同时，电视综艺节目作为覆盖人群最广、渗透力较强且收视范围较稳定的传统营销平台，对途牛进一步提升自身品牌曝光度、知名度有着很大帮助。众所周知，《非诚勿扰》平台价值早已突破江苏卫视的"省级"局限，同时，视频行业所释放出的传播红利，也是大多数在线旅游电商暂未涉及的。在《非诚勿扰》独家冠名期间，途牛为全国消费者带来了时下最热门的"1块去旅游"《非诚勿扰》专场，节目结束半小时内登录"途牛旅游"APP，点击"1块去旅游"《非诚勿扰》专场专题页面，即可享受"1块去旅游"的全新体验，每期推出四款1元钱的旅游产品，抢购产品涵盖国内外及周边热门目的地。途牛在2014年加强了品牌广告的投放力度，提高了客户对途牛的认知度。途牛旅游网CEO于敦德曾表示：途牛网日均UV（页面浏览量）提高了一倍。2015年8月，途牛自制90后旅游真人秀栏目《出发吧我们》开拍，"出我团"将深度体验途牛明星目的地的风土人情与历史文化，在那里同吃、同游、同住，展现他们或高冷、或逗逼、或优雅、或暖人的每一面。同时，他们也会面临前所未有的旅游新体验以及生存考验，在旅游中体会共同成长的经历与乐趣。途牛旅游网栏目组介绍，《出发吧我们》会为消费者带来一次全新的休闲度假行前体验。

2015年5月，途牛获得5亿美元投资，京东成为第一大股东。途牛获得京东旅行—度假频道网站和移动端的五年免佣金独家经营权，在该频道独家销售打包旅游产品、邮轮、景点、签证、火车票以及租车等产品及服务；途牛同时成为京东机票和酒店业务的优先合作伙伴。京东将为途牛提供广泛的运营支持，包括大数据、金融服务、流量及其他经营资源等。

2015年6月，途牛旅游网针对明星产品"牛人专线"，上线了由品牌代言人林志颖和Kimi父子二人倾情演绎的《爱的旅途 值得更好》全新系列TVC广告。为持续提升用户体验以及出游满意度，途牛早在2009年就推出了独家休闲旅游产品系列"牛人专线"，均由从业10年以上的资深产品人员进行设计和踩线，通过安排高于常规产品的餐标、入住指定酒店、金牌导游服务、不拼团、景点优中选优等多方面措施来保障线路品质，提升游客出游体验。目前，途牛"牛人专线"目的地已经涵盖国内、日韩、东南亚、澳非、欧洲、美洲等热门方向。截至2014年年底，累计选择"牛人专线"旅游产品出游的途牛用户人数超过80万，点评人数超过16万，满意度高达96%。截至2015年4月，"牛人专线"毛收入已占到途牛跟团游毛收入的25%。

一年一度的618，被热火朝天的电商平台玩成了夏季狂欢节，作为2015年电商日在线旅游行业的唯一参与者，途牛旅游网推出的"旅游618"年中庆晒出的专题产品销量破千万元的成绩同样靓丽。而在"旅游618"年中庆期间，途牛单日销售额突破5300万元同样再创历史新高。

2015年7月，途牛旅游网借势好声音第四季进行品牌营销，打造好声音观察团。作为《中国好声音》官方指定旅游网站，途牛通过官方微博、微信订阅号（LOVETUNIU）两个渠道的相关活动，向用户送出《中国好声音》录制现场门票。途牛旅游网相关负责人表示：用户在微博上参加"花样秀口号，得好声音门票"活动，转发微博带上话题#中国好声音 途牛好旅游#，即有机会获得一张门票。同时，用户参与途牛网微信订阅号（LOVETUNIU）"寻找最美好声音"活动,也有机会赢得录制现场门票。通过送门票等一系列互动活动,途牛实现了与粉丝的紧密互动,快速抢占了跨界营销制高点。"中国好声音 途牛好旅游"已成为大众耳熟能详的热门话题。打开途牛旅游网的页面,就能看到途牛与好声音的广告,如图 6-11 所示。

图6-11 "中国好声音 途牛好旅游"广告页面

通过一系列的创新营销方式,途牛旅游网品牌知名度得到了显著的提升,消费者的认可度得到了极大提高。途牛2015年第一季度净收入为12.5亿元(合2.014亿美元),较 2014 年同期增长 115.9%,如图 6-12 所示。2015 年第一季度出游总人次为 659 032,较 2014 年第一季度 280 953 人次增长 134.6%。

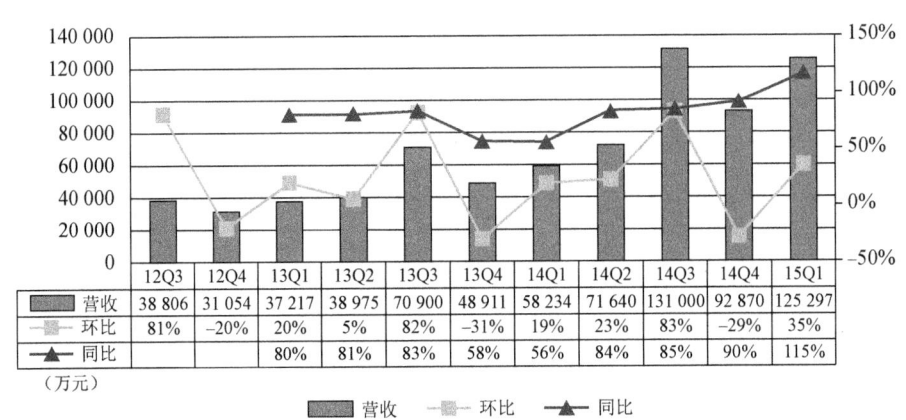

	12Q3	12Q4	13Q1	13Q2	13Q3	13Q4	14Q1	14Q2	14Q3	14Q4	15Q1
营收	38 806	31 054	37 217	38 975	70 900	48 911	58 234	71 640	131 000	92 870	125 297
环比		81%	-20%	20%	5%	82%	-31%	19%	23%	83%	-29%	35%
同比				80%	81%	83%	58%	56%	84%	85%	90%	115%

(万元)

图6-12 途牛2015年第一季度营收12.5亿元 同比增长115.9%

数据来源:199IT 中文互联网数据资讯中心 途牛财报解读

(二)蚂蜂窝

蚂蜂窝旅行网是中国领先的自由行服务平台。以"自由行"为核心,蚂蜂窝提供全球 60 000 个旅游目的地的旅游攻略、旅游问答、旅游点评等资讯,以及酒店、交通、当地游等自由行产品及服务。蚂蜂窝的景点、餐饮、酒店等点评信息均来自数千万用户的真实分享,每年帮助过亿的旅行者制订自由行方案。

第六章 大数据背景下北京旅游电商营销模式创新总结

蚂蜂窝旅行网由陈罡和吕刚创立于 2006 年，从 2010 年正式开始公司化运营。蚂蜂窝的用户主要通过口碑获得，截至 2015 年 9 月 30 日，蚂蜂窝已积累 1 亿用户，其中 80% 的用户来自移动端（蚂蜂窝自由行 APP）；月活跃用户数 8000 万，点评数量达 2100 万条。蚂蜂窝旅行网的 Logo 如图 6-13 所示。

图6-13 蚂蜂窝旅行网的Logo

蚂蜂窝旅行网站从自由行消费者的角度，帮助用户做出最佳的旅游消费决策。UGC（用户创造内容）、旅游大数据、自由行交易平台是蚂蜂窝的三大核心竞争力，社交基因是蚂蜂窝区别于其他在线旅游网站的本质特征。

旅游攻略代表着在线旅游网站第三个时代的到来，是个性化旅游需求的刚性体现。随着人们经济能力的提升和受教育水平的提高，消费者不再满足于标准化的到此一游，而是期待更加个性化的旅行体验。消费者希望看到真实的旅行点评，希望了解在哪里吃饭更便宜美味，以及在哪里购物更实惠方便，这个需求是前面两个时代的产品所无法满足的。旅游攻略代表着旅游市场的逐步成熟。第一个时代是典型的卖方市场，只是把线下资源整合搬到线上销售，因为消费者没有其他的方式和渠道去找到这些商品和商家；第二个时代虽然能把标准化产品放在一起进行比价，但是并没有改变用户习惯；只有第三个时代也就是用户个性化需求时代到来的时候，用户才需要攻略这种产品。

1. 蚂蜂窝的社交属性[①]

蚂蜂窝旅行网是旅游网站第三个时代的典型代表，个性化的旅游攻略是蚂蜂窝的核心产品。攻略由用户提交一手信息，蚂蜂窝后台通过 POI 和 wiki 系统筛选，再人工排版制作成册。攻略内容包括交通、美食、住宿、购物等旅行的方方面面，然后公开发布到网站供用户免费下载，内容编排类似于畅销全球

---

① 资料来源：http://news.cnfol.com/。

的《孤独星球》。为提供更全面细致的攻略，蚂蜂窝采取了"分舵"机制，在各地组织一批对当地非常熟悉同时又非常了解旅游需求的热心用户，有相当一部分内容都是他们来维护和更新。UGC+SNS 互联网企业与传统 OTA 不同，虽然同样关注在线旅游行业，但是蚂蜂窝最重要的关注是用户，SNS 属性最强，帮助用户找到对的旅行决策是蚂蜂窝的宗旨。

  蚂蜂窝的核心价值就是为用户提供真实有效的信息，帮助用户制定正确的旅游决策，帮助用户解决旅游中的问题。蚂蜂窝实现该价值的方式是通过无数用户的真实分享，这也是蚂蜂窝的旅游攻略能够源源不断产生的根基。从互联网发展趋势看，企业已经不能单纯将用户和客户的角色完全剥离，蚂蜂窝独特的实现用户价值的方式让其在用户活跃性和资源的丰富性方面始终处于行业领先的地位。

  为了鼓励用户分享更多、更有价值的原创信息，蚂蜂窝的产品设计也非常注重社交属性，以用户体验真实性和趣味性出发，从积分制度、小组到论坛、微博以及线下的"舵主"系统等，产品形态品类非常全面。

  2. 蚂蜂窝的口碑营销

  与一些铺天盖地进行广告轰炸的旅游网站相比，蚂蜂窝显得很低调。蚂蜂窝在市场推广方面一直强调创意和有爱的氛围，主要依靠口碑营销。初期，蚂蜂窝选择在地铁上投放广告，户外硬广大面积、高频度的覆盖，对于扩大知名度和影响力非常有效。在取得了一定的知名度之后，蚂蜂窝开始策划了一些创意微电影的拍摄，通过微电影对核心产品进行介绍，内容生动时尚，非常吸引追求个性、崇尚独特的年轻人。

  2012 年 6 月，一个名叫李鹏的 28 岁北京网友在蚂蜂窝上发了一个帖子。他在帖子里称自己下个月就要结婚，希望能够征集到异国他乡驴友发来的明信片，让渴望环球旅行却从未出过国的女友得到来自全世界的祝福。李鹏说：他爱上旅游就是受女友影响，他同时也是个明信片迷，所以就想到了用这种方式寻求祝福。

  让李鹏意想不到的是：这篇帖子当晚便被蚂蜂窝的管理员置顶，很多热心驴友被他的真诚打动，写满祝福的明信片如雪片一样从世界各地飞来。

第六章　大数据背景下北京旅游电商营销模式创新总结

李鹏总共收到了 290 多张明信片，它们的行走总里程达 84 万多公里，相当于绕地球 21 圈。除了国内各个省市，相当一部分明信片是来自国外的。李鹏说：除了南极洲，其他各大洲都有驴友寄来明信片。最遥远的祝福来自阿根廷的布宜诺斯艾利斯，距北京 1.9 万多公里，用了将近两个星期的时间才到。

蚂蜂窝将这个发生在自己用户身上的真实故事拍成微电影，希望将有爱的企业文化传达给更多的用户。于是，在李鹏用明信片制成的世界地图求婚的那天，蚂蜂窝全程拍摄，并精心制作成一部微电影。这部几乎没有做任何宣传的微电影上线后迅速传播，仅七夕一天的播放量就达到了 10.6 万，为蚂蜂窝营造了良好的口碑传播效果。

3. 一场未知的旅行

2016 年 9 月 7 日，"一场未知的旅行"突然引爆朋友圈。12 个小时之内，以《你敢不敢？三小时后，用一场未知旅行检验一段感情》为代表的活动相关文章，微信总阅读量已超过 500 万。而这场人性实验，经过咪蒙、张佳玮、Ayawawa 等大 V 的热捧，仅在微博话题的阅读量就超过了 1.3 亿。策划这起事件的就是蚂蜂窝旅行网，他们突然选择从低调到高调造就这场"情感测试"，其旅行宣传图如图 6-14 所示。

图6-14　一场未知的旅行宣传图

这是一场未经宣扬的营销事件。早在 9 月 7 日的零点，"蚂蜂窝自由行"的微信公众号就发出了一条文章《再见了》，内容只有 17 个字："我要用一段未知的旅行检验未知的感情。"当细心人终于留意到这篇文章的作者是"未知旅行实验室"时，蚂蜂窝的 APP 和 PC 页面悄然发生了改变，没有透露任何信息的"一场未知的旅行"倒计时突然上线。经过一夜的发酵，成为微博的热门话题。人们开始纷纷猜测：什么是未知的旅行？直到晚上 8 点，蚂蜂窝才公布了这场"未知旅行"的全部细节——这是一款神秘的双人自由行产品，价格 1314 元，限购 27 份，出发时间未知、旅行地点未知、旅行体验未知，但要求必须填写"你坚信在任何时间都能放下任何事与你前往任何地点的 Ta"。

仅仅三个小时，以蚂蜂窝这条微信为首的相关文章就引爆了朋友圈。三小时后，27 名消费者购买了这场用于情感测试的"未知旅行"产品。这场未经宣扬的营销事件，终于在第二天（9 月 8 日）中午 12 点揭开谜底。成功购买的消费者欣喜地发现：每个人获得的都是一段实际价值远远超过购买价格的旅行，而这些新奇、时尚、特别的旅行体验，其实早在 8 月底就出现在了蚂蜂窝投放于北京、上海等一线城市的地铁、楼宇的广告画面里。

蚂蜂窝这篇署名为"未知旅行实验室"的文章写道："旅行中，人们最容易放下面具，也最容易暴露本性。某种意义上，旅行对于感情的考验，可以放大到人类的一切关系中——无论一起生活，还是一起创业。""我们做了一个大胆的决定：用一款产品，把旅行中'未知'的考验放到决策和出发前——让'未知'更加极端，这其实是一场感情测试。如果你们连去与不去都无法统一，还想着在旅行和未来的日子里长相厮守？"

在蚂蜂窝看来，自由行时代，个性化旅行体验对于很多用户来说同样是旅行中的"未知"。互联网生意的本质就是"连接"，攻略内容的入口加上大数据，能有效弥补搜索框和货架模式的不足，将新鲜且极具个性化的旅行体验与用户需求更好地连接。正如扎克伯格说过的一句话："最棒的广告就是内容。"广告和内容结合是营销发展的大趋势，只有这样广告才能更贴近于人们的日常行为，成为生活的一部分，也才能受到更多用户的喜爱。尤其是来自用户的真实内容信息，如来自用户的点评和分享，就是最好的广告。2013 年，蚂蜂窝采用了以用户为中心的内容营销，通过个性化的玩法，增强用户黏性。例如，为用户定制了寻找旅行家、旅行大篷车、旅行家脱口秀、蜂首聚乐部、国人旅行展等活动,也以微电影、电台节目、线下展览等形式,呈现人们的旅行生活、旅行历史和旅行未来。在这个过程中,注重与用户的深入交互,使得蚂蜂窝的产品实现了社会属性。

三、北京旅游电商营销模式创新的意义

北京旅游电商营销模式的创新具有十分重大的意义,不仅仅是企业实现追求利润这一目的,在对营销模式创新过程中,对企业的影响包括降低营销成本、提升品牌知名度与顾客忠诚度、精准营销、增加收入、预测市场的发展等;同时,也对消费者起到了重要影响:节省时间成本、从优惠中受益、用户体验优化、满意度提高等。

(一)对企业的影响

北京旅游电商营销模式创新对企业的影响可以归纳为四个方面:一是降低企业的营销成本;二是有利于实现精准营销,增加收入;三是提升企业知名度;四是有利于企业对市场发展进行可靠预测,引导消费者。

1. 降低营销成本

旅游电商的传统营销模式属于广撒网的方式,由于企业对目标市场了解不清楚、不彻底,往往花费较大的成本,收到的效果却甚微。在大数据背景下,企业利用新的媒体方式进行营销,不仅花费成本低,取得的效果也令人满意。移动终端的发展为企业提供了一种新的营销方式,即利用微博、微信、APP进行营销,这种营销方式需要投入的成本较小,同时又具有互动性,可以为企业节省大量的投放成本。同时,企业可以通过用户注册获得用户信息,可以进行低成本的市场调查、舆论控制。以前,控制舆论是件非常困难也极为复杂的事情,尤其是在一些负面信息出现的时候,企业要费很大力气向公众做出解释,比如召开新闻发布会,但这个消息要过多长时间才能让所有人都知道,还要看媒体的受关注程度。但现在企业可以在第一时间利用企业的网络平台对舆论进行控制,可以将负面信息的危害尽可能地降到最小。

2. 提升品牌知名度与顾客忠诚度

对收视高的综艺节目进行冠名可以使更多的消费者认识企业,提升企业的

知名度。真人秀综艺节目中的拍摄地一经曝光往往会成为消费者向往的旅游目的地,旅游电商推出的"同款产品"就会受到消费者青睐。在影视作品热播期间,企业可以利用机会适时推出相关的旅游产品与线路,抓住消费者的心理。另外,企业的微博与微信是一个很好的互动平台,消费者的问题可以通过互动得到解决,这有助于取得消费者的信任。在旅游产品质量有保证的情况下,消费者对企业的信任即是对企业品牌的认可,这种认可往往会转化成对企业品牌的忠诚度。企业利用微信、微博推送的相关消息,可以使消费者实时了解到企业的动态,用户通过转发可以分享给身边的朋友,这相当于为企业做了一次免费的口碑宣传。

3. 精准营销,增加收入

企业在掌握用户的信息后,可以利用大数据技术对用户信息进行分析,消费者的性别、年龄、习惯、爱好、职业、地理位置等信息对企业有着非常重要的作用,利用这些信息可以确定消费者的偏好,从而采取针对性的营销。通过消费者的地理位置以及网页的浏览记录,可以适时推送相关产品的信息。通过移动端的定位技术可以获得用户的所在位置,一旦客户有需求,企业可以立即根据用户的定位推出附近的产品与服务。精准营销可以帮助消费者迅速找到所需产品与服务,提升企业的成交率,从而增加企业收入。同时,适当地推送消息可能会激发消费者的消费欲望,在企业优惠活动进行时,企业往往通过APP推送消息或是向用户发送短信进行提示,这种方式在一定程度上可以引导消费者消费,刺激消费者的消费欲望。

4. 预测市场的发展

通过对社交平台大量数据的分析,或者进行市场调查,企业能有效地挖掘出用户的需求,为产品设计开发提供很好的市场依据。例如,在韩剧《来自星星的你》热播后,"啤酒、炸鸡"等词汇成为社交网站上的热词,企业可以根据用户的关键词搜索信息,从而发现消费者对韩国游的热情空前高涨,就可以适时推出相关的韩国游线路。在社交网络出现以前,这几乎是不可能实现的,而如今,只要拿出些小礼品,在社交媒体做一个活动,就会收到海量的用户反馈。

第六章　大数据背景下北京旅游电商营销模式创新总结

（二）对消费者影响

营销模式的创新对消费者的影响主要有四个方面：节省时间成本、从优惠中受益、用户体验优化、满意度提高。

1. 节省时间成本

在大数据技术支持下，企业对消费者的了解更加全面，提供的产品与服务更加符合消费者的需求。在大数据应用之前，消费者通过网络进行搜索，得到的结果是非常多的，消费者需要自己根据结果来进行衡量选择，而如今，利用大数据技术，消费者直接看到的是对搜索结果进行过滤后的排序，最贴近消费者需求的信息将会首先呈现出来，消费者在进行选择时就大大节省了时间。企业提供的打包服务、专线服务等使消费者节省了心力、时间，消费者对个性化、独特性产品与服务的需求，通过企业提供的定制服务也能很好地得到满足。

2. 从优惠中受益

为了争取客户流量，抢占市场份额，旅游电商在价格促销上可谓硝烟弥漫。各种促销手段层出不穷，新用户优惠、1元秒杀、团购、特卖、红包、返现、打折等低价促销一直不断。旅游电商依靠背后的资本支持，一直在"烧钱"抢占市场，根据企业发布的财报，旅游电商大多处于亏损状态，特别是几大巨头亏损最多。在企业纷纷利用价格战抢占市场时，消费者可以从中获得价格上的优惠。

3. 用户体验优化

用户体验优化要求企业将自己的网站针对用户的体验进行优化，面对用户层面的网站内容性优化，本着为访客服务的原则，改善网站功能、操作、视觉等网站要素，从而获得访客的青睐，通过优化来提高流量转换率。影响用户体验的因素包括感官体验、交互体验和浏览体验。旅游电商在发展的过程中不断地更新调整网站的内容与功能，不断进行用户体验优化，同时，对移动端加大重视程度，从用户打开网站到完成支付整个流程更加顺利，用户的体验得到极大提升。对旅游电商而言，游客在游玩过程中的体验更加重要，企业纷纷推出体验师、试睡员、试吃员等职位来保证旅行过程中所使用产品与服务的质量。

4. 满意度提高

消费者满意度的高低是影响企业发展的重要因素之一,如今,消费者可以直接进行网上点评,因此消费者满意度的高低对企业产生的影响更加深远。高的满意度可以为企业形成口碑效应,带来更多的销售业绩;低的满意度则会对企业形成很强的破坏力。提高消费者的满意度也是企业进行不断创新的一大动力,只有高的满意度才能吸引更多消费者。企业实行的精准营销可以更加了解消费者的需求,想消费者所想,更好地服务消费者,满足消费者需求;一对一服务可以及时解决消费者遇到的问题;双方的互动沟通更是培养出了消费者对企业的信赖;定制化、个性化的旅游产品切实满足了消费者的独特需求。这些创新都能使消费者满意度得到提高。

第七章　大数据背景下北京旅游电商营销模式创新存在的问题

当互联网风暴冲击整个旅游行业时，有资源、客户的大中型旅行社纷纷发力互联网，要么开发电商网站，要么利用微博、微信宣传品牌和产品，北京众多创业型企业也纷纷投入旅游电商的大浪潮，再加上移动互联网催生的 APP 应用，一时间出现了一大批旅游电商。这些旅游电商从提供一站式服务到从某一业务切入旅游业，形成了旅游业又一个发展浪潮，在一定程度上改变了人们的出游方式。然而，这些旅游电商很少能在互联网领域拿出可圈可点的成绩，一些营销方法和行为的出发点也都是为了企业的经营和产品的销售，很少从消费者的痛点和需求出发。

前面介绍了大数据背景下北京旅游电商的营销模式创新，如体验式营销、精准营销、数据库营销和网络媒体营销，对营销模式创新中的这几方面加以阐述，并以案例进行进一步的理解巩固。每一类型的营销模式都有其优势和劣势，尤其是较之前的来说，新的营销模式是在以前的基础上发展而来的，必定有其改善之处，但由于消费者的喜好和行为习惯各异，再加上互联网与移动互联网时代市场的瞬息变化莫测，因此，即便是近几年才出现并完善的大数据时代北京旅游电商营销，也存在或大或小的问题。本章主要从营销模式、网站设置和信息、网络安全三个维度论述大数据时代北京旅游电商营销存在的问题。

第一节 营销模式存在的问题

北京旅游电商的营销需要广泛的宣传，如需要大量的图片以带给消费者直观的感受。在传统旅游类报纸、杂志、电视等媒体及户外宣传的基础上，互联网和大数据出现后的北京旅游电商营销具有更多的优势：更直观、传播的成本更加低廉、服务方式多样化等。北京旅游电商利用网络营销可以提供大量的信息，快速、直观地了解大众的需求，迎合顾客需求提供顾客需要的甚至是顾客想到的而没有说出来的产品和服务，突破地域性的差异打造更人性化的服务。引领顾客消费才是真正实现了企业的营销。

然而，现实并非如此完美，总是存在这样的不足或那样的问题。本节主要分析大数据背景下北京旅游电商营销模式存在的问题。根据前文中"大数据背景下北京旅游电商营销模式创新"的介绍，逐一对网络媒体营销、兴奋点营销、精准营销、体验式营销、病毒式营销和一对一营销中存在的问题或不足之处进行分析。简单分析营销模式创新的优势后，结合北京旅游电商的特点和大数据的利用情况，加以案例分析，对营销模式中的六方面内容中的问题进行剖析。

一、网络媒体营销模式中存在的问题

媒体营销包括社会化媒体、新媒体、跨媒体、移动媒体、多媒体、平面媒体、数字媒体、网络媒体等，营销传播的形式有社交媒体、论坛、新闻、视频等。大数据时代的到来使网站营销的传统方式发生了变化，搜索引擎、电子邮件推广、网页广告等营销方式在大数据支持下变得更加精确。消费者在网站上输入关键字搜索后，网站的后台就会记录用户的搜索历史，在进行网页广告推广的时候，网页会自动弹出用户曾经搜索过的产品与服务。由于移动端的发展，交易的实现更加便捷，更多的网站推出手机号快捷注册，移动端完成交易

第七章 大数据背景下北京旅游电商营销模式创新存在的问题

的势头猛增。同时，网站可以根据用户预留的电话号码进行促销活动的提醒。

（一）"电视+电商"模式存在的问题

"电视+电商"模式即T2O模式。随着这两年综艺节目的红火，节目的冠名广告成为各个商家争夺的头衔，如艺龙与《爸爸去哪儿2》和第二季《中国好声音》进行合作；途牛对《爸爸去哪儿3》冠名；携程对《奔跑吧兄弟》冠名；驴妈妈对《报告！教练》《爱挑战》冠名等。在大数据引擎迅速发展的时代，企业纷纷用互联网思维改造电视节目，然后将平台、产品以及用户进行连接。通过电视节目进行的营销主要有两种情况：一种是在节目未播出时进行赞助合作，但节目的影响力是未知的，由此对于企业来说也算是"赌一把"；另一种是在节目收视率很高的情况下进行赞助合作，这是在保证收视率的情况下进行的合作，但通常当一个节目有一定的收视率或影响力时，赞助方会出现扎堆现象，赞助合作的相关费用也会增加很多。因此，这也成为一些企业尤其正处在"烧钱"阶段资金能力较为受限的北京旅游电商面临的难题。

（二）微信、微博、微电影、APP等微营销模式存在的问题

微营销是现代一种低成本、高性价比的营销手段。以SNS、微博、微电影、微信、APP等为代表的新媒体形式，将帮助企业实现低成本、高性价比的微营销手段。企业利用微博发布大家感兴趣的话题来与大家交流互动，同时向网友传播企业信息、产品信息，达到营销的目的。微信主要是靠二维码和公众号进行营销，其在传播深度与互动深度上要比微博更有优势，移动端的便利性也为微信的发展提供了便利性。由于移动网络的发展，用户随时随地可以通过移动客户端进行消费。手机搜索、在线咨询、景点查询、周边餐饮购物查询定位、酒店机票预订等都可以通过APP实现，使用APP营销的优势是用户黏性高。微电影要在短短十几分钟甚至几分钟内打动观众，引发关注，才能得到用户的转发、评论和分享。

移动互联网成为各大在线旅游服务商的新战场。无线网络普及和3G/4G技术成熟为移动互联网的发展提供了强大的技术支撑，APP成为北京旅游电商的必争之地，在消费决策日益趋短的周边游和国内游领域，这一矛盾将更为突出。根据Travelzoo的最新调研报告，亚洲地区用户通过移动支付购买旅游产

品的意愿度为50%，其中中国最高，达73%；在移动支付的使用经验方面，国内用户预订过旅游产品的比例为60%，略低于餐饮优惠券（80%）和电影票（70%）；从移动支付的入口来看，34%支付通过APP客户端，40%通过手机网页，通过微博和微信的分别为17%和9%。①

十六番作为旅游社区，旗下有各个不同地方的社区，消费者可以根据自己的喜好来选择加入某个社区，还可以约伴出游；凯撒旅游通过在微博上及时发布旅游信息，与粉丝分享旅游经历并进行互动活动，优惠活动在微博的影响力十分明显；蚂蜂窝微信开启强大的回复功能，消费者可以通过回复数字或国家名称得知相应的旅游目的地的情况；皇冠假日酒店等的微电影营销取得了一定的成绩。这些看似很成功的案例都是通过微博、微信、微电影、APP等微营销实现的，但其营销效果的成功仅限于一小部分人群，也就是对于特定的消费者来说，他们获得了企业或产品更为方便的服务内容，但对于企业的营销来说，还缺少一定的营销力，尤其是在发展新用户上。

二、兴奋点营销模式中存在的问题

兴奋点营销将消费者期望、终端的利益目标和制造商的经济使命联合在一起，促进不同行业间的互动与合作。互联网与移动互联网的大数据出现后，北京旅游电商的兴奋点营销如鱼得水，能够通过数据的测算和消费者的敏感之处进行更具针对性的兴奋点营销。但对于在传统旅游市场营销中就已经运用的营销方式，大数据出现后的兴奋点营销还未能做到更具准确的针对性，如果不注意使用技巧和方法，往往还会适得其反。下面就从综艺影视和价格刺激两方面对北京旅游电商的兴奋点营销进行更为详细的分析，主要介绍其不足之处，具体的解决方法或建议会在下一章内容中做详细的介绍。

（一）综艺影视营销模式存在的问题

在媒体营销中，北京旅游电商通过节目效果达到营销目的，具体方式有通过赞助或免费利用受欢迎的综艺影视节目进行旅游产品的推广。例如，《爸爸

---

① 资料来源：http://tech.sina.com.cn/i/2014-09-03/09309592720.shtml。

第七章　大数据背景下北京旅游电商营销模式创新存在的问题

去哪儿3》的网络视频播放中，移动鼠标或暂停，画面会出现"同程旅游带你去云南"等字样，并且还有节目中的目的地产品推送；《非诚勿扰》的拍摄地树屋成为去哪儿网等多个旅游电商争夺的资源，通过电影的影响力将影视中的树屋作为企业的推出产品给消费者。这些成为北京旅游电商的主要营销之一，但就如前面所讲到的，免费利用影视综艺中的特色产品和旅游目的地进行营销，首先就会遇到很多的竞争者，产生来自于同行业的竞争，毕竟关于产品大家都一样没有"主权"，这种情况下谁先一步谁就分得一杯羹，也很容易滋生目的旅游产品价格的炒作飙升，进而影响消费者对该旅游电商品牌的信任度。若是赞助模式进行宣传，可以避免前面说到的恶性竞争，但对于收视率较高的节目来说，其赞助合作费用对于北京众多旅游电商来说也是很大的一笔。

目前与旅游类真人秀节目合作的旅游机构以旅游电商为主。虽然部分旅游电商已经尝到了体验式旅游营销所带来的甜头，但是大部分传统旅行社还处于观望状态。众信旅游公关部相关负责人表示："目前旅行社的品牌推广方式以地面活动和广告投放形式为主，还尚未尝试赞助旅游类真人秀节目。"凯撒旅游公关部工作人员表示："目前新兴的推广方式为尝试做微店，进行掌上营销。以前也跟电视台谈过旅游节目的合作，后来因为效果不理想没再尝试。目前做得比较多的是各城市的地面活动，以此来拓展用户群。"真人秀节目赞助费用过高，新兴旅游网站迫切需要拓展品牌形象。赞助旅游类真人秀节目存在一定的风险，如可能会存在节目不如预期中收视率高，企业并没有因为广告植入而获取大量新增用户，为电视节目开发的旅游产品售卖情况不如常规产品等一系列问题[1]。

（二）价格刺激营销模式存在的问题

价格因素一直是影响消费者旅游的重要因素，价格方面的优惠与促销是引起消费者兴奋的敏感区域。经过2010年团购的千团大战，美团进军旅游行业；2011年1月，去哪儿网推出团购频道；北京各大旅游电商纷纷推出特价或团购产品。同时，限时打折、特价（1元、9元、99元等）秒杀、新用户专享优惠、

---

[1] 亿欧网：http://www.iyiou.com/p/17103。

红包等价格营销方式层出不穷。旅游电商利用用户对价格的敏感度推出多样化的价格促销方式，而吸引大批用户对企业活动或产品的关注和抢购。在第一章和第二章内容中介绍过北京旅游电商的价格战，价格战在一开始大多是为了吸引消费者的关注，为企业增添新用户，后来成了众多北京旅游电商发展新用户的同时维系老用户的法宝之一。价格战也给一些靠融资和风投的创新型旅游电子商务企业财政上的压力，同时，北京各大旅游电商在价格战打得火热的几年中也逐渐意识到这并不是一个持久的营销策略。

三、精准营销模式中存在的问题

大数据的发展为电子商务精准营销提供了支持，旅游电商纷纷探索大数据技术，利用大数据实行更精准的营销。北京旅游电商采用与电子地图企业合作或自己开发电子地图的方式为用户提供更加便捷的服务，进行更精准的营销。例如，去哪儿网与百度地图合作，住哪儿网与SOSO街景地图合作，美团与高德地图合作，携程旅行网有自建电子地图等。电子地图一方面有利于消费者更为方便地寻找酒店、景区等旅游产品，为其更好地提供协助服务；另一方面也有助于北京旅游电商进行消费者地理位置和消费行为"跟踪"，北京旅游点能够更为精确地推送产品信息和制订针对性的顾客营销服务方案。

针对不同的目标顾客群，北京旅游电商对市场进行了细分，推出度假游、亲子游、探险游、老年游、情侣游等。例如，十六番旅游社区根据不同的人群按照地区划分提供不同的产品与服务；携程旅行网旗下的高端定制旅游网站鸿鹄逸游是其顶级品牌，相当于高端私人定制；北京各大旅游电商推出团购活动产品等。北京的一些创新型的、规模较小的旅游电商则专注于某一方面的旅游业务，如穷游网和海玩网专注于出境游，蚂蜂窝则主要针对自助游市场等。北京旅游电商还会针对用户的浏览记录进行定向的产品服务推送，如用户在某一天的某一时间搜索泰国机票，则等用户再次进入该旅游电商网站的时候，会有泰国旅游相关产品的推送，如特价机票、酒店住宿、跟团游、自由行等。

北京旅游电商利用大数据这个有效利器，通过市场细分与精准定位，进而实施更加精准的营销。不管是利用电子地图以更好地为消费者和产品服务，还

第七章　大数据背景下北京旅游电商营销模式创新存在的问题

是小而专的特色化产品和服务，北京旅游电商在精准营销方面还存在诸多问题。例如，北京旅游电商由于技术上的问题，尽管有用户使用电子地图的定位和记录，还是无法准确而有效地利用其信息，挖掘数据包含的营销机会；客户在旅游电商网站上的浏览记录可以被记录并识别，但通常会发生用户已经购买了相关产品，但该网站只是记录用户的浏览记录，并没有与其消费情况相配合，还是会推送其搜索浏览的信息，这种营销推送对于大数据时代的精准营销来讲未免过于粗糙；推送小而专的北京旅游电商由于数量多、规模小，必然会有激烈竞争，一些北京旅游电商面临被淘汰、被收购的命运。这些问题一方面是由于大数据才发展没几年，北京旅游电商的使用经验和相关数据分析技术还不足，这是精准营销存在问题的客观原因；另一方面是企业发展定位问题。

四、体验式营销模式中存在的问题

所谓体验，就是人们响应某些刺激的个别事件，通常是由于对事件的直接观察或参与造成的，不论事件是真实的还是虚拟的，如企业的营销活动为消费者在其消费前与消费后所提供的一些刺激，因此，研究消费者在消费前、消费时、消费后的感受和反映才是企业检验体验式营销的方法。体验式营销是一种新的营销方式，已经逐步渗透到销售市场的任一角落。在旅游市场中，体验式营销包括消费者的体验式旅游，也包括通过某一类人群的体验进行营销的传播。国内主要是学习西方国家的一些体验式营销经验，开始得较早但发展较慢，又由于旅游业的特殊性和旅游电商的变动性，体验式营销整体还有待成熟和经验积累。下面主要介绍北京旅游电商体验式营销中的顾客体验式活动和发展模式中的当地人服务。

（一）试睡员

无论是试睡员、试吃员还是旅游体验师，都是利用感召力扩大旅游企业的知名度和影响力，对品牌和产品宣传起到促进作用，让消费者通过这些内容感同身受，产生亲自去体验的欲望。同时，这些体验式营销产生的内容放在网站或产品信息中，也是消费者在做消费前决策时候的参考，消费者可以根据个人爱好和需求选择适合自己的产品。

2009年12月，去哪儿网在全国485个城市同时启动招聘"万元月薪酒店试睡员"计划，对试睡员的工作内容和要求有一定的规则。去哪儿网通过试睡员的感受与点评进行体验式营销，一直到现在去哪儿网还在坚持试睡员的产品经营项目。2012年，酷讯旅游网发布招聘旅游体验师的招聘信息，其职责是免费体验国内外旅游线路，然后将旅途中的关于交通、住宿、美食、风景、见闻等各个环节的体验进行微博直播，通过文字、照片和视频等多种形式与网友在线共享，为旅游爱好者们提供可靠的参考。

不论是去哪儿网的试睡员，还是酷讯旅游网的旅游体验师，都是通过招聘相关体验人员作为体验活动的开展。一方面，活动的宣传间接地对企业品牌和产品特点进行了宣传推广；另一方面，也让消费者对企业的产品有了初步的了解，对于企业的后期营销活动有很大的帮助作用。但是，正如前文所讲的那样，体验式营销的发展还不太充分，如去哪儿网，尽管体验式营销活动开始的时间较早，但后期并没有加入其他体验项目，相对来说试睡员的产品显得有点单一，对消费者而言，试睡员与其直接体验还有很大差距，试睡员的体验并未很好地传达到消费者群体中，即在北京旅游电商的营销活动中并未充分利用现有资源，形成产业链，产生顾客黏性，所以从整体上来看，体验式营销还有发展空间。

（二）当地人服务

由于自由行及其相关产品的旅游电商的受欢迎和普及，再加上我国居民生活水平的提高，自由行成为更多人的选择，并且旅行也不再是以前走马观花般地逛逛旅游景区、吃吃特色小吃那么简单了，人们开始追求更深入地了解当地风俗民情并想亲身参与其中。P2P（Person to Person）旅游市场中，当地人服务指的是旅游目的地当地人为旅游者进行直接旅游服务。

老虎游发现P2P市场需求，在创立之初就开通了当地人服务。当地人是老虎游APP主推的业务之一，这一业务解决了很多游客跟团游不自由、自助游"找不着北"的难题，除了费用合理，更重要的是能加深游客对当地风土、文化的了解，越来越受到广大游客的欢迎。去哪儿网的APP中提供了国内200多个旅游目的地的当地人服务,其中北京一个地区就有180多位"当地人"提供服务,这些当地人身份标签各异,有"旅行社资深持证导游""北京丫头""租车师傅",还有"地道北京土著,咨询不陪同"等。2014年7月,一家北京公司先行推出了"金牌导游"iOS版应用,瞄准北京地区品质商务游、家庭游市场,提供包括导游、包车、金牌套餐(导游+包车+用餐)、景点讲解、私人定制等当地人相关服务。

虽然各大旅游电商纷纷发力P2P当地人旅游服务市场,但由于这个市场体量巨大,需要进行各个地区的旅游业务或人员的安排,再加上有些专门做出境旅游的旅游电商,他们的当地人目标人群不仅需要数量,更需要以一种更为合适的方法去考察提供当地人服务的旅游人员的质量是否足够安全,这也是旅游者最为关心的问题之一。另外,当地人市场目前有很多旅游电商涉足或参与进来,但其市场渗透率还很低,相对于旅游电商的其他业务或产品的发展,当地人服务还是一片有待挖掘的市场。

五、病毒式营销模式中存在的问题

消费者的口碑效应可以成为北京旅游电商企业营销的一大利器,其中近几年发展的最主要形式就是病毒营销。在互联网尤其是移动互联网上,消费者口碑传播更为方便、有效、高效、廉价。移动互联网时代,人们对于移动终端设备的依赖越来越强,随着微博、微信的使用,新的传播媒介更加便捷,病毒式营销也是有效利用移动端持有者碎片化时间进行的,这也是病毒式营销的一种主要形式。2015年初,由于一条新闻中的一位女教师的一句话"世界那么大,我想去看看",引发了网络上的风传和大量引用转载。北京一些旅游电商(如携程旅行网和去哪儿网)都在APP、微博、微信公众号中进行这句话的推广,并连带着当时比较火的旅游目的地进行产品宣传。蚂蜂窝还有分享信息领取红包或优惠券等活动。除了北京旅游电商之外,其他一些电子商务企业,甚至传统企业都在利利用转发分享有效、根据点赞数量赢礼品等病毒式营销方式进行企业品牌或产品的宣传。

病毒式营销抓住了消费者的心理,进行"糖衣炮弹"式的进攻。北京旅游电商也及时利用了这个机会进行营销活动,如前一阵比较火的滴滴顺风车,通过分享即可获得优惠券且可无条件使用,于是北京市无论是有车还是没车的上班族,很多人都在使用滴滴顺风车,对于车主和拼车人员都是有利或有优惠的,这样几乎每天都会在微信上进行滴滴顺风车的分享。在微博、微信、QQ等聊天工具中能经常看到病毒式营销的信息,之所以发展快,就是基于其成本小、传播快、见效快等优势。然而,过于频繁的病毒式营销,尤其是中间还掺杂着一些良莠不齐的企业,会逐渐让消费者或信息使用者产生反感情绪,并且从利用移动互联网进行的疯狂式病毒营销后的效果看,一些营销效果确实不如从前。因此,北京旅游电商也应该反思一下,怎样以一种更为合适的方式进行病毒式营销,怎样利用大数据进行更为有效的病毒式营销,虽说是病毒式,但也不应是毫无目的性。

六、一对一营销模式中存在的问题

一对一营销是一种客户关系管理(CRM)战略,为公司和个人间的互动沟通提供具有针对性的个性化方案,其战略核心是建立"关系品质"。这种营销方式也为北京旅游电商和消费者之间提供可交互式服务基本条件,使双方能有更好的沟通交流。定制服务是一对一营销服务的最后一步。总之,北京旅游电子商务企业运用复杂的数据存储和分析技术分析旅游者信息,将其进行分析整理,选出目标群体进行针对性的产品设计和服务。这种一对一的营销方法使得企业的营销更加具有针对性,且消费者也是受益者。但是,北京旅游电商的营销现状是:在一对一营销上还没有真正做到一对一或定制化,这种做法只是相对于一小部分人群。例如,携程旗下的高端私人订制品牌鸿鹄逸游,由于产品的品质和价格都较高,推出的也都是一些针对收入较高的特定人群的活动,如国外拍婚纱照等。

但是,看似很时尚的一对一营销却隐藏着很多问题。首先,北京旅游电商在寻找能为自己带来最大利益的目标群体时,已经忽略了一部分潜在的消费者;其次,北京旅游电商针对用户的需求提供定制化的产品和服务,这些用户包括那些已经在企业有消费记录的消费者,以期在发展新用户的同时留住老顾客。

第七章 大数据背景下北京旅游电商营销模式创新存在的问题

这些用户还包括从其他网站或搜索工具中找到的部分目标人群,这些人群中有的是有相关信息的搜索或消费记录,也有很多"无效"的人群,也就是非目标消费人群。综上所述,目前北京旅游电商采用的一对一营销还不是很成熟,有待完善。

第二节 网站设置和信息

北京旅游电商的营销模式创新是影响企业经营情况的关键因素之一,作为电子商务企业,区别于传统旅游业的特点之一就是拥有可以交易的官方网站,因此,网站的设计也关系到北京旅游电商的营销。相比国外的旅游电子商务发展,国内的发展较晚,但发展速度很快,这个过程也产生了很多问题。对于北京旅游电子商务来说,除了在营销模式上的发展外,在网站设置方面同样有需要改进的地方。毕竟消费者在进行购买行为之前,接触的是旅游电商的网站信息,因此网站的设置和产品信息在一定程度上影响了用户的购买决策。另外,旅游电子商务的主要特征之一是消费者的消费过程主要在网络上进行,与传统行业或传统旅游业经营形式相比,人工服务的接触要少很多,很多消费者也是青睐于网购的便捷性。因此,对于用户和消费者而言,网站的设置和信息内容对于其做出购买决策起到了一定的决定性作用。本节主要从北京旅游电商的页面设置、客户服务,以及信息的时效性和准确性方面进行介绍。

一、页面设置千篇一律

旅游网站主营的电子商务业务有机票、酒店、旅行团预订三大项,北京旅游电商网站也大都如此。如果把网站看成旅行社,那么它所提供的产品和服务与传统旅行社、酒店预订中心、机票销售公司相比并没有太大的优势。北京旅游电商的网站或移动端应用设置差异不大,经营模式雷同,旅游网站内容简单不完整,缺乏个性服务。北京旅游电商网站与国外旅游网站相比普遍存在内容陈旧、没有明显的旅游标志、景点介绍单调、缺乏图片和动态演示等内容上的问题。图7-1所示为北京旅游电商网站首页对比，列出了携程旅行网、去哪儿网、蚂蜂窝和邀游网的官网首页截图，从首页标题设置及整体布局来看，四个网站类似点很多，且大都是图片加文字。

图7-1　北京旅游电商网站首页对比

若某北京旅游电商网站的主要访问者是商务旅行者，而网站所提供的服务内容都是针对私人旅游的，如机票、饭店的预订服务，由于商务旅行和私人旅行这两类旅游对交通工具、住宿餐饮、旅途活动等方面的需求不尽相同，在旅行时间方面更是差异很大，因此就造成了商务旅行者用户的损失。目前大部分的北京旅游电商服务方式和价格体系相似，缺乏个性化的服务，再加上营销方式的一些特点，如红包、返现、让利等，使得北京旅游电子商务企业的利润也非常有限。因此，如果北京旅游电商想给消费者提供一种更好的服务、更好的产品，或者寻求新的立足点与发展契机，或使销售额迅速地扩大，首先要确定

第七章　大数据背景下北京旅游电商营销模式创新存在的问题

好自己的定位和方向，在网站设置上除了简洁外，还要有自己的特色。

二、客户服务

线下服务弱是很多北京旅游电子商务企业的通病，消费者在消费前后寻求相关服务的效率不同于传统旅游业那样可以面对面交流，尤其是消费后产品出现问题需要维权的消费者，在寻求北京旅游电子商务企业帮助的时候，往往会拖延。2015年3·15期间，消费者网联合有关机构发布了《2014年电商舆情报告》，其中北京旅游电商多次被媒体曝光。部分北京旅游电子商务企业过于追求短期经济效益，忽视了服务水平的提升，加上行业缺乏自律和规范机制，消费者反映的问题很少得到有效解决。特别是在黄金周等旅游旺季，有关旅游电商的投诉会有大幅上升，然而这些被投诉的北京旅游电商却没有足够认识到自身存在的问题。

北京市消协2015年6月17日发布的投诉情况显示：2015年3月至今，有关在线旅游的投诉明显上升，占电商类投诉的55%，其中携程的投诉最多，占53%，去哪儿网第二，占32%。被投诉的事由主要涉及机票的退改费、酒店房间的预订、出境游行程变更纠纷等。市消协表示：在线旅游企业单方面违约，又不愿承担赔偿责任的投诉非常普遍。同时，消费者由于操作失误、突发情况改变行程，被扣取高额退改票费的投诉占到在线旅游投诉总量的67%。市消协投诉部主任陈凤翔分析：由于互联网的特殊属性，在网上订立电子合同的一方如果采取强势手段行使对电子合同订立过程中的技术管辖权，电子合同的公正、公平和有效性就会遭到质疑。新兴的在线旅游，由于存在涉及环节众多、责任相对模糊不清、尚未形成统一行业标准等问题，以致许多消费者在通过在线旅游网站购买旅游、出行产品后，权益受到侵害，维权难，容易吃"哑巴亏"[①]。

三、信息的时效性和准确性

信息工作的特点是时效性、准确性和全面性。其中，信息的时效性是指信息从采集、发布到约定时间段内对决策具有价值的属性；信息的准确性是指信

---

① 北京晚报："在线旅游投诉携程去哪儿占8成"http://bjwb.bjd.com.cn/html/2015-06/18/content_288783.htm。

息中所包含的数据和文字的准确程度，程度较小称为信息失真或不够准确，程度较大则称信息错误；信息的全面性是指信息是全面描述或从某个切入点进入，这两种方法直接影响了信息的全面性，进而通常也会影响信息的准确性，日常生活中会在新闻事件的报道中体会到，尤其是娱乐新闻。本文在讨论旅游电商信息特点时，主要从信息的时效性和准确性入手。由于信息的全面性若会影响到信息的质量，通常是信息的准确性，因此关于旅游电商网站信息的研究，主要从时效性和准确性两方面考虑，同时也会对其全面性在信息的准确性中进行分析。

据消费者网在线投诉平台统计，消费者由于操作失误、突发情况改变行程，被扣取高额退改票费的投诉占到在线旅游投诉总量的67%。此类投诉中，在线旅游企业的解释是：网站推出的"旅行套餐"，不同于普通单独购买的机票产品，而且预订套餐产品时有详细的产品说明，消费者选择"旅行套餐"，就需遵循套餐产品整体的退订和更改规则。而消费者则认为：所谓的"旅行套餐"就是典型的不公平格式合同，因为企业在订单中罗列了各种各样的条款，高比例的退改签费用只是其中一项，多数消费者由于时间等原因，往往不会逐条细看，就直接点击确认同意。

（一）信息的时效性

旅游电商网站信息的时效性也可称为信息的及时性，关于产品和服务的信息可能会一直发生变化，信息的时效性要求企业能及时更改变化的产品信息，避免消费者的错误理解。2015年以来，北京市消协指导的消费者网（www.bjxf315.com）收到大量在线旅游投诉，被投诉的事由主要涉及机票的退改费、酒店房间的预订、出境游行程变更纠纷等。其中就有一些关于网站信息时效性的。例如，有人投诉，两个月前在携程旅行网预订了日本自由行套餐，出发前一天晚上，被告知酒店满房不能住了；在去哪儿网预订的航班起飞当天被取消，不仅没有提前接到通知，而且机票费都不给退等。出现这种问题是由于关于产品的数量和状态问题没有及时在网站中显示，主要有两方面的原因：一方面，可能是信息没及时上传更正；另一方面，可能是旅游电商方面没有及时收到更改信息。信息的时效性极大地影响消费者的使用感受和对企业品牌的印象，作为旅游电子商务企业，北京旅游电商首先要保证产品信息的时效性，并

第七章　大数据背景下北京旅游电商营销模式创新存在的问题

能提供及时的服务帮助,才能在这方面消除消费者的顾虑。

(二)信息的准确性

信息的准确性在本文中是指北京旅游电商网站或移动端应用展示产品或服务信息的准确程度,是否有含糊、遗漏、言过其实、虚假等成分存在,若北京旅游电商的产品和服务信息没有正确表达,消费者的理解就会有不同,公平交易就是名存实亡。网站信息的真实性不仅会影响消费者的体验感,还会因此造成消费者的损失,进而使得企业走上被投诉风波或失去消费者的信任。例如,有的北京旅游电商的产品图片和描述与实际相差巨大、产品信息有误等,有些产品的图片后期处理很严重,明显能看出来图片经过很多修饰,这些信息的不准确往往会导致消费者的不信任、不满,甚至投诉。因此,北京旅游电商网站信息的准确性对于网络时代的在线交易尤其重要,也直接影响到一个企业的发展。

目前消费者权益受到侵犯的主要原因归结于信息不对称,消费者的知情权、公平交易权、获知权、求偿权没有得到充分实现。一些旅游企业为了追求短期利益,规避风险打擦边球,甚至不惜损害消费者的合法权益,特别是某些北京新兴的旅游电商,由于存在涉及环节众多、责任相对模糊不清、尚未形成统一行业标准等问题,以致许多消费者在通过旅游电商网站购买旅游、出行产品后,权益受到侵害,维权难,容易吃"哑巴亏"。[1]如旅游合同中双方对权利、义务、履行方式、违约责任等要素没有真正清楚、理解和达成一致,电子合同的公正、公平和有效性就会遭到质疑,消费者的合法权益难以得到保障。

第三节　网络安全

对于消费者来讲,电子商务的购物体验是较为新颖的,北京旅游电商作为旅游业在电子商务的经营新模式,对于消费者来说更是很"时尚"的方

---

[1] 千龙网:http://gssd.qianlong.com/25191/2015/06/26/156@10385928.htm。

式。从消费者开始进行电子商务消费之前到消费之后，网络安全问题就一直存在，毕竟互联网不同于实体企业，展示的一些产品和内容在消费者真正得到之前是虚拟的。实证研究中也得出了这样的结论：旅游网站提供的安全性保障对于用户的购买意愿有着重要且显著的影响，这反映了用户在做购买决策的时候非常注重旅游网站提供的账号安全和旅游过程中的安全保障。安全性作为消费者付出金钱外的另一个重要的"付出希望"项目，应尽可能地避免发生危险的可能性。因此，用户在做购买决策时安全性是较为关键的影响因素。

对于北京旅游电商的用户和消费者来说，旅游电子商务也很特殊，首先，在这个本就不是发展很成熟的领域成立了电子商务企业，其完善性有待考察；其次，旅游也不同于其他传统实体业或其他电子商务企业，其产品多为体验式服务，因此在交易的前中后消费者与北京旅游电子商务企业相关人员的联系存在很多的不便。因此，本部分分析北京旅游电子商务企业在网络安全上存在的问题，主要从信息安全和产品安全入手，这些网络安全的工作，对于北京旅游电商更好地进行营销活动至关重要。

一、信息安全

北京旅游电商的网络安全主要是信息安全，系统、支付等安全问题影响到企业和消费者的信息安全，进而由信息安全影响消费者个人的财务安全，甚至还会影响企业的财务安全。信息安全主要是指网络系统的硬件、软件及其系统中的数据受到保护，不受偶然的或者恶意的原因而遭到破坏、更改、泄露，系统连续可靠正常地运行，网络服务不中断，因此信息安全关系着北京旅游电商企业是否能够正常运转。关于北京旅游电商网络安全的信息安全部分，本书主要分析系统安全和支付交易安全两方面内容，着重分析的是由此带来的信息安全隐患。信息安全有时候未被重视，认为很多措施已经到位了，但北京旅游电商不同于传统企业，北京旅游电子商务企业保存或记录着大量用户和消费者的个人信息，包括身份证、银行卡账号密码、住址或单位信息等，一旦泄露被非法组织窃取利用，就会造成不可挽回的损失，这不

第七章 大数据背景下北京旅游电商营销模式创新存在的问题

是一个企业或某个行业能简单解决的问题,甚至会对整个北京旅游电商造成影响。

(一)系统安全

系统安全包括的内容较多,主要与技术相关,如保护计算机不被黑客入侵等。北京旅游电子商务企业的整个网络系统的安全防护能力取决于最薄弱的环节,就是系统安全防护能力最弱的部分,这跟木桶原理很像,木桶的容量不是由最长的木板决定,而是取决于最短的木板。系统安全威胁有窃听、恶意攻击、资源的非授权使用、木马、病毒等来源,系统受到木马或病毒的侵袭危害就可能会致使系统瘫痪,影响一些正在进行的交易或信息查询,甚至会在一定时期内(恢复系统的正常工作和处理期间)带来消费者投诉事件,而系统受到的恶意攻击、资源被非法窃取(如违反道德法律的留言和评论)会对企业的品牌形象和消费者印象产生影响。因此,任何与系统安全有关的问题都应该引起北京旅游电商的重视,并且要做到防患于未然。

2015年5月28日上午11时许,携程旅行网官网及官方APP均出现无法使用情况。截至28日20:15左右,携程网与携程APP才逐步恢复正常。对此,携程公关方面相关人士回应称:携程部分服务器遭到不明攻击,导致官方网站及APP暂时无法正常使用,目前系统正在逐步恢复中。有投资者分析称:携程方面服务器如不能及时修复,将继续影响用户预订,很可能使其品牌影响力再打折扣。"携程网络瘫痪了,之前下的订单怎么办?"一位用户焦虑地表示,他用携程宝支付预付款,万一数据丢失,意味着钱也可能没了。对此,携程方面表示,系统正在逐步恢复中,并称并未丢失数据,预订数据也保存完整。受此影响,携程股价盘前暴跌11.67%,报72美元,媒体根据携程一季度财报公布的数据估算,携程宕机的损失为平均每小时106.48万美元。"以往携程方面也曾经被披露过一些安全漏洞,这些漏洞几乎不影响该公司的正常业务,受到威胁的往往只是用户。"猎豹移动首席安全专家李铁军在接受南方日报记者采访时则认为:作为在线旅游网站,携程的网络故障会直接影响到用户的切身利益。"如果数据真的损失了,对于用户而言有可能是在这期间订过的机票酒店信息查不到了,其中机票信息倒可以通过航空公司查询,但是酒店预订数据的丢失可能会影响入住。"①

（二）支付安全

网络支付的安全性曾一度成为电子商务进入中国市场并发展的最大问题，对于还没习惯在网络上进行货币交易的国内人来说，向消费者和用户宣传支付的安全性，普及其相关方面的知识和安全意识有助于其发展。由于淘宝网等电子商务的快速发展和普及，对于后发的北京旅游电子商务企业是个铺垫，北京旅游电商可利用淘宝建立起的一批对网上交易支付有信任度的网购者。但这只是一小部分，还有更大的群体需要北京旅游电商努力，一方面是宣传网络交易支付的安全性，自己网站的特点；另一方面是尽量避免自己企业出现支付安全问题。调查公司曾对旅游电子商务的应用前景进行过在线调查，当问到为什么不愿意在线购物时，绝大多数的人的答案是担心遭到黑客的侵袭而导致信用卡信息丢失。因此，交易安全性较低，缺乏信用保障成为旅游电子商务发展中最大的障碍。

北京旅游电商发展至今，交易的安全性仍然是影响其发展的主要因素之一。在开放的网络上处理交易，保证传输数据的安全成为北京旅游电子商务企业能否普及的最重要因素之一。我国目前还没有建立完善的信用制度，使得电子支付成为网上交易的瓶颈问题。此外，一些规模较小的北京旅游电子商务企业没有自己的支付方式，一方面，这对于消费者来说，重新注册相关账号并关联银行卡在操作上烦琐；另一方面，规模较小的北京旅游电商也没有过多精力去解决企业金融或支付系统问题，有一定的压力和风险，建议这类北京旅游电商与支付宝、财付通等进行合作，对于企业的发展也是一件好事，等到企业发展到一定时期和规模的时候，再考虑建立自己的支付系统。

二、产品安全

北京旅游电商有的是在线交易平台，有的是垂直搜索平台，有的将自己定位于旅游攻略类的旅游社区等，不管是哪一种类型的经营模式，都会提供自己

---

① 新华网：http://news.xinhuanet.com/fortune/2015-05/29/c_127855609.htm，编者有改动。

的旅游产品,而消费者最终获取并体验的也是旅游产品。因此,北京旅游电商的产品安全也是至关重要的环节。北京旅游电商的产品安全包括产品的描述与实际是否相符、产品的使用说明是否合理、企业是否按照说明处理等问题。关于北京旅游电商产品安全问题主要从网站细分不明确和产品有待保障两方面介绍,结合案例进行分析。

(一)网站市场细分不明确

市场细分不明确是目前国内旅游网站中普遍存在的一个问题,对于北京旅游电商也是如此。通过观察我们可以发现:大多数旅游网站所发布的信息和旅游产品"老少皆宜",没有对特定人群或特定产品服务内容进行细分。北京旅游电商的用户和消费者多种多样,不同访问者的兴趣爱好、文化背景、经济能力、职业和年龄不一样,因此他们对旅游的需求也就有所不同。在大数据时代,互联网与移动互联网为北京旅游电商的市场细分提供了条件,北京旅游电商更应该在旅游市场细分上做足工作。如果不顾不同层次的需求有针对性地进行市场细分,很难引起访问者的旅游欲望,旅游网站的供给与消费者的个性化需求便难以实现有效对接。

虽然北京旅游电商现在有一些企业是以某一角度切入旅游电子商务行业的,如主打出境游的海玩网,高端自由行的面包旅行,主打度假产品的遨游网等,但还很少有根据消费者类型进行的市场细分产品。青芒果网和鸿鹄逸游就是个很好的例子。北京旅游电子商务企业不一定每一个都要把产品做足或把企业规模做大,专注于小而美的产品市场有时候也是一个不错的选择。对于一些较大规模的旅游电商,在旅游消费者市场细分上还有很多内容要做,也有很多亟待开发的。

(二)产品有待保障

2013 年出台的《中华人民共和国旅游法》(以下简称《旅游法》)虽然遏制了旅游市场乱象,但在线旅游网站多为"平台"性质,《旅游法》并没有针对在线旅游的专门规定。记者了解到:2014 年 7 月,《旅行社产品第三方网络交易平台经营和服务要求》《旅行社服务网点服务要求》等五项旅游业行业标准开始实施,对在线旅游经营服务首次做出规范。但从效果来看,法规执行尚未落到实处。对在线旅游的旅游电子合同的规范及管理难度系数较大，网上交易经常产生纠纷，由于取证及日常监管难度大，使得发生纠纷后不能及时做出处理。北京市消费者协会投诉与社会监督部主任陈凤翔指出：由于互联网的特殊属性，在网上订立电子合同的一方如果采取强势手段行使对电子合同订立过程中的技术管辖权，电子合同的公正、公平和有效性就遭到质疑，消费者的合法权益难以得到保障。缺少管理细则，目前对在线旅游的监管仍无法可依。北京市旅游委相关负责人介绍说：目前一些黑旅行社通过旅游电商和团购网站"转战"线上，发布低价"一日游"产品，扰乱市场秩序，游客接受黑导游或黑旅行社提供的服务时，易引发纠纷，而且往往维权无门[①]。

据了解，近年来类似的"1元秒杀"活动屡见不鲜，不少游客被旅游企业"低价"噱头所吸引，付款之后，却被告知预订的酒店、景区门票等不能按约兑现。例如，"我在携程网上参加了1元住汉庭、1元住如家经济型酒店的活动，付款成功后，发现该产品其实是钟点房，上午9点入住，中午12点退房，超过时间按半天计算。而且酒店仅接受当天预约，每日还有限额。""我在旅游网站秒杀了一家经济连锁酒店的1元住酒店产品，但到了店里才被告知要补齐房价，周末还要另外加钱。当初他们在网页上并没有写明这些细节，在电话咨询时该客服也没有说。"[②]除此之外，北京旅游电商产品的相关说明、合同等的有关说明，有的是不全面，有的是所有产品都使用一份合同，这就可能会造成一些产品使用信息的误解，如有的消费者退团要被扣除超过80%的团费而发生的投诉等。还有的产品安全涉及一些旅游的权益保障和保险之类附加。如果企业想要做大做强，产品的安全问题不容忽视。

---

① 新华网：http://news.xinhuanet.com/fortune/2015-07/19/c_1115970083.htm。
② 人民网：http://it.people.com.cn/n/2015/0325/c1009-26747980.html。

第八章　北京旅游电商营销模式创新发展的建议

关于北京旅游电商近几年的发展情况，艾瑞有一份报告预测，如图8-1所示。结果是预测2013—2016年国内在线休闲旅游交易额的年复合增长率在35.6%左右，高于酒店预订21.0%及机票预订20.9%的复合增长率。同时，在线休闲旅游仍只占据中国整体休闲旅游市场中7.7%的份额，预计该比例在2016年将达到13.2%，规模达到750亿元[①]。这是艾瑞对全国的旅游电商做的统计预测，也表示了北京旅游电商的大致发展情况和方向。北京旅游电商虽已诞生10余年，但其渗透率偏低，因此有很大的发展机会。

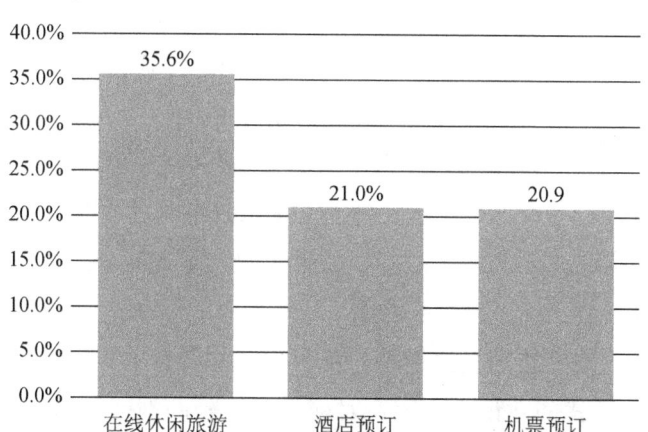

图8-1　2013—2016年在线旅游细分领域年复合增长率

数据来源：亿邦动力网

---

① 资料来源：http://www.ebrun.com/20140411/96180.shtml。

2014年以来北京旅游电商的发展可谓突飞猛进，旅游电商的数量和规模都得到了前所未有的大增长，但由于发展时间较短，北京旅游电商的市场渗透率还很低。移动互联网和移动设备的发展，也促使北京旅游电商由"鼠标+水泥"（最初由携程旅行网提出，意为互联网与传统行业的结合）转向"手指+水泥"（意为移动互联网与旅游业的结合）。本章内容着重对北京旅游电商的发展提出建议，主要从企业创新营销模式、政府方面和NGO[①]方面进行分析建议。

第一节　企业营销模式方面

在北京旅游电商的创新营销模式方面，除了上文中介绍的还有很多方面。但北京旅游电商创新营销模式的建立及内容的分类中并没有加入这些内容，也没有把这些内容归为创新营销模式中的某一条中。例如，随着移动互联网的兴起与旅游观念的升级，境外目的地旅游产品将成为旅游产品的新的爆发点，一些海淘平台出现并整合境外目的地产品，让消费者更了解境外目的地值得购买的特色产品。另外，除了北京旅游电商现在存在的一些官方网站、移动应用、公众号和电子地图等小的电子应用外，北京旅游电商还可以基于用户旅游行为和需求去研发其他的互联网产品，如拍照软件、浏览器、云服务等，一切的可能都是基于能比别人更了解自己的用户。

北京旅游电商在营销模式上的创新在上文内容中有了详细的介绍，本部分关于创新营销模式的建议中，逐一对前文所提到的网络媒体营销、兴奋点营销、精准营销、体验式营销、病毒式营销和一对一营销进行详细分析，即分析北京旅游电商该如何采取此类方式进行营销。

---

①　NGO（None Government Organization，非政府组织）主要是指自发或有组织的民间团体。

第八章　北京旅游电商营销模式创新发展的建议

一、网络媒体营销的建议

网络媒体包括社交媒体、论坛、新闻、视频、移动应用等，大数据时代的到来使搜索引擎、电子邮件推广、网页广告等营销方式变得更加精确，移动端的发展也使得网络媒体的营销重心发生了偏移。本部分根据大数据时代和互联网及移动互联网的发展现状，探讨北京旅游电商的网络媒体营销的发展政策建议。根据上一章关于"大数据背景下北京旅游电商创新发展模式的问题"中关于网络媒体营销存在的问题进行政策建议的探讨，主要从"电视+电商"模式和微营销模式两方面进行介绍。

（一）"电视+电商"模式的建议

通过电视节目进行的营销主要有两种情况：一种是在节目未播出时进行赞助合作，但节目的影响力是未知的，因此对于企业来说也算是"赌一把"；另一种是在节目收视率很高的情况下进行赞助合作，这是在保证收视率的情况下进行的合作，但通常当一个节目有一定的收视率或影响力时，赞助方会出现扎堆现象，赞助合作的相关费用也会增加很多，因此，这也成为一些企业尤其对于处在"烧钱"阶段、资金能力较为受限的北京旅游电商面临的难题。

（二）微营销模式的建议

以 SNS、微博、微电影、微信、APP 等为代表的新媒体营销形式，是成本低、性价比高的微营销手段。由于移动网络和移动应用的发展和普及，使得北京旅游电商的微营销得到了爆炸式的发展，通过旅游消费热点而设立热门话题讨论，主动引导目标群体进行内容共享并与企业或是目的地互动，继而以体验、有奖转发等方式扩大企业知名度。全球调研公司凯度集团 2015 年初发布的《中国社交媒体影响报告》指出：中国社交媒体的使用正在从大城市里接受过高等教育的年轻人群，扩张到更小的城市、更多年龄组别和教育水平不那么高的人群。相比 2013 年，社交媒体用户更加趋于主流化、多元化和移动化；90 后用户倾向网络视频，80 后用户倾向网络购物，70 后用户新闻浏览行为突出；口碑因素对社交媒体用户的消费行为影响越来越明显；社交媒体用户的消费更加注重个性化，热衷新品，希望与众不同。本次调查利用了大数据挖掘、微博文本分析、微信订阅号文本分析和网上实名制调查四个渠道[①]。在互联网发展过程中，去中心化倾向日益明显。微博、微信等自媒体平台的出现，使得"人人都是小记者、人人都有麦克风"。

1. 微博营销的建议

凯度旗下专业社交媒体分析公司 CIC 的微博文本监测项目跟踪了 1 万名真实微博用户在一年中（2013 年 11 月 16 日至 2014 年 11 月 15 日）所发布的 209.8575 万条原创微博，发现人们在微博上聊的热门话题中，娱乐是最热门的分类，占 25.4%；新闻事件以 19.6% 的份额排名第二；健康美容类占 15.7%；工作学习类占 14.3%；旅游话题占 12.5%。旅游业年度唯一一场线上营销狂欢就是每年新浪网及微博针对旅游行业进行的重点营销项目。例如，2014 年新浪微博通过 #带着微博去旅行# 让 100 多家目的地一夜成名，过亿的曝光量，百万现金的红包奖励刺激数千万名游客参与线上互动，如图 8-2 所示，粉丝已经超过了 300 万，百度搜索界面与"带着微博去旅行"相关的信息超过 700 万条，如图 8-3 所示。可以说 #带着微博去旅行# 是互联网时代每个旅游人必须重视的营销战略。

图8-2　新浪微博"带着微博去旅行"官方微博截图

---

① 中国青年报：http://zqb.cyol.com/html/2015-02/12/nw.D110000zgqnb_20150212_2-11.htm.

第八章 北京旅游电商营销模式创新发展的建议

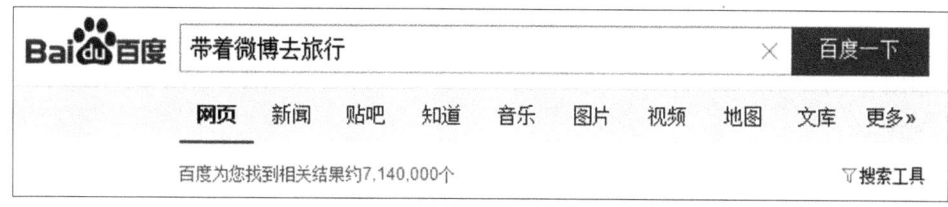

图8-3 "带着微博去旅行"百度搜索界面

因此,大数据背景下的北京旅游电商微博营销应该更加有针对性,利用时下时髦话题争取更多的浏览和转载量。从对微博功能的使用情况来看,新浪微博用户对微博主要功能的使用率较高,与整体相比,新浪微博用户活跃度更高。80.3%的新浪微博用户通过新浪微博关注新闻/热点话题,新浪微博已经成为一个大众舆论平台,成为人们了解时下热点信息的主要渠道之一;68.1%的新浪微博用户关注感兴趣的人,60.3%的新浪微博用户主动发微博(分享/转发信息),50%左右的新浪微博用户在微博上发照片、看视频/听音乐,各种需求均可以在新浪微博上实现,新浪微博成为他们生活中的一个主要沟通交流平台。在发展过程中,应适当注重对微博账号的运营,一旦有机会就能借助此平台引发及时快速大范围的影响力。

2. 微信营销的建议

微信最早的出发点和核心是社交工具,与他人交流沟通是微信用户最主要的目的。根据中国互联网中心发布的报告,网民在微信上使用较多的内容分别为文字聊天、语音聊天,两者使用比例均在80%以上。此外,使用朋友圈的比例为77%,群聊天的比例为61.7%,社交因素在微信应用中表现较强。

凯度集团2015年年初发布的《中国社交媒体影响报告》指出:微信是各代际社交媒体用户使用最多的互联网应用。《中国互联网中心》2014年7月发布的《中国社交媒体互联网用户行为分析报告》数据显示:截至2014年6月,三大社交类应用中,即时通信在整体网民中的覆盖率最高,为89.3%;其次是社交网站,覆盖率为61.7%[①],其中QQ、微信的用户居前两名且忠诚度较高。

---

① 中国互联网络信息中心:http://www.cnnic.net.cn/hlwfzyj/hlwxzbg/sqbg/201408/t20140822_47860.htm。

因此，北京旅游电商应投入一定的精力去运营微信公共号，后期可以着重开发微信公众号的电商交易功能，同时利用大数据进行更为准确的定向营销和设计定制旅游产品。

3. 微电影营销的建议

相对于电视、电影与北京旅游电商结合进行的营销来说，微电影更加充分地利用了消费者和用户的碎片化时间，因此，微电影要在短短十几分钟甚至几分钟内打动观众，引发关注，才能得到用户的转发、评论和分享，这才是北京旅游电商达到营销效果的第一步。除此之外，北京旅游电商还可利用企业注册用户的个人经历制作成一部微电影，于企业的官网、应用、公众号或其他工具上进行宣传推广，一是表现自己旅游产品的特色和使用体验，二是选择企业旅游产品的使用者更具有亲切感、说服力且容易引起共鸣。

4. APP 营销的建议

使用移动端 APP 营销的优势是用户黏性高，另外，手机、平板等移动端使用者的迅速增长和普及，对于 APP 营销是个很大的优势和机会。现在众多北京旅游电商都建立了自己的官方 APP，有的企业有很多自己的 APP（如蚂蜂窝的 APP 有蚂蜂窝自由行、蚂蜂窝商城、旅行翻译官、日语翻译官、嗡嗡等），不建议设置过多的 APP 数量，这样极容易分散用户，且可能会降低其对应用的黏性。但一些专门性的应用如果利用好了会对企业的营销有很大帮助，如蚂蜂窝的旅游翻译官 APP 在 Android 用户的下载量已接近 500 万。一个成功的旅游 APP，必须解决三个问题：一是通过产品定位用户；二是通过高性价比的服务和产品增加客户黏性；三是完善用户体验，实现口碑传播效应。其中，最重要的原则是要补足线下服务短板，提升线上浏览体验。旅游 APP 需要提供一站式的浏览体验，打造一款实至名归的旅游神器，而非将 PC 的设计直接照搬到 APP 界面上。

二、兴奋点营销模式的建议

北京旅游电子商务企业的兴奋点营销与大数据的结合较为紧密，前两章内容中有关于北京旅游电商兴奋点营销的案例介绍，包括利用综艺节目、电影、价格刺激等经营的案例。但也存在很多问题，如综艺影视的兴奋点营销很容易引起同行业的模仿，这对于首发的北京旅游电子商务企业来说，削弱了本应有的优势和创意；价格刺激的营销方式给一些靠融资和风投的创新型旅游电子商务企业带来了财政上的压力。北京旅游电商营销方式中的兴奋点营销的一大特点就是"营销手法一大抄"。下面从综艺影视和价格刺激两方面对北京旅游电商的兴奋点营销进行更为详细的分析，并对其不足之处提出具体的解决方法或建议。

（一）综艺影视的建议

近两年，尤其是2015年，多档综艺真人秀节目占据了各大卫视的荧屏，而节目赞助商中不乏风头正劲的旅游企业。例如，《爸爸去哪儿》每一季中嘉宾所到之处，都会成为旅游热门，第一季热播之时，携程旅行网与湖南卫视达成合作，针对国内家庭旅游者开发产品，进军亲子游市场，并在旅游频道推出了合作活动页面，包括多条节目中热播的产品。因此，在节目中出现的滑沙、观赏天鹅湖、入住彝族乡村客栈等元素也出现在旅游产品中，可以说是"跟着节目去旅行"。北京旅游电商与综艺节目的合作是互赢的，明星引领的旅游类真人秀节目对70后、80后、90后群体很有影响力，因为明星引发的话题效应使得这类节目能长期占据各大门户网站的头条，更排在微博热门话题的榜单前列，对网络用户的吸附力和感召值非常高。

在媒体营销的综艺影视方面，北京旅游电商的具体方式有通过赞助或免费利用受欢迎的综艺影视节目进行旅游产品的推广。上文中介绍过，免费利用影视综艺中的特色产品和旅游目的地进行营销，会遇到很多来自于同行业的竞争者；赞助或与有一定收视率的综艺影视合作，费用又是较大一笔，面对价格不菲的赞助费，北京旅游电商要扩大企业的知名度和影响力，同时对产品进行合理的设计和营销，如后文中讲到的体验式营销。在综艺影视营销方面，建议北京旅游电商利用大数据进行更具针对性的营销，如针对某一类型的综艺影视，或针对某一类目标消费人群进行定向营销。不仅要考虑综艺影视的主题或特点与企业是否合适，还要对已有旅游产品包装设计或合理增加相关旅游产品，另外，在双方合作的具体形式也应有创意和针对性。例如，《爸爸去哪儿》中在明星嘉宾丛林探险时，会在显示景点时出现同城旅游的推荐等。

（二）价格刺激营销的建议

价格方面的优惠与促销是引起消费者兴奋的敏感区域，特价、团购、限时打折、（1元、9元、99元等）秒杀、新用户专享优惠、红包等价格营销名称层出不穷。价格战在一开始大多是为了要吸引新用户，后来成了众多北京旅游电商发展新用户的同时维系老用户的法宝之一，但北京各大旅游电商在价格战打得火热的几年中也逐渐意识到这并不是一个持久的营销策略。对于在财政上处于弱势的北京旅游电商来说，应逐步对价格刺激营销方法增加附加条件，如限定某一类用户对指定的旅游产品享有价格优惠或服务优待，还可以开发积分兑换，刺激用户消费，此外还可以开发互联网金融，利用北京旅游电子商务企业巨大现金流的优势，如果北京旅游电子商务企业能够引导需求将旅游现金流提前入账，或利用企业差旅合同的应收款债权，进行保理业务，会形成一个独特的金融服务模式。这对于北京旅游电子商务企业的发展会起到很大的支持作用。

三、精准营销模式的建议

近年来，旅游业正经历着由观光游向休闲游的形态升级，消费者对旅游服务的要求越来越多元化和个性化。例如，近几年度假游市场的火爆和巨大的发展空间，使得北京旅游电商纷纷加入度假游的行列中。大数据的出现加上互联网和移动互联网带来的大量信息，使得北京旅游电商有机会也有条件进行数据分析，并将收集到的数据根据企业营销需要进行处理。北京旅游电商利用大数据这个有效利器，通过市场细分与精准定位，进而实施更加精准的营销，且前文中讲到的大数据背景下北京旅游电商创新营销模式中的每一项都有涉及利用大数据进行的更为精确的营销。

北京旅游电商首先应在计算机和大数据分析技术上进行学习和加强，更好地利用大数据进行分析和预测。通过收集用户使用电子地图的定位和记录，准确而有效地利用其信息，挖掘数据包含的营销机会；根据客户在旅游电商网站上的浏览记录并识别，若用户已经购买了相关产品，且短期内无法重复消费，则应推送产品附加旅游产品。例如，用户搜索日本自助游，可以推送机场接送机、目的地自由行旅游产品等信息，若用户只是浏览并没有购买，则可根据浏览信息推送相关特价或特色的产品,进一步吸引其购买兴趣。对于占有一定数量的、小而专的北京旅游电商来说,使用经验和相关数据分析技术还不足,可以通过技术外包等形式进行用户数据的收集分析。

在消费者群体方面,由于80后、90后甚至00后人群是网购的主力,同时这个新兴群体也表现出了新的消费特点,表现出更加个性化和多元化的需求,因此,北京旅游电子商务企业应该紧盯这些人群,所提供的产品和服务模式也要根据这部分人群的需求随之发生变化。相对于传统旅行社只要规划好一条路线,消费者以参团的形式就能完成整个旅游的现象,现在北京旅游电子商务企业不得不将整个旅行过程切分成一个一个要素,然后重新组合,以满足现代消费人群的需求。

四、体验式营销模式的建议

综艺真人秀节目的火爆使得北京各大旅游电商除了保留线下活动、媒体投放、线上宣传等品牌推广策略之外,纷纷开拓旅游体验式营销,力争从火爆的真人秀节目中分得一杯羹。由于大部分年轻人在出国旅游之前,都会上旅游论坛和攻略网站查找目的地的旅游攻略,因此用户在企业网页上的浏览记录会被一一记录。蚂蜂窝相关数据显示:《奔跑吧兄弟》第一季韩国专场播出后,两天时间内40多万人浏览并下载了首尔、济州岛相关的韩国攻略。至今韩国自由行产品都是各大旅游机构的热卖产品,"五一"赴韩国的自由行和半自由行都十分受欢迎。"《花样姐姐》热播,很多消费者都被节目中的土耳其风情所吸引,不少市民来电话咨询关于伊斯坦布尔、棉花堡的旅游线路,5月的报名人数比去年增加了不少。"某旅游网站产品经理告诉记者。对于旅游机构来讲,搭车电视真人秀节目,将行程中景区景点的真实感受以电视节目的形式记录下来,让消费者通过节目感同身受,再将明星行走的线路包装后推销,很有可能让消费者产生旅游欲望。现在的旅游真人秀节目通过电视媒体的广泛影响力,已逐渐成为旅游产业链里重要的一环,致使旅游机构的营销策略也在发生改变。①

---

① 亿欧网:http://www.iyiou.com/p/17103。

北京旅游电商的体验式营销需要研究消费者在消费前、消费时、消费后的感受和反映。无论是试睡员、试吃员还是旅游体验师，都是利用感召力扩大旅游企业的知名度和影响力，对品牌和产品宣传起到促进作用，让消费者通过这些内容感同身受，产生亲自去体验的欲望。虽然各大旅游电商纷纷发力 P2P 当地人旅游服务市场，以导游为主力的当地互助游，导游是旅游行业的关键资源也是稀缺资源，而当地人兼导游就如同专车一样等待着一个平台让其大放异彩。但由于这个市场体量巨大，尽管目前有很多旅游电商涉足或参与进来，其市场渗透率还是很低。针对这个问题，建议在当地人市场中，北京各大旅游电子商务企业联合起来，共同开发。

除此之外，体验式营销还表现在企业的官方网站的体验，北京旅游电商的官方网站和旅游 APP 的设计需要讲究技巧，如对于企业的 APP 来说，可以通过图片墙的方式，将目的地或企业的美图以图片瀑布流的方式呈现，游客只需点开图片就能了解图片所承载的餐饮、住宿等具体信息，以增加关注度。例如，介绍某个好吃的产品，不仅要介绍产品是什么，也要告诉游客与同类产品的差异、交通到达方式等全面的本地生活化服务指南，更好地满足游客的旅行需求，要涵盖旅游消费的前期、中期、后期等服务需要。

五、病毒式营销模式的建议

病毒式营销主要是通过抓住消费者的心理而进行的传播和推广。对于上文中提到的北京旅游电商在病毒式营销中的问题，如消费者或信息使用者产生反感情绪或营销效果不如之前等。对此，北京旅游电商应该利用大数据和互联网，采取一种更为合适的方式进行更有效的病毒式营销。根据社会地位的不同，一个人的人际关系网络中可能有几十、几百甚至数千人。互联网的网民同样也在发展虚拟社会中的人际关系网络。北京旅游电商的网络营销人员需要充分认识实体社会和虚拟社会中这些人际关系网络的重要作用，通过病毒式营销把自己的信息置于人们的各种关系网络之中，从而迅速地把促销信息扩散出去。

规模较大的北京旅游电子商务企业提供免费的二级域名、程序接口等资源，这些资源中可以直接或间接地加入公司的链接或者其他产品的介绍，也可以是广告，当用户自己在使用并分享或对外宣传时，相当于为企业做了免费宣传；规模较小的北京旅游电商可在网站上免费提供日常生活中常会用到的一些查询，如电子地图、天气查询、备忘录等，把这些实用的查询功能集中到一起，给用户提供便利，总之，是在巩固现有业务的基础上完善服务体系；北京旅游电商还可以做一个精美的网页链接、文字图片或应用，通过官微、公众号、邮件或其他通信方式散发出去，通常会引起大家的分享和转发，这样，病毒式传播形成了，但要注意的是，这种信息要借助于日常生活中的一些事件及时进行传播，否则很容易被别的企业或组织抢占先机；利用拆红包的方式，通过与好友分享链接即可拆取红包赢得购物的优惠，如滴滴打车、团购网站等利用这种方式就比较多，一是给消费者价格上的优惠，二是可以达到相互传播分享的效果；此外，还可以策划运作一个一定范围内的轰动事件，引起人们热议，或借用已经存在的热点话题进行二次传播。例如，2015年暑期期间，由于政府建议周五只上半天班，有关"2.5天小短假"的讨论登上了各家媒体头条，北京各大旅游电商抓住商机，借"2.5天小短假"炒热周边游市场，又送红包又降价，北京旅游电商借此成功吸引眼球。

关于病毒式传播的选择方向，则要根据企业的性质和具体需要推送旅游产品的特点来决定。确定并执行了病毒式传播方法也不是一劳永逸的事，还要对营销的记录和数据进行跟踪，研究目标消费者的信息来源及成功营销的人群特点，利用大数据和网络进行推算，为以后的营销方法的改善和选择提供参考。

六、一对一营销模式的建议

一对一营销是传统旅游业的一个梦想，但由于种种限制只能做到类别化营销，随着技术的发展和互联网与移动互联网的普及，一对一营销已经开始逐步得到实现。消费者看到的个性化邮件、产品信息的推送等，都是一对一营销的一种表现形式，但相对于大数据背景下的旅游电商一对一营销，还有点粗糙。网络营销的兴起加快了北京旅游电商的营销方式从大规模市场向细分市场的过渡，针对消费者一对一地小批量提供旅游产品。从大众营销到一对一营销，一对—市场营销活动是从与消费者的对话开始的，这属于定制化服务。没有两个消费者的需求是完全一致的，北京各个旅游电子商务企业都有自己的官方网站或应用，营销人员应积极寻求与用户对话的机会，这是旅游营销战中的互动交流，这种互动交流是顾客主导型的，也是双向的，在交流中营销人员为顾客提供满意的解决方案形成订单。例如，专门针对商务型用户的服务，提供多个档次和不同层次的酒店、会议、度假等服务；潜力巨大的自助游，以自定行程、自助价格、网络导航等特征，适应了人们个性化的要求，有很大的发展市场和潜力。

另外还有定制化产品，企业要实现定制，随着企业规模的扩大，无法做到只靠定制化服务，这样投入的人力过大，这时就要考虑从产品入手。北京旅游电子商务网站应像传统市场营销一样，做好旅游市场（旅游中间商和旅游者）调查，进行市场细分和目标市场选择，北京旅游电子商务企业要尽量将产品进行细化，针对产品的类型和针对的人群特征，便于有个性化需求的消费者自行将旅游产品组合购买，如针对家庭设计的亲子游，然后再根据收入、年龄层次、家庭特点等设计出不同针对性旅游产品。对于有特殊需求的消费者，还可以进行细分产品的组合，深层次满足消费者的个性需求，如"梦幻之旅""南方快车驶进大西北"等特色旅游深受游客欢迎。与消费者的互动交流不仅包括其在旅游产品服务上的需求，还包括消费者的个人爱好和兴趣等，建立顾客档案。因为留住老顾客的成本通常要小于发展新顾客的成本，并且老顾客带来的预期收益要大于新顾客。忠诚的客户愿意更多的购买旅游电商企业的产品和服务，忠诚的客户的消费是随意消费支出的2~4倍，因此，应从现有客户中获取更多忠诚客户份额并保留发展。

从其他网站或搜索工具中找到部分目标人群，这些人群中有的是有相关信息的搜索或消费记录，这些信息中有很多所谓"无效"的信息，也就是不是目标消费人群的那部分。北京旅游电商将数据信息分析技术再发展提高，做到更为精确地记录消费者浏览信息，然后才能做到真正的一对一营销。例如，消费者从携程旅行网浏览过之后，又在蚂蜂窝和艺龙旅行网的酒店产品搜索查询，但并没有购买，因此企业可以根据消费者浏览的关键词和主题，向消费者推荐相关产品或提示相关产品的促销降价信息；若消费者购买了短期内不会重复消费的相关旅游产品，则可以据此向消费者推荐其购买产品的附加旅游产品或支持产品。这种就是利用站内站外的一对一营销。

第二节　政府方面

政府和旅游相关部门的支持对于旅游业的发展也是至关重要的，毕竟这些部门的宣传力度和影响力不是单独一个或几个企业可以做到，并且，若有政府部门的支持，在政策上可能会给予旅游电子商务企业很大的支持。例如，2014年5月19日正式启动，历时一年的由国家旅游局、光明日报社主办，中国旅游报社承办的"寻找最美导游"活动，在举办之初就引发了业内外的高度关注，活动受到各地旅游部门的高度重视和社会各界的积极响应，各省区市在活动的总体框架下，积极开展省级"寻找最美导游"活动，通过各种方式遴选"最美导游"，挖掘"最美事迹"，弘扬"最美精神"，"最美导游是怎样炼成的"有奖征文活动和"寻找最美导游·随手拍"配套活动启动后，备受社会各界关注，千万人次参与到这项寻找"美"的活动中。各地和组委会秘书处收到"最美导游是怎样炼成的"征文投稿近千篇，"寻找最美导游·随手拍"活动在微博上搭建的微博话题阅读量超过2000万人次。

一、政策支持引导

北京旅游电子商务企业的发展除了自身的努力和改善之外，还需要北京市政府在宏观政策和经济财政上予以支持。对于北京旅游电商来说，要想在旅游电子商务这个行业中立足，企业必须形成自己的核心竞争力，形成自己的品牌，从而做大做强。但这个过程需要有一个公平有序的社会和企业环境作保证，这就离不开政府的政策和支持。旅游业属于服务业，其宗旨就是满足顾客需求，故应足够重视服务的提供。为加强对服务质量的监督，北京相关政府部门可形成专门的行政管理委员会，对服务进行设计和监督，有利于北京旅游电子商务企业更加良好地长远发展。

（一）政府应积极扶植和引导

政府对于信息化发展具有重要的促进作用，发挥政府的促进作用可以节约信息化的成本。与北京相邻的河北省，在政府的推动下大批旅行社加入同程，对于山东的旅游和同程网来说是一箭双雕的好事。北京市政府及旅游等相关部门的政策对于北京旅游电商更加井然有序地发展具有重要意义，对于北京市旅游电商的发展也具有普遍的指导意义。例如，政府相关部门可指导旅游电子商务企业加强网站建设和管理，包括网站提供的信息必须丰富多彩，要定期及时更新，网页设计要有特色；除此之外，为了消费者的定制化服务和一对一服务，旅游网站还应建立在线旅游咨询和信息服务体系，根据客户的出游意向、个人兴趣、支付能力和时间等要求，及时生成不同的方案供客户选择。

但需要注意的是：政府在大数据背景下北京旅游电商的创新营销中的作用应当是引导而非包办，具体应由旅游电商企业根据自身的情况自主选择决定。例如，数据收集和分析技术需要企业主动借鉴学习，一些创新营销模式也要根据自身企业的发展情况做出合适的选择。

（二）政府资金的投入

旅游信息化在很多方面是为了方便游客，产生的是一种公众利益，并不带来直接盈利，旅游信息化中除网上预订以外的非盈利部分实质上属于公共产品，应当主要由政府等公共部门来提供。市场是由理性的个体通过交易行为形成，交易的动机在于逐利，因此，对于无利可图的产品，企业一般不愿负担。很多目的地的旅游业都以中小企业居多，没有资金和实力开展网络营销，无法被更多的潜在游客了解。政府部门对目的地旅游信息化进行统一规划和运营可保证目的地营销的整体性，同时带动本地旅游企业的发展。北京市政府应充分认识加快北京旅游电子商务营销的重要性，加大对企业的投资力度，同时政府更应完善旅游电子商务的投资融资体制，多渠道筹措资金加快旅游电子商务的基础设施建设，为企业的市场化运作提供便利。

二、法律监督约束

2015年8月11日,国务院办公厅发布《关于进一步促进旅游投资和消费的若干意见》,要求各级政府要制定带薪休假实施细则和计划;有条件的地方和单位可优化调整夏季作息,让职工将周五下午与周末相结合形成2.5天的小短假。网络上掀起了关于"2.5天休假"的话题讨论,对旅游行业而言,意味着市民周末休息的时间增多,对周边游市场将是重大利好。记者了解到,在没有"2.5天小短假"之前,各大旅游电商已经开始争抢周边游市场,如同程旅游推出10元度周末、途牛旅游网推出途牛千人周末自驾游活动。各大旅游电商开启了一场话题营销狂欢。例如,去哪儿网度假针对2.5天小短假发的红包,单个面值100元,消费者可通过PC和无线双渠道领取,此举使得去哪儿"周末游"产品搜索量提高15%的增幅。同程旅游在业内首次推出"2.5天轻旅行"产品,该服务选择300公里左右可进行自驾或动车直达的目的地,并送红包减现。携程旅行网推出了2.5天短途游"景+酒"的打包优惠产品。在强大的营销攻势下,在线旅游电商"名利双收",取得了不错的市场反馈。

国旅深圳公司相关负责人表示:"随着国家休假制度的逐步完善,周边游市场前景可期。"深圳旅游协会副秘书长周泉霖表示:国家引导旅游产业发展,优化休假安排,鼓励弹性休假,实施错峰休假,避免大量游客集中出游,都从侧面反映了国家对旅游行业的支持。中国人口基数庞大,周边游市场仍有巨大的开发潜力,随着休假制度不断完善,人们对旅游度假的需求不断提高,周边游产品将迎来新的发展机遇。①

北京旅游电商的网络安全问题已在过去许多的调查和研究中被提到,安全问题是制约旅游企业电子商务发展的最主要的因素之一。解决北京旅游电商网络安全问题需要多方面的共同努力,除了旅游电子商务企业自身需要提高诚信度或利用第三方平台,如同程网提出的"你敢定、我敢赔",还需要政府建立和完善良好的信用体系和有关电子商务的法律法规,以从宏观法律上保障企业的健康发展。

综上所述,北京旅游电子商务企业若想在大数据背景下将营销模式经营得

---

① 中国经济网:http://travel.ce.cn/gdtj/201508/25/t20150825_2759581.shtml。

更好,需要政府与企业的共同努力。政府需要推动北京旅游电商意识到营销的重要性,重视大数据的运用,完善设施和技术并加强对新科技的使用。政府主管部门应成为北京旅游电子商务创新营销方面的组织者,从多方面对旅游电子商务的发展予以支持,完善旅游电子商务的软、硬件环境和法律环境。北京旅游电商应将自己的创新营销与互联网高度融合,建设大数据背景下的创新营销系统,打造自己的企业品牌。

第三节 NGO方面

NGO 全称为 Non Government Organization,即非政府组织。北京旅游电商的创新营销主要在于企业自身的努力和改善,还需要北京市政府和旅游局等相关部门的支持,另外,也离不开一些非政府组织,如行业协会等,这些组织也是保持旅游电商行业健康有序发展、相互借鉴和学习的纽带。当互联网和移动互联网风暴冲击整个旅游行业时,北京众多传统旅游行业"拥抱互联网",出现了一大批创业型旅游电商。除了 OTA 越来越多的旅游创新公司崛起,爱好者们利用游记攻略集聚大批信徒,小而美的主题旅游遍地开花。然而细观那些信心满满冲进互联网圈子的旅行社,似乎并没有一家能在互联网领域拿出可圈可点的成绩。甚至还有一些企业只是依样画葫芦地将产品搬到了互联网,这种顺势而为已经不能称为创新。

近些年北京旅游电商的快速发展中也出现了很多问题,有些是企业和消费者共同面临且亟待解决的,如消费安全和消费者纠纷问题,这个在上一章内容中有详细介绍。解决方案中,除了北京旅游电商通过技术手段减少网站漏洞、建立有效可行的安全保障赔付机制、加强客户服务等之外,还可以通过相关旅游组织在目的地建立办事处或合作机构,提高消费者在旅行途中的线下服务质量,有效提高消费者的安全感。北京旅游电商要在高速发展的互联网浪潮中继续站稳脚跟,抢占市场,在做好自身业务的同时,还可以通过培训机构进一步提高技术和人员服务，不仅在互联网和移动互联网技术上进行培训指导（如提高北京旅游电子商务企业网上操作效率），还应对旅游电子商务企业的管理工作予以支持和引导（如企业线上线下服务紧密结合，提高服务人员的服务质量），以为游客提供全方位的高质量服务。

一、旅游企业协会

旅游企业协会作为可以把北京众多旅游电子商务企业联系起来的纽带，有不容忽视的作用和影响。例如，2013年2月26日在北京成立的中国旅游创业家协会（前身为旅游创业家俱乐部）自成立以来，举办各类线下活动，包括沙龙、户外、采风考察、项目对接等，目前协会已经汇集了超过百家的创业型旅游电子商务企业（业内叫得上名的基本都在），还有全国优秀地接社、景区、媒体、旅游达人、旅游局等。协会平台主要是经验分享、资源对接、政府协作三项服务，各成员均为各公司创始人、CEO、总经理等，群内成员间已经有多位达成资源对接与业务合作，其中包括北京多家旅游电商的合作交流。另外，该协会还与北京第二外国语学院合作，通过学校优秀的旅游教学资源与企业达成对接，提供北京旅游电子商务企业的发展指导和相关人才的推荐输送。

劲旅网是中国专业旅游财经新媒体，专注于挖掘和报道旅游业在产品、营销、服务、投融资、移动应用等领域的创新和实践成果，为旅游业者提供全面、深度的产业经济新闻报道和实效分析。劲旅网致力于打造成为中国旅游管理者和广大旅游业者的栖息地，致力于成为中国积极进取、勤于思考的旅游管理者和从业者的聚集地；为旅游业者提供高价值的知识和人脉服务，帮助广大旅游管理者和旅游业者实现商业成功[①]。劲旅网提供的信息和数据及预测分析等，对于北京旅游电子商务企业来说，是可以为企业的发展参考和分析使用的。

劲旅咨询在月度国内旅游类应用（安卓）下载量监测基础上，对国内旅游类APP进行了细化分类，从应用功能角度划分为预订类、分享类、攻略类和工具类这四大类型，按照国内主流安卓类应用市场的综合下载量进行排名。劲旅咨询

---

① 劲旅网官网：http://www.ctcnn.com/company_information.jsp。

依据月度"国内预订类旅游类应用（APP）市场监测报告"，发布了 2014 年 7 月国内移动旅游领域预订类旅游应用（APP）下载量月度 TOP10，如图 8-4 所示。

排名	APP名称	下载量（万）
1	去哪儿旅行	12 982.3
2	携程旅行	12 189.7
3	同程旅游	4906.1
4	艺龙旅行	3203.1
5	快捷酒店管家	2874.0
6	114商旅	1741.4
7	途牛旅游	1738.7
8	驴妈妈旅游	1622.4
9	铁友火车票	1082.6
10	铂涛会	1004.2

备注：以上各APP下载量由安卓市场、91助手、豌豆荚、木蚂蚁、应用宝、MM商场、机锋市场、应用汇、安智市场、360手机助手、百度手机助手等十一个国内最主流安卓应用汇总得出，仅供参考。
监测发布：劲旅咨询—劲旅智库　　　　　　　　　　监测时间：2014.7
©劲旅智库2014　　　　　　　　　　　　　　　　　www.ctcnn.com

图8-4　2014年7月国内预订类旅游应用（APP）下载量TOP10

资料来源：劲旅网：http://www.ctcnn.com/html/2014-08-25/15030160.html

劲旅咨询资料显示：预订类领域 APP 中，去哪儿网作为最早开发无线端的服务商，凭借先发优势牢牢占据第一把交椅，下载量达到 12 982.3 万次。分享类旅游 APP 中，全球最大的旅游垂直媒体 TripAdvisor 的中文网站"猫途鹰"以 2453.6 万次的下载量占得头筹。2013 年携程酒店、机票等业务的无线订单占比在 30%~40% 之间；而到 2014 年移动端的酒店预订份额首次超过了 50%。去哪儿和艺龙大体相当，同程网则宣称其自助通游和酒店的无线订单比例均在 40% 以上。

旅游企业协会自己不经营旅游产品，但作为一个平台，研究旅游企业的发展数据和信息，包括研究报告等在内的总结，都可为北京旅游电商提供发展上的帮助。这些旅游企业协会可以帮助北京旅游电商结合自身条件走符合自己的发展模式。例如，大型旅游网站由于规模大、知名度高、有庞大的用户群，使网站介入电子商务比较方便，可立足旅游信息收集处理，向虚拟旅游交易市场转型，成为网上旅游中介商；小型旅游网站可凭特色服务吸引特定的用户群，或立足地方旅游信息资源的开发利用，成为地方性的旅游中介商，成为大型旅游网站的分站点、合作伙伴等，以便为消费者提供更周到的商务。

二、大数据服务公司

除了以上介绍的，在大数据背景下北京旅游电商创新营销还需要一些专门的大数据产品服务企业。例如，IBM等大型的咨询公司，会为企业提供量身定做的服务解决方案，对于互联网与移动互联网条件下的北京旅游电子商务企业，通常会利用大数据进行分析。对于一些规模较小的北京旅游电商，且这些旅游电子商务企业的数量很多，可能由于发展时间较短，且没有充足的资金来享受这种服务，出于性价比考虑，除了这些大型咨询公司，还有一些综合类的服务咨询公司可供考虑。例如，下面介绍的易观智库作为咨询类的大数据服务公司，可以成为北京旅游电商发展的指导。下面介绍易观智库的一个关于国内旅游电商发展的研究报告。

易观智库是易观国际旗下的中国卓越的大数据产品和分析服务公司。自成立以来，逐步打造了以海量数字用户数据及专业的大数据算法模型为核心的数据生态体系，覆盖3.75亿移动智能终端，监测超过50万移动应用。基于此，构建了易观千帆、易观万像、易观方舟、易观博阅等大数据及信息服务产品家族。易观智库常年为中大型互联网公司及初创开发团队、投资机构以及品牌企业提供可信、可靠、有效的数据和服务，已成为它们了解市场、提升数字用户资产价值的首选大数据服务提供商。

根据Analysys易观智库产业数据库发布的《中国在线旅游移动端市场季度监测报告2015年第2季度》研究显示：2015年第二季度，中国在线旅游市场移动端交易规模达到664.8亿元，环比上升34.5%，同比提高161.35%，在线旅游市场移动端渗透率达到61.5%，如图8-5所示。易观智库分析认为：中国在线旅游市场移动端渗透率继2014年第四季度首次突破50%后保持持续增长。随着度假产品互联网渗透率的进一步提升，移动端对中国在线旅游市场整体交易规模的贡献率逐渐提高，未来将成为在线旅游最主要的流量入口和平台。

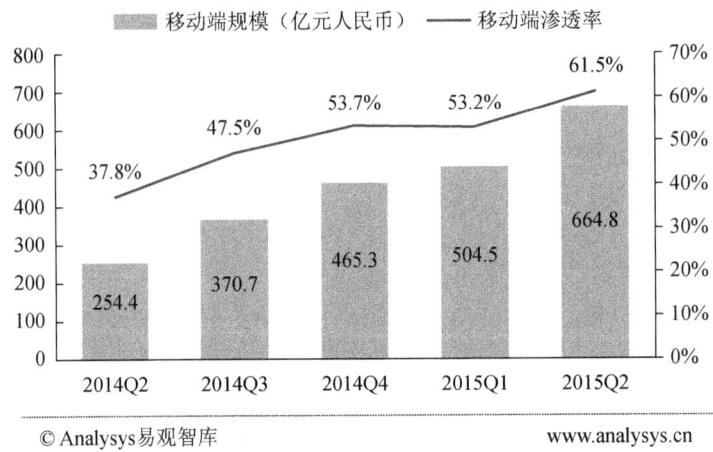

图8-5 2014Q2—2015Q2中国在线旅游市场移动端交易规模

从细分市场来看，Analysys易观智库分析认为：在交通出行和酒店住宿产品等高标准化产品持续在移动端渗透的同时，2015年第二季度在线旅游度假领域也持续增长。而在线旅游度假领域的周边游、亲子游等产品具有出游频率高、中低客单价和决策时间短的特征，与移动预订的适配性强。在线周边游等产品的市场规模增速推动了2015年二季度在线旅游市场移动端市场渗透率的进一步扩大。

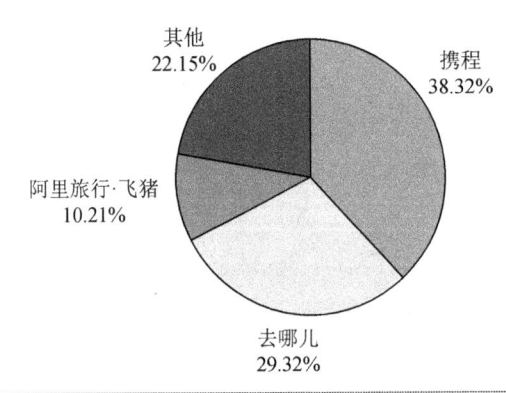

图8-6 2015年第二季度中国在线旅游移动端厂商交易份额

第八章　北京旅游电商营销模式创新发展的建议

从代表厂商来看，2015年第二季度，在线旅游市场主要代表厂商在移动端表现强劲。携程、去哪儿、阿里旅行·飞猪等厂商的移动端市场规模占主体地位，由行业巨头引领的移动市场正不断深化，并呈现聚合效益。2015年第二季度，携程占整体移动端交易规模的38.32%；去哪儿占整体移动端交易规模的29.32%；阿里旅行·飞猪占整体移动端交易规模的10.21%，如图8-6所示。Analysys易观智库分析认为：大型在线旅游厂商借助其原有用户资源，具有显著的转化优势，市场前三厂商占比超过整体市场70%[①]。

总之，NGO（非政府组织）对于北京旅游电子商务企业的创新营销发展起着非常重要的辅助作用，如何搭建消费者投诉、快速解决途径，有效解决消费者关于约定消费与实际消费内容等高发问题，是在线旅行商需要高度重视的焦点。

---

① 易观智库官网：http://www.analysys.cn/yjgd/11672.shtml。

参考文献

[1] CARTER R, BEADARD F, ORGANIZATION W T. E-business for Tourism: Practical Guidelines for Tourism Destinations and Businesses [M]. Madrid: World Tourism Organization, 2001.

[2] KALAKOTA R. Frontiers of Electronic Commerce [M]. Tokyo: TBS, 1999.

[3] 薛蓓蓓,邓云程,程远.在线旅游行业变局催生机遇 [N].中国证券报,2014-9-3(A09).

[4] 程斌,夏妍.谈中国旅游电商发展趋势 [J].旅游纵览：下半月,2016,8.

[5] 毕树文.旅游消费迈入电商时代 [N].发展导报,2014-8.

[6] 李瀛寰.旅游电商新玩法 [J].新经济,2013,9.

[7] 吴兰桂.基于产业链的在线旅游发展策略分析 [J].无锡商业职业技术学院学报,2015,10(15):37-41.

[8] 吴金铃.口碑营销对O2O旅游电商模式的影响研究 [J].营销策略,2014,23(276):86-87.

[9] 张雄辉,陈金福.旅游业电商化道路分析 [J].现代服务业,2015,5:22-23.

[10] 马丽娟.谈我国旅游电子商务发展的现状及对策 [J].旅游管理研究,2015,6:52.

[11] 曹倩,田晓霞.移动电商：开启旅行社发展新时代 [J].电子商务,2015,2:65-69.

[12] 熊元斌,王娟."关系营销是对传统营销理论的革命"质疑 [J].

市场营销，2005，8（3）:67-73.

［13］王海燕，杨明博.传统营销渠道与网络营销渠道的整合研究［J］.知识经济，2010，4:109-110.

［14］巩恩伟.分析网络营销和传统营销模式差异和有效整合［J］.新营销，2015，10:51-52.

［15］甘碧群.关系营销：传统营销理论的新发展［J］.商业经济与管理，2002，9（131）:5-8.

［16］刘平.基于传统营销与互联网营销结合模式的市场营销策略分析［J］.电子商务，2015（9）：46-47.

［17］肖东坡.基于网络能力的电视传媒营销模式研究［D］.北京：北京交通大学，2013.

［18］程美丽.网络营销与传统营销的比较［J］.太原城市职业技术学院学报，2008（78）:138-140.

［19］方强，凌宇.网络营销与传统营销渠道的冲突及整合探析［J］.石家庄学院学报，2009，7（11）:29-32.

［20］张晓青.体验经济下旅游者需求转变与消费决策层次分析［J］.市场营销，2013（11）.

［21］张丽.社会化媒体营销背景下微信的精准营销研究［D］.吉林：吉林财经大学，2014.

［22］李维胜，蒋绪军.电子商务精准营销对策研究［J］.开发研究，2013（02）.

［23］刘浩.基于网络营销模式下的旅游一对一营销［J］.经济研究导刊，2009（57）.

［24］周凯，徐理文.基于5T理论视角下的企业微博营销策略及应用分析：以欧莱雅的微博营销为个案研究［J］.图书与情报，2012，10:120-127.

［25］张闯，庄贵军.如何从中国情境中创新营销理论：本土营销理论的建构路径、方法及其挑战［J］.管理世界，2013（12）:89-100.

［26］廖波.大数据时代市场营销模式变革思考［J］.中国经贸，2013（22）.

［27］廖建雄.旅游"一对一"营销初步研究［D］.云南：云南师范大学，2005.

［28］王伶俐，闫强.企业微博与营销效果的关系研究［J］.北京：北京邮电大学学报，2014，4.

［29］郭又荣."互联网+"下旅游电商个性化旅游产品营销策略：以途牛网为例［J］.改革与战略，2016，2（32）:110-112.

［30］叶会秋.互联网背景下在线旅游的微信营销模式研究［J］.营销策略，2015，4:4-8.

［31］艾瑞咨询.海外在线旅游企业案例研究报告：Expedia［R］.2012.

［32］艾瑞咨询.2015年中国在线旅游移动端行业研究报告［R］.2015.

［33］龚文婷.电商O2O运作机理及立体营销研究［D］.南昌：南昌大学，2014.

［34］张亚明，张博松.电商企业市场拓展的营销策略创新［J］.营销策略，2014，9:29-30.

［35］王博.互联网+电商创新营销方式［J］.计算机与网络，2015，12:13.

［36］罗昭君.消费者在线订购旅游产品的影响因素分析：以携程旅行网为例［D］.上海:华东理工大学，2013.

［37］姜国华.基于第三方评价的酒店试睡员模式探析［J］.旅游管理，2013，11:42-43.

［38］高跃.基于感知价值的在线客服对消费者购买意愿的影响研究［D］.成都：西南交通大学，2016.

［39］王世伟.论信息安全、网络安全、网络空间安全［J］.中国图书馆学报，2015，3（41）:72-84.

［40］刘顺忠.在线客服沟通方式和商品特征对顾客网络购物意向影响的研究［J］.消费经济，2015，8（31）:30-35.

［41］傅细三.政府主导下的旅游管理信息化探讨［J］.商业时代，2009（7）.

［42］王波，吴子玉. 大数据时代精准营销模式研究［J］. 经济师，2013，5:14-16.

［43］刘文博. 基于社会网络理论的社会化媒体营销模式研究［D］. 济南：山东大学，2012.

［44］应斌. 试论病毒式营销［J］. 市场营销，2005，9:59-62.

［45］刘凯. 体验产品的营销策略研究［D］. 郑州：郑州大学，2007.

［46］郭胜. 体验经济环境下营销创新模式研究［D］. 北京：北京交通大学，2008.

［47］孙娜，仲伟林. 一对一营销及其运作模式构建分析［J］. 现代商贸工业，2012，6:76-78.